Leonhard Mahlein

Gewerkschaften international

Im Spannungsfeld zwischen Ost und West
Aus eigener Sicht

Nachrichten-Verlags-
Gesellschaft mbH

© September 1984 by Nachrichten-Verlags-GmbH, Kurfürstenstr. 18,
6000 Frankfurt/Main 90, Postf. 90 07 49
Alle Rechte, einschließlich fotomechanischer Wiedergabe, vorbehalten
Druck: Plambeck & Co Druck und Verlag GmbH,
Xantener Str. 7, 4040 Neuss
ISBN3-88367-057-X
Lektorat: Gerd Siebert
Umschlaggestaltung: Jürgen Ravens

Inhaltsverzeichnis

Anhang

Abkürzungs-Verzeichnis

ADGB   = Allgemeiner Deutscher Gewerkschaftsbund
AFL   = American Federation of Labor
ANGB   = Allgemene Nederlandse Grafische Bond
CFDT   = Confédération Française Démokratique
         du Travail
CGIL   = Confederazione Generale Italiana del Lavoro
CGT   = Confédération Générale du Travail
CGT-FO = Confédération Generale du Travail – Force
         Ouvrière
CIO   = Congress of Industrial Organizations
DGB   = Deutscher Gewerkschaftsbund
EGB   = Europäischer Gewerkschaftsbund
EK   = Exekutivkomitee
FDGB   = Freier Deutscher Gewerkschaftsbund
FFTL   = Fédération Française des Travailleurs du Livre
         – C.G.T.
IAO   = Internationale Arbeitsorganisation
IBFG   = Internationaler Bund Freier Gewerkschaften
IBS   = Internationale Berufssekretariate
IGB   = Internationaler Gewerkschaftsbund
IGF   = Internationale Grafische Föderation
ILO   = Internationale Labour Organisation
LO   = Landesorganisation = Gewerkschaftsbund
NGA   = National Graphical Association
SKGGI = Ständiges Komitee der Gewerkschaften
         der Grafischen Industrie
TUC   = Trades Union Congress
UAW   = United Automobile Workers (USA)
WGB   = Weltgewerkschaftsbund

Literatur- und Quellennachweis

Internationales Gewerkschaftshandbuch, von Siegfried Mielke (Hrsg.); Verlag Leske & Budrich, Opladen, 1983.

Gewerkschaften im Ost-West-Konflikt, von Horst Lademacher (Hrsg.); Kasseler Forschungen zur Zeitgeschichte, Band 1 – Walter Schwartz Verlag, Melsungen, 1982.

Besatzungsmacht und Gewerkschaften, von Michael Fichter, Schriften des Zentralinstituts für sozialwissenschaftliche Forschung der Freien Universität Berlin, Band 40; Westdeutscher Verlag GmbH, Opladen, 1982.

Versprochen – gebrochen. Die Interzonenkonferenzen der deutschen Gewerkschaften von 1946–1948. Herausgegeben vom Bundesvorstand des DGB, Juli 1961.

Notizen – Anmerkungen zur internationalen Politik, von Heinz Oskar Vetter, Bund-Verlag GmbH, Köln, 1983.

Solidarität international – Der ÖGB und die internationale Gewerkschaftsbewegung, von Alfred Ströer, Verlag des Österreichischen Gewerkschaftsbundes GmbH, Wien, 1977.

Einführung in die internationale Gewerkschaftspolitik, von Werner Olle (Hrsg.), Band 1 und 2, Verlag Olle & Wolter, Berlin, 1978.

Die blinde Macht, von Theo Pirker, Band 1 und 2, Verlag Olle & Wolter, Berlin, 1979.

Der Freie Deutsche Gewerkschaftsbund (FDGB) – Die DDR – Realitäten – Argumente, Herausgeber Friedrich-Ebert-Stiftung, Bonn, 1983.

Satzungen der Gewerkschaften der UdSSR, Ungarns und der DDR.

Aus Reden und Aufsätzen, von Hans Jendretzky, Verlag Tribüne, Berlin, 1961.

Wer heute die Lüge und Unwissenheit bekämpfen und die Wahrheit schreiben will, hat zumindest fünf Schwierigkeiten zu überwinden. Er muß den Mut haben, die Wahrheit zu schreiben, obwohl sie allenthalben unterdrückt wird; die Klugheit, sie zu erkennen, obwohl sie allenthalben verhüllt wird; die Kunst, sie handhabbar zu machen als eine Waffe; das Urteil, jene auszuwählen, in deren Händen sie wirksam wird; die List, sie unter diesen zu verbreiten.

Bert Brecht

Vorwort

Die Literatur über die Gewerkschaften hat in den letzten zehn Jahren starken Zuwachs erfahren. Vor allem Soziologen, Politologen, Historiker usw., die meist selbst nie praktische Gewerkschaftsarbeit leisteten, haben sich mit vielen Aspekten der Gewerkschaftsbewegung aus unterschiedlichsten Motiven beschäftigt und sicher viel Lesenswertes dazu geschrieben. Auch gibt es genügend Literatur, die sich auf biographische, historische oder statistische Fakten beschränkt bzw. sich durch politische Einseitigkeit und Oberflächlichkeit auszeichnet. Nur in Einzelfällen wurde erkenntlich gemacht, daß nationale wie internationale Gewerkschaftspolitik nicht im luftleeren Raum stattfindet, sondern von den jeweiligen wirtschaftlichen und gesellschaftlichen Verhältnissen beeinflußt und mitbestimmt wird. Diese politische Grunderkenntnis gilt für die Gewerkschaften und andere Massenorganisationen in den westlichen Demokratien ebenso wie für die in den sozialistischen Ländern oder jene der Dritten Welt. Offensichtlich wurde sie insbesondere bei der Wieder- oder Neugründung der deutschen Gewerkschaften unter der „Obhut" der Besatzungsmächte.

Durch den Verlust der staatlichen Einheit wirkte sich der Bruch der Gewerkschaftseinheit besonders nachhaltig aus. Nicht unbeachtet konnten in diesem Zusammenhang gelassen werden die vielfältigen und bewußt unternommenen Bemühungen zur Spaltung nationaler und internationaler Gewerkschaftsorganisationen, wie z. B. in Frankreich, Griechenland und Italien oder des Internationalen Gewerkschaftsbundes, die bis in die Gegenwart ihre folgenschweren Nachwirkungen zeigen.

Im vorliegenden Buch wurde der Versuch unternommen, historisches Geschehen mit persönlichen Erfahrungen und Erlebnissen zu verbinden, politische Zusammenhänge aufzuhellen und Wege für eine sinnvolle koordinierte internationale Gewerkschaftspolitik zwischen Ost und West aufzuzeigen.

Die Kenntnisse und Vertrautheit jahrzehntelanger nationaler und internationaler praktischer Gewerkschaftsarbeit kamen mir dabei zugute. Wenn die persönliche Note im allgemeinen etwas zurückgedrängt wurde, so habe ich doch das eigene Urteil nicht verschwiegen. Zudem gibt es in gewerkschaftlichen Organisationen Entwicklungen, die man nicht einfach chronistisch nachzeichnen kann, ohne sie ihres wahren Charakters zu entkleiden.

Dieses Buch wird sicher nicht kritiklos bleiben, das Gegenteil ist heute schon vorauszuahnen und deswegen habe ich dazu das treffende Zitat von Bert Brecht diesem Vorwort vorangestellt. Selbstverständlich ist der Kritiker so wenig unfehlbar, wie der Kritisierte und kann für sein Urteil nur mit diesem Vorbehalt Anerkennung verlangen. Wenn man sich noch „mitten drin" in den Problemen der internationalen Gewerkschaftsarbeit befindet, sieht man möglicherweise die Welt ein wenig anders, als wenn man am Rande steht. Aber vielleicht ist das auch eine Weltsicht, die sich zu schildern und zu lesen lohnt.

Leonhard Mahlein

1. Zwischen Einheit und Spaltung

1.1 Der Internationale Gewerkschaftsbund (IGB)

Im ersten Jahr des 20. Jahrhunderts versammelten sich Vertreter der Gewerkschaften aus Belgien, Dänemark, Deutschland, Finnland, Frankreich, Norwegen und Schweden in Kopenhagen zu einer internationalen Konferenz. Zentrales Thema der Beratungen war die Errichtung einer „Internationalen Zentralstelle der gewerkschaftlichen Landeszentralen", die jedoch erst auf der Folgekonferenz im Jahre 1903 beschlossen werden konnte. Zehn Jahre später gab sich die Zentralstelle den Namen „Internationaler Gewerkschaftsbund", nachdem die Zahl der angeschlossenen nationalen Gewerkschaftsbünde auf 19 mit zusammen 7 Millionen Mitgliedern angewachsen war. Die Tätigkeit des IGB beschränkte sich im wesentlichen auf die Durchführung von Kongressen, den Austausch von Informationen und auf die Verabschiedung von Resolutionen. Die Beharrung der Gewerkschaftsbünde auf ihrer nationalen Autonomie schränkte die Wirkungsmöglichkeiten des IGB erheblich ein und verkörperte somit damals bereits die nationalen wie politischen Gegensätze, wie sie sich aus der Situation vor und während des Ersten Weltkrieges ergaben.

Die Wiedergründung des Internationalen Gewerkschaftsbundes konnte deshalb erst 1919 mit über 20 Millionen Mitgliedern erfolgen, der dann auch von der ebenfalls neu gegründeten Internationalen Arbeitsorganisation (IAO), mit Sitz in Genf, anerkannt wurde. Die sowjetischen Gewerkschaften wurden zum IGB nicht zugelassen. Jedoch entschloß sich die antikommunistische „American Federation of Labor" (AFL) 1937 zum Beitritt, um damit die gleichzeitig dem fortschrittlicheren und damals noch gegen die AFL konkurrierenden Gewerkschaftsbund „Congress of Industrial Organizations" (CIO), die Aufnahme in den IGB zu verwehren. Der IGB erkannte nur einen Gewerkschaftsbund je Land an. Dem sich erneut um den Beitritt bemühenden Gewerkschaftsbund der UdSSR wurde die Zulassung wiederum verweigert.

Die Weltwirtschaftskrise der frühen dreißiger Jahre, das Aufkommen des Faschismus sowie die Ausweitung des Nationalismus ließen die Mitgliederzahlen sinken; mit dem Beginn des Zweiten Weltkrieges erlosch die Tätigkeit des Internationalen Gewerkschaftsbundes fast völlig. Die Auflösung dieser Gewerkschaftsinternationale wurde 1945 beschlossen.

1.2 Der Weltgewerkschaftsbund (WGB)

Wenige Monate nach dem Angriff deutscher Truppen auf die Sowjetunion am 22. Juni 1941, beschloß der Kongreß des britischen Gewerkschaftsbundes TUC (Trades Union Congress), direkte Kontakte mit dem sowjetischen Gewerkschaftsbund aufzunehmen. Nach Ansicht der britischen Gewerkschaften war der Kampf gegen Hitler-Deutschland das vorrangige Problem der Zeit. Im gleichen Jahr noch wurde die neuartige Solidarität der englisch-sowjetischen Gewerkschaften durch einen hochkarätig besetzten Besucheraustausch demonstrativ mit der Bildung des Anglo-sowjetischen Gewerkschaftskomitees bekräftigt. Man kam überein, sobald wie möglich auf einer Vorkonferenz die Voraussetzungen zur Gründung einer einheitlichen, die ganze Welt umfassenden Gewerkschaftsinternationale zu schaffen.

Versuche, auch die amerikanische Gewerkschaftsbewegung für diesen Bund heranzuziehen, schlugen fehl. Wesentliche Ursachen dieses Fehlschlags waren zum einen die antikommunistische Haltung der AFL und zum anderen, daß die Folge die Anerkennung des CIO im eigenen Lande gewesen wäre, der bis dahin – abgesehen davon, daß in ihm eine Reihe von Kommunisten organisiert waren – als eine ‚Splittergewerkschaft' angesehen wurde. Um die AFL doch noch in diesen Bund miteinbeziehen zu können, verzichtete der TUC auf eigenständige Verhandlungen mit dem CIO, da die AFL heftig gegen die Aufnahme von Gesprächen mit dem CIO protestierte.

Der sowjetischen Gewerkschaftsbund entwickelte 1943 eine eigene Initiative mit dem Ziel, eine Weltgewerkschaftskonferenz einzuberufen, die vom britischen TUC unterstützt wurde. Der noch immer tobende Zweite Weltkrieg ließ jedoch eine rasche Einberufung nicht zu, so daß die Weltkonferenz erst im Februar 1945 zusammentreten konnte. Als eigentliche Organisatoren traten der sowjetische Gewerkschaftsbund, der TUC wie auch der amerikanische CIO auf, der damit die abseits stehende AFL im internationalen Bereich erstmalig überholte. Bei dieser Konferenz setzte sich der englische TUC für die Beibehaltung des Namens der früheren Gewerkschaftsinternationale IGB ein, doch stellte sich bald heraus, daß es um die Bildung einer ganz neuen Organisation mit veränderten Grundsätzen ging.

Gerade um diese „veränderten Grundsätze" ging es dann beim eigentlichen Gründungskongreß des Weltgewerkschaftsbundes, der schließlich in der Zeit vom 25. September bis 8. Oktober 1945 in Paris stattfand, heiß her. Das Vertrauen in die Ideale der Arbeiterbewegung hatte, trotz vieler Bedenken, zur Gründung des WGB geführt. Abwesend waren die amerikanische AFL und der größte Teil der christlichen Gewerkschaften, die bald darauf ihre eigene internationale Zentrale mit dem „Internationalen Bund der Christlichen Gewerkschaften" (IBCG) schufen und der sich 1968 dann in den „Weltverband der Arbeitnehmer" (WVA) umwandelte.

Bereits in der Gründungsphase hatte sich unter den Delegierten der dem WGB angegliederten 69 Bünde aus 56 Ländern (die 65 Millionen Mitglieder vertraten) nicht nur eine bestimmte Blockbildung abgezeichnet, sondern auch sehr differenzierende Auffassungen über die grundsätzliche Aufgabenstellung der Weltgewerkschafts-Internationale wurden offensichtlich. Auf der einen Seite war der unter britischer Führung stehende Block der sozialistisch oder sozialdemokratisch ausgerichteten Gewerkschaften präsent, auf der anderen der sowjetische Gewerkschaftsbund mit den eher als kommunistisch bezeichneten Bünden aus Frankreich, Italien und einigen lateinamerikanischen Ländern. Anfänglich ergab sich trotzdem eine gute Arbeitsatmosphäre – nicht zuletzt durch die sowjetische Bereitschaft zur sachlichen Mitarbeit. In organisatorischen und politischen Fragen wurden jedoch die Grenzen des Weltgewerkschaftsbundes bald deutlich.

In der Eröffnungsansprache zum Gründungskongreß formulierte der legendäre Vorsitzende der damaligen Einheitsgewerkschaft Frankreichs, Leon Jouhaux, unter anderem folgende Grundsätze für den WGB:

„Die Befreiung der Arbeiter, der Friede der Welt, das sind die Ziele des zu gründenden Weltgewerkschaftsbundes. Damit Friede wird, muß die Not aufhören, das Los der Völker zu sein. Es muß eine vollständige Veränderung der allgemeinen Beziehungen herbeigeführt werden. Zum weltweiten Wiederaufbau ist die Unterstützung der Arbeiterklasse unerläßlich. Die Gewerkschaften dürfen sich daher nicht zersplittern, sondern im Gegenteil, sie müssen ihre internationale Einheit noch enger gestalten. Wir werden den Frieden für die Menschheit zu sichern wissen!"

Welche Hoffnungen und Überzeugungen auf die Stärke der Gewerkschaften steckten doch in diesen Worten! Das Gegenstück ließ aber nicht auf sich warten. Sir Walter Citrine, der einige Tage später zum ersten Präsidenten des WGB gewählt wurde, faßte als Vorsitzender des TUC den britischen Standpunkt wie folgt zusammen:

- Es müsse die Hauptaufgabe des Weltgewerkschaftsbundes sein, eine wirtschaftliche und nicht politische Organisation aufzubauen;

- Selbst die mit Zweidrittelmehrheit angenommenen Beschlüsse könnten für die angeschlossenen Bünde nicht bindend sein, ohne daß zuvor die Mitglieder des TUC eine Chance hätten, diese zu ratifizieren;

- Als eine Kardinalaufgabe bezeichnete er die Fusion der branchenspezifischen Internationalen Berufssekretariate (IBS) mit dem WGB.

Demgegenüber plädierte der amerikanische CIO-Sprecher zwar ebenfalls für die baldigste Eingliederung der Internationalen Berufssekretariate in den WGB, doch gleichzeitig betonte er das „Mitbestimmungsrecht der Arbeitnehmer in der Weltpolitik, vor allem wenn es um die Sicherung des Weltfriedens gehe"! Wahrlich eine weltumfassende politische Forderung, die mit einem organisationspolitischen Problem verknüpft wurde.

Ein zufriedenstellendes Arrangement mit den Internationalen Berufssekretariaten gestaltete sich also zu einer der Schlüsselfragen. Die anfängliche Übereinstimmung über die volle Autonomie der IBS in bezug auf ihre besonderen beruflichen Aktivitäten scheiterte an den Nachkriegsrealitäten sowie an der Verhandlungs- bzw. Verzögerungstaktik des WGB. Nach über dreijährigen Verhandlungen kamen im September 1948 die Internationalen Berufssekretariate bei einer Konferenz in Paris zu der Auffassung, daß die zwischen dem WGB und den IBS geführten Verhandlungen „überzeugend die Undurchführbarkeit einer Zusammenarbeit erwiesen hätten".

Zur zweiten und wichtigen politischen Schlüsselfrage wurde das von der US-Regierung lancierte Europäische Hilfsprogramm (ERP), auch Marshallplan genannt. Ziel dieses Programms sollte zwar in erster Linie sein, die als Folge des Krieges geschwächten europäischen Wirtschaften anzukurbeln; dies geschah in den Westzonen aber auf der Basis der Restauration kapitalistischer Eigentumsverhältnisse, womit der Kurs auf die Spaltung Deutschlands klar anvisiert war. Andererseits war es aber auch die erklärte Absicht der AFL wie des CIO, den Wiederaufbau der europäischen Gewerkschaften politisch zu beeinflussen. Sogenannte Care-Pakete als Schenkungen an Gewerkschaftsbünde, die sich dem WGB widersetzten, gelangten zwar auch nach Westdeutschland, doch war dies sicher nicht die alleinige Ursache dafür, daß die bald auftauchenden Gegensätze zwischen den Gewerkschaftsbünden in der westdeutschen Trizone und der damaligen Ostzone trotz der Interzonenkonferenzen nicht gelöst werden konnten (siehe auch Abschnitt: Interzonenkonferenzen). Allerdings versuchte natürlich auch der Weltgewerkschaftsbund die deutschen Gewerkschaften in Ost und West zu unterstützen.

Objektiverweise muß hier festgehalten bleiben, daß sich die Politik der beiden amerikanischen Gewerkschaftsbünde völlig mit den Interessen der amerikanischen Außenpolitik deckte und zur Zerstörung der französischen Einheitsgewerkschaft CGT (Confédération Générale du Travail) beitrug. Diese Politik hatte u. a. die Unterstützung oppositoneller Kräfte innerhalb der CGT zum Inhalt, die sich dann als FO (Force Ouvriere = Kraft der Arbeiter) organisierten. AFL und CIO leisteten aber auch scharfe Opposition gegen den Versuch des Weltgewerkschaftsbundes, in der UNO Fuß zu fassen, da von dort aus größere Autorität hätte gewonnen werden können. Dem CIO ist dabei zugute zu halten, daß seine „Mitspieler-

Position" sich nicht zuletzt aus der Konkurrenzsituation zur AFL bestimmte, doch mag auch die seinerzeitige inneramerikanische Situation ihre Wirkung gezeigt haben, trieb doch der US-Senator McCarty mit dem „Gesetz gegen antiamerikanische Umtriebe" sein Unwesen.

Der Traum eines allumfassenden Weltgewerkschaftsbundes, der 1945 so verheißungsvoll begonnen hatte, war im Januar 1949 ausgeträumt, als die Vertreter des TUC und CIO sowie des niederländischen Gewerkschaftsbundes NVV die Sitzung des Exekutivausschusses verließen. Der WGB widersetzte sich dem Verlangen der sozialdemokratisch orientierten Gewerkschaftsbünde zur Beschränkung auf soziale und wirtschaftliche Forderungen und wollte auf politische nicht verzichten. Der II. Weltkrongreß des WGB im Juni 1949 in Mailand signalisierte nur noch ein weiteres Mal die vollzogene Spaltung der Weltgewerkschaftsbewegung. Die gewerkschaftliche Einheit war zerschlagen; zurück blieben nichts als Bitterkeit und gegenseitige Rivalität. Von den Auseinandersetzungen, die der kalte Krieg mit sich brachte, blieben die Gewerkschaften in Ost und West nicht verschont.

Professor Horst Lademacher hat daraus folgende Schlußfolgerungen gezogen, die aus dem Holländischen übersetzt wurden:

„Die aus den Bedingungen der Anti-Hitler-Koalition hervorgegangene Zusammenarbeit zwischen kommunistischen und sozialdemokratischen Gewerkschaften setzte sich unter anderem das Ziel, einen positiven Beitrag im Kampf gegen das wirtschaftliche Chaos der Nachkriegsjahre zu liefern. Sicherlich war es so, daß die Gewerkschaften in der Phase des Wiederaufbaus, 1945 bis 1947, durchaus einen wichtigen Faktor im sozialökonomischen Leben der einzelnen Länder darstellten, und sicher hätte auch ein starker internationaler Verband diese Position noch ausbauen können. Unter Berücksichtigung der traditionellen Gegensätzlichkeiten zwischen Kommunisten und Sozialdemokraten konnte ein solcher internationaler Verband allerdings erst dann wirklich funktionieren, wenn sich das Ost-West-Verhältnis positiv entwickelte. Damit war die Entwicklung des WGB vom Erfolg der internationalen Beziehungen zwischen den USA und der Sowjetunion abhängig. Nur losgelöst von der jeweiligen nationalstaatlichen Politik hätte der WGB eine dritte Kraft werden können. Nicht nur aufgrund der traditionellen Gegensätzlichkeit, sondern auch aufgrund der wirtschaftlichen Tageserfordernisse war eine solche Verflechtung nicht aufzuheben. Der wachsende Ost-West-Gegensatz wirkte sich besonders auf die Verhandlungen zwischen den Internationalen Berufssekretariaten und dem WGB aus, bei denen traditionelle Autonomieforderungen den mehr auf Zentralisierung gerichteten Bestrebungen entgegenstanden. Er wirkte sich auch in der Spanien-Frage, beim Problem der Dekolonialisierung, beim Bürgerkrieg in Griechenland, in Deutschland sowie bei dem Versuch des WGB, in den Vereinten Nationen Fuß zu fassen, aus. Der Marshallplan förderte ein von Beginn an vorhandenes Konfliktpotential nachhaltig und bewirkte letztlich auch die Spaltung.“

1.3 Internationaler Bund Freier Gewerkschaften (IBFG)

Nachdem im Jahre 1945, unmittelbar nach dem Ende des Zweiten Weltkrieges, der Weltgewerkschaftsbund (WGB) gegründet worden war, führte der kalte Krieg schon im Jahre 1949 wieder zu seiner Spaltung. Tiefgehende Meinungsverschiedenheiten mit den „kommunistischen Gewerkschaften“ über die Frage des amerikanischen Marshallplanes sowie über die Entwicklungshilfe veranlaßten die westlichen Gewerkschaften, den WGB zu verlassen und auf Betreiben der amerikanischen AFL und des britischen TUC den Internationalen Bund Freier Gewerkschaften zu gründen. Dieser geriet bald unter die Kontrolle der antikommunistischen amerikanischen Gewerkschaften, die allerdings im Jahre 1969 – nicht zuletzt wegen der zunehmenden Kontakte verschiedener Mitgliedsgewerkschaften mit kommunistischen Gewerkschaften in Ost und West – den IBFG verließen. Unberührt von dieser Entwicklung blieb der Internationale Bund Christlicher Gewerkschaften (IBCG), der im Jahre 1920 gegründet wurde und sich seit dem Jahre 1966, als Ausdruck einer ideologischen Neuorientierung, Weltverband der Arbeitnehmer (WVA) nennt.

Im Gegensatz zu den kommunistischen Gewerkschaften, die alle Schritte der wirtschaftlichen Integration Westeuropas – die Gründung der Montanunion im Jahre 1952, der Europäischen Wirtschaftsgemeinschaft und der Euratom im Jahre 1958 – als „Faktor des kalten Krieges" und als ein Mittel, den Einfluß der Vereinigten Staaten in Westeuropa zu sichern, grundsätzlich ablehnten, haben die sozialdemokratischen und christlichen Gewerkschaften die wirtschaftliche Integration, die als ein erster Schritt auf dem Wege zur politischen Integration in Westeuropa betrachtet wurde, von Anfang an unterstützt. Diese Haltung hat inzwischen eine gewisse Ernüchterung erfahren, weil die Gewerkschaften den Prozeß der wirtschaftlichen Integration in Westeuropa, der eine ausgeprägte Tendenz zur Konzentration von Kapital und Unternehmen ausgelöst hat, nur sehr unzureichend beeinflussen können. Dennoch halten die Gewerkschaften in den alten Mitgliedsstaaten der Europäischen Gemeinschaft an dem supranationalen Glauben fest, daß übersichtliche demokratische Strukturen geschaffen werden könnten, die eine Kontrolle der wirtschaftlichen und politischen Entscheidungen auf allen Ebenen ermöglichen sollen. Was sich bis heute als Irrtum erwies und auch künftig ein solcher bleiben wird, denn es handelt sich dabei um eine völlige Verkennung der wirtschaftlichen und politischen Realitäten.

Am Gründungskongreß des IBFG im Dezember 1949 in London nahmen Delegierte aus 53 Ländern teil. Während sich früher die internationale Gewerkschaftsbewegung weitgehend auf Westeuropa und Nordamerika beschränkt hatte, sollte es nunmehr gelingen, auch einen größeren Teil der Gewerkschaftsorganisationen aus der Dritten Welt in ihre Reihen zu bringen. Im Jahre 1983, zur Zeit des 13. IBFG-Weltkongresses, gehörten dieser Gewerkschaftsinternationale 134 Mitgliedsverbände in 94 Ländern und Gebieten auf allen fünf Kontinenten mit einem Gesamtmitgliederstand von rund 85 Millionen an. Der IBFG ist ein Bund, der sich aus den nationalen Gewerkschaftsbünden zusammensetzt; in Sonderfällen kann der IBFG auch Einzelgewerkschaften oder mehrere nationale Gewerkschaftsbünde aus einem Land zu Mitgliedern machen.

Der IBFG wirkt als „Sammelstelle" für den Austausch von Informationen, Meinungen und Erfahrungen zwischen den Gewerkschaften der einzelnen Länder und für die Erarbeitung einer gemeinsamen Strategie zur Verteidigung und Förderung der Interessen der Arbeitnehmer. Um seine Aufgaben erfüllen zu können, besonders beim Aufbau von Gewerkschaften in der Dritten Welt, wurden Regionalorganisationen geschaffen, die über eine weitgehende Autonomie verfügen. So bestehen z. B. folgende Regionalorganisationen:

ARO: Die Asiatische Regionalorganisation.

AFRO: Die Afrikanische Regionalorganisation.

ORIT: Die Interamerikanische Regionalorganisation.

Dem IBFG waren ursprünglich ferner 16 Internationale Berufssekretariate (IBS) assoziiert, die die Landesgewerkschaften einzelner Berufsgruppen oder Industriezweige zusammenfassen. Nachdem der IBFG 1967 die Zusammenarbeit mit der Internationalen Grafischen Föderation wegen eines Verstoßes gegen die Grundsätze des IBFG einstellte, sind es gegenwärtig nur noch 15 Berufssekretariate.

Besonders enge Beziehungen unterhält der IBFG zur Internationalen Arbeitsorganisation (IAO), die bis heute die einzige internationale Institution mit einer dreigliedrigen Struktur ist, also aus Vertretern der Regierungen, der Unternehmer und der Arbeitnehmer besteht. In der IAO sind jedoch auch die sozialistischen Länder Mitglied, deren Arbeitnehmer durch Gewerkschaften vertreten werden, die dem WGB angehören. Die IAO ist die Plattform, auf der die beiden internationalen Bünde zusammenarbeiten könnten, doch ist dies mit erheblichen politischen Schwierigkeiten verbunden. Die amerikanischen Gewerkschaften traten 1977 in Übereinstimmung mit der US-Regierung aus der IAO aus. Angeblich aus finanziellen Gründen, doch der eigentliche Grund war, daß sie gegen die Vertreter der WGB-Gewerkschaften den Vorwurf der zu „starken Politisierung" erhoben, die allerdings vielfach (wie auf anderer Ebene bei der UNO) von den Delegierten der Gewerkschaften der Dritten Welt Unterstützung fanden. Erst 1980 führte der Präsident der AFL-CIO, Lane Kirkland, der George Meany abgelöst hatte, die amerikanischen Gewerkschaften wieder in die IAO zurück, was sicher auch im außenpolitischen Interesse der US-Regierung lag. Diesem Schritt der AFL-CIO folgte 1981 der Antrag auf Wiederaufnahme in den IBFG, die dann nach zwölfjähriger Abwesenheit im gleichen Jahr vollzogen wurde.

Es mag sein, daß die ständigen Arbeitskontakte zwischen dem DGB und der AFL-CIO zu diesem Gesinnungswandel beigetragen haben, wie es H. O. Vetter in seinem Buch „Notizen" zum Ausdruck bringt, doch ist die eigentliche Ursache des Austritts aus dem IBFG, nämlich die gewerkschaftlichen Ostkontakte, nicht revidiert worden. Insofern ist davon auszugehen, daß die Rückkehr der AFL-CIO zunächst zur IAO und dann zum IBFG im Sinne der Außenpolitik der US-Regierung unter Ronald Reagan lag.

Unter den gegenwärtig gegebenen politischen Umständen wird deshalb die an und für sich notwendige Zusammenarbeit der beiden Gewerkschaftsinternationalen weiter auf sich warten lassen. Voraussetzung wäre dafür eine weltweite politische Entspannung, der Abbau der ständigen Konfrontation, die Bereitschaft zum gegenseitigen Dialog, um dadurch zum allgemeinen Rüstungsabbau und zur verstärkten Friedenssicherung zu kommen, die im vorrangigen Interesse aller arbeitenden Menschen liegt. Auch hier sind die Gewerkschaften eingebunden in die allgemeinen wirtschaftlichen und gesellschaftlichen Verhältnisse, ja sie sind sogar ein Teil derselben. Nüchtern gesehen bedeutet dies, daß der IBFG seine antikommunistische Politik fortsetzt und deswegen die erneute Aufforderung des WGB „zu gemeinsamen Aktionen, die über den Rahmen der bestehenden internationalen Gewerkschaftsstrukturen hinausgehen", strikt ablehnte. Das französische Mitglied des IBFG, Force Ouvrière, äußerte sich dazu in Übereinstimmung mit dem IBFG wie folgt:

„Wir sind als Ganzes der Auffassung, daß die grundlegenden Ursachen für den Bruch mit den Kommunisten im Jahre 1947 und die darauffolgende Gründung des IBFG im Jahre 1949 heute noch genausoviel Gültigkeit haben wie damals – wenn nicht sogar mehr."

Daß solche Gewerkschaftsspalter in den zurückliegenden 35 Jahren seit 1949 nichts dazugelernt haben, bestätigt auch folgende Begebenheit. Der Weltgewerkschaftsbund, der seinen Sitz in Prag hat, führte im Frühjahr 1984 die Präsidiumssitzung auf Einladung der CGT in Paris durch. Auf einer Pressekonferenz nach der Sitzung sprach der WGB-Generalsekretär die Hoffnung aus, den Hauptsitz des WGB wieder nach Paris zurückverlegen zu können. Als Reaktion auf diese Erklärung sandte der Generalsekretär der FO, André Bergeron, einen Brief an den französischen Präsidenten Mitterrand, in dem es

u. a. heißt: „Die ganze Welt weiß, daß der WGB 1950 auf Erlaß der Regierung aus Frankreich ausgewiesen wurde. Damals betrachtete die Regierung diese Organisation als ein Instrument des Weltkommunismus, was sie auch heute noch ist, und zwar mehr denn je."

Bergeron fügte hinzu, daß die FO die Errichtung des WGB-Hauptsitzes in Frankreich als „äußerst störendes Element betrachten würde, das auf die Arbeit der internationalen freien Gewerkschaftsbewegung für sozialen Fortschritt und vor allem auf Demokratie, Freiheit und Frieden ernsthafte Auswirkungen hätte".

Stellt man solche Aussagen der eigentlichen Zielsetzung des IBFG gegenüber, so erhebt sich bei soviel gewerkschaftlicher Borniertheit ernsthaft die Frage, ob der Internationale Bund Freier Gewerkschaften zur aktiven Interessenvertretung der internationalen Arbeitnehmerschaft überhaupt fähig ist? Solange sich seine Tätigkeit im wesentlichen auf papierne Proteste, Entschließungen und Resolutionen beschränkt, dürften die oft geäußerten Zweifel berechtigt sein.

1.4 Der Europäische Gewerkschaftsbund (EGB)

Mit der Gründung des Europäischen Gewerkschaftsbundes im Jahre 1973 trat bei dem Versuch einer gewerkschaftlichen Internationalisierung in Westeuropa in organisatorischer Hinsicht ein Wendepunkt ein, der zumindest einige recht komplizierte Entwicklungsvorgänge zu einem vorläufigen Abschluß brachte. Zunächst war 1950 die Europäische Regionalorganisation (ERO) des IBFG gegründet worden, und nach einigen Zwischenstufen wurde nach dem Inkrafttreten der EWG- und EURATOM-Verträge das Europäische Gewerkschaftssekretariat gebildet. Schließlich kam es 1969 zur Gründung des EBFG, dem Europäischen Bund Freier Gewerkschaften, in dem das Europäische Gewerkschaftssekretariat ebenso aufging wie die Regionalorganisation des IBFG. Vom EBFG ausgeschlossen waren die Gewerkschaftsbünde der EFTA-Länder Großbritannien, Schweden, Norwegen, Dänemark, Österreich und Schweiz, die dann das „Trade Union Committee" (EFTA-TUC) gründeten. Dieses „Committee" löste sich mit der Gründung des EBG jedoch wieder auf, nachdem sich in dieser europäischen Gewerkschaftsorganisation sowohl die Gewerkschaftsbünde der EG- als auch der EFTA-Länder zusammenfanden.

Der wohl verwirrendste Vorgang beim Gründungskongreß des Europäischen Gewerkschaftsbundes im Februar 1973 in Brüssel war der hartnäckige Streit um den Namen des Bundes, nämlich ob das Wort „Freier" gestrichen werden soll oder nicht. Während die eine Seite, die später die Mehrheit auf sich vereinigte, mit aufwendigen Worten den Standpunkt vertrat, daß sich freie Gewerkschaften nicht „frei" zu nennen brauchten, weil das ohnehin klar sei, verteidigte die Minderheit nicht weniger beredt die Auffassung, daß freie Gewerkschaften keinen Anlaß hätten, das Wort „frei" zu streichen. Obwohl keiner der Diskussionsredner Bereitschaft zeigte, seine eigentlichen Beweggründe darzulegen, wurde es doch offensichtlich, daß hinter dieser Auseinandersetzung sowohl verschiedene ideologische Motive als auch unterschiedliche strategische Vorstellungen und nationale Interessen standen. Das Wort „frei" sollte nicht nur enge Beziehungen zum IBFG ausdrücken, sondern auch für die ideologische Abgrenzung gegenüber Richtungsgewerkschaften stehen. Bei diesem merkwürdigen Wortspiel ging es letztlich um die strategische Frage einer Öffnung des EGB für die christlichen und kommunistischen Gewerkschaften in Westeuropa.

Um seine politischen Vorstellungen durchzusetzen und Spekulationen über eine frühzeitige Öffnung des neuen EGB für die kommunistisch beeinflußten Gewerkschaften in Westeuropa entgegenzutreten, hatte der DGB-Bundesvorstand beschlossen, den Namen „Europäischer Bund der freien Gewerkschaften" entschieden zu verteidigen. Er wurde in dieser Frage – wenn auch aus unterschiedlichen Motiven – von der französischen FO, dem österreichischen ÖGB und dem schweizerischen SGB unterstützt. Die Mehrheit der Gründungsmitglieder unter der Führung des britischen TUC, der von der italienischen CISL und der belgischen FGTB unterstützt wurde, lehnte diesen Namen – zweifellos auch aus unterschiedlichen Motiven – ebenso entschieden ab.

Einige Gründungsmitglieder bestritten schlichtweg, daß sich die strategischen Vorstellungen der sozialistischen Gewerkschaften grundlegend voneinander unterscheiden. Sie verwiesen darauf, daß die kommunistisch beeinflußte CGIL, der größte italienische Gewerkschaftsbund, schon in der Mitte der 1960er Jahre für eine Regionalisierung des WGB und die Autonomie seiner Mitgliedsgewerkschaften eingetreten ist, um ihre Politik gegenüber der Europäischen Gemeinschaft differenzieren zu können.

Die zwar eingeschränkte, im Grunde aber positive Haltung der CGIL zur westeuropäischen Integration und ihre Bereitschaft zur „ideologischen Koexistenz" wurde auch vom DGB mit Vorbehalten anerkannt. Er bestand auf einer differenzierten Behandlung der italienischen CGIL und der französischen CGT. Eine solche wurde jedoch von der CGIL, die mit der CGT im Jahre 1965 einen Ständigen Ausschuß zur Koordinierung und zur Initiative für die gewerkschaftliche Aktionseinheit in Westeuropa gegründet hatte, nicht akzeptiert. Die CGIL wies darauf hin, daß es ihr in mehreren Fragen, die sich mit der wirtschaftlichen Integration Westeuropas beschäftigten, gelungen sei, die CGT zu einer differenzierteren Haltung gegenüber der Europäischen Gemeinschaft zu bewegen. Das hat die Kommission und den Ministerrat 1969 schließlich dazu bewogen, eine Vertretung der kommunistischen Gewerkschaften in den Institutionen der EG zu akzeptieren.

Die sich verschärfenden Arbeitskämpfe in Italien hatten 1968 einen Einigungsprozeß der italienischen Gewerkschaften eingeleitet, der zwar durch viele Rückschläge immer noch gekennzeichnet ist, aber im Juli 1972 mit der Schaffung einer „Föderation CGIL-CISL-UIL" ein wichtiges Zwischenziel erreicht hat. Die drei italienischen Gewerkschaftsbünde CGIL, der dem WGB angehörte, CISL und UIL, die beide dem IBFG angehören, hatten sich schon vorher auf Bedingungen geeinigt, ohne deren Verwirklichung eine Einheitsgewerkschaft anscheinend nicht möglich ist: Die drei Gewerkschaften müssen sich nicht nur parteipolitisch neutral verhalten; sie müssen darüber hinaus ihre Internationalen verlassen. Da es von vornherein ausgeschlossen wurde, daß eine italienische Einheitsgewerkschaft einer der konkurrierenden Internationalen beitritt, erwogen die italienischen Gewerkschaften für Westeuropa einen völlig „neuen Typus der internationalen Zusammenarbeit", der alle Richtungsgewerkschaften in einem umfassenden EGB integrieren soll. So hat denn auch die CISL in den Verhandlungen zu erkennen gegeben, daß eine italienische Einheitsgewerkschaft den IBFG verlassen würde, sich aber einem ideologisch nicht festgelegten EGB anschließen könnte. Die Folge war, daß die CGIL – die mehr einer euro-kommunistischen Politik zugeneigt ist – aus dem WGB austrat. Dieser Schritt machte auch die Aufnahme in den EGB möglich, so daß die drei italienischen Gewerkschaftsbünde im Europäischen Gewerkschaftsbund vertreten sind.

Eine noch stärkere Gegenpolitik verfolgte der DGB gegen die Aufnahmeanträge der französischen CGT an den EGB. Nachdem die CGT es bis heute ablehnte, die Aufnahme in den EGB mit dem Austritt aus dem WGB zu quittieren, wie es vom DGB und anderen Gewerkschaftsbünden gefordert wurde, drohte der DGB 1981 seinen Austritt aus dem EGB für den Fall an, daß die CGT aufgenommen würde. Hier wird einer der Widersprüche deutscher Gewerkschaftspolitik offensichtlich, denn der DGB ist zwar zu einer begrenzten Zusammenarbeit mit den französischen Gewerkschaften CFDT und FO bereit, lehnt es aber strikt ab, offene Gespräche mit der Führung der CGT zu beginnen. Es ist ein politisches Unikum, daß im EGB heute sozialdemokratische oder sozialistische, christliche und kommunistisch beeinflußte Gewerkschaften vertreten sind, aber der größte französische Gewerkschaftsbund von der Zusammenarbeit ausgeschlossen bleibt.

Dennoch bleibt festzuhalten, daß innerhalb des EGB eine größere politische Beweglichkeit vorhanden ist als im IBFG. Obwohl die Verzahnung zwischen dem EGB und dem IBFG nach wie vor besteht, hat sich der EGB trotzdem mehr und mehr aus seiner regionalorganisatorischen Beengung befreit und ist weitgehend zur selbständigen europäischen Gewerkschaftsorganisation geworden, deren Entwicklung noch nicht vollständig abgeschlossen sein dürfte. Dies führte auch dazu, daß der IBFG mit seiner Aufgabenstellung mehr auf die Länder in Südamerika und in der Dritten Welt verdrängt wurde und seine Ziele vorrangiger in der Verringerung der Kluft zwischen reichen und armen Ländern, in der Hilfe bei der Organisierung der Arbeitnehmer und bei Bemühungen um die Anerkennung ihrer Gewerkschaften als Verhandlungspartner sowie im Kampf gegen jede Diskriminierung aufgrund von Rasse, Hautfarbe, Glauben oder Geschlecht sieht.

Der Europäische Gewerkschaftsbund hat sich zum Ziel gesetzt, die sozialen, wirtschaftlichen und kulturellen Interessen der Arbeitnehmer auf der europäischen Ebene im allgemeinen und gegenüber den europäischen Institutionen im besonderen zu vertreten und zu fördern. Zur Erreichung dieser Ziele wurde ein Grundsatzprogramm und ein Aktionsprogramm verabschiedet, die die Tätigkeit der angeschlossenen Gewerkschaften stärker koordinieren sollen.

Als Beispiel für die größere Flexibilität des EGB im Unterschied zum IBFG sei auf die gesamteuropäischen Gewerkschaftskonferenzen im Rahmen der ILO verwiesen. Im Januar 1974 trafen sich während der 2. ILO-Regionalkonferenz für Europa die Vorsitzenden der Gewerkschaftsbünde aller europäischen Länder (außer Albanien) und vereinbarten die Durchführung einer gemeinsamen Beratung auf der Führungsebene zum Thema Humanisierung der Arbeit. Diese Konferenz fand 1975 am Sitz der ILO in Genf statt. Ihr folgte dort 1977, 1979 und 1981 je eine weitere europäische Gewerkschaftskonferenz, an der aus allen Ländern in Ost und West die Spitzenrepräsentanten der nationalen Gewerkschaftsbünde teilnahmen. Mit anderen Worten: Gewerkschaftsführer, deren Organisationen entweder dem EGB, dem IBFG, dem WGB oder keinem der internationalen Bünde angehören, saßen in regelmäßiger Folge beisammen, um über gewerkschaftliche Fragen von gemeinsamem Interesse zu beraten. Vom DGB hatte immer Heinz Oskar Vetter daran teilgenommen. Aber in den Publikationen des Deutschen Gewerkschaftsbundes konnte man darüber nichts lesen. 1983 kam die fällige fünfte Konferenz auf Betreiben des IBFG wegen der Vorgänge in Polen, wie es hieß, nicht zustande.

Zusammenfassung

Bei der kritischen Würdigung der internationalen Gewerkschaftspolitik kann manches unverständlich und engherzig erscheinen, weil man die Auffassung haben kann, daß es eigentlich leicht sein sollte, gemeinsame Vorstellungen zu entwickeln, die zu einer wirksamen Einheit des Handelns und der gemeinsamen Aktion führen. Dennoch muß man sich bewußt sein, daß nationale Traditionen und unterschiedliche Auffassungen über wirtschaftliche, gesellschaftliche und politische Anschauungen bei den Gewerkschaften keineswegs immer und überall übereinstimmen. Es ist sicher leichter, sich auf

Proklamationen zu einigen, in denen das Positive gefordert und das Negative verurteilt wird. Es ist sehr viel schwieriger, sich dann darüber zu einigen, was als notwendig angesehen wird und wie es verwirklicht werden soll.

Auch Gewerkschaften sind Organisationen, die trotz aller Bekenntnisse zu internationaler Solidarität nicht bereit sind, das, was sie oft zu Unrecht als nationales Interesse ansehen, ihrem internationalen Bekenntnis zu opfern; selbst dann nicht, wenn es keine wirklichen Opfer sind. Auch Gewerkschafter sind nicht selten in Traditionen befangen, die sie nahezu als unantastbares Heiligtum pflegen, obwohl sie weder durch die tatsächlichen heutigen Verhältnisse noch durch nüchterne Überlegung reale Werte darstellen. Auch Gewerkschafter fallen nicht selten auf kurzsichtige, angeblich nationale Interessen herein und verfallen dabei den gleichen verhängnisvollen Irrtümern und Fehlern, denen Regierungen aller politischen Schattierungen so leicht zu erliegen pflegen. Auch Gewerkschaften haben nicht nur unterschiedliche Organisationsstrukturen, sondern auch differenzierende Verhaltensweisen im Umgang mit ihren Mitgliedern und ebenso in ihren Sozialbeziehungen zu den Regierungen und insbesondere zu den Unternehmern.

Diese verschiedenen Wesensmerkmale außer acht zu lassen, würde zu einer Fehleinschätzung gewerkschaftlicher Handlungsmöglichkeiten im internationalen Bereich führen. Die echte Solidarität der Gewerkschaften ist noch nicht so vollkommen wie sie sein könnte. Sie ist auch heute noch mehr Aufgabe als praktische Wirklichkeit, wenngleich sie im Verhältnis zu anderen Interessenverbänden sicherlich besser entwickelt ist. Trotz all dieser berechtigten Einwände dürfen wir es beim gegenwärtigen Ist-Zustand nicht belassen. Unsere bleibende Aufgabe muß es sein, Hemmnisse Stück für Stück zu überwinden, um tatsächlich zu einer wirksamen Einheit des Handelns und gemeinsamer Aktionen zu kommen. Die veränderten Verhältnisse in dieser Welt sind dafür ein triftiger Grund.

2. Internationalistische Gewerkschaftspolitik

2.1 Vorbemerkung und Historisches

Es soll hier die Entwicklung der Berufsinternationale der Buchdrucker beleuchtet werden, einmal, weil sie eine der ältesten ist und außerdem nach dem Zweiten Weltkrieg einen Weg genommen hat, der als außergewöhnlich innerhalb der allgemeinen internationalen Gewerkschaftspolitik empfunden wird. Dieser Weg mündete letztlich ein in die Zusammenarbeit zwischen grafischen Gewerkschaften, die in unterschiedlichen Gesellschaftsordnungen tätig sind und die dennoch als positiv zu bewerten ist.

Mit der Gründung des Verbandes der Deutschen Buchdrucker (VdDB) im Mai 1866 konnten die Initiatoren unmittelbar an die Tradition der ersten gewerkschaftlichen Vorläuferverbände in den Revolutionsjahren 1848/49 anknüpfen. Dieser Prozeß wurde gefördert durch die im Jahre 1864 erfolgte Gründung der Internationalen Arbeiterassoziation (IAA), der ersten Internationale, die in den nachfolgenden Jahren wesentlich von Karl Marx beeinflußt wurde. Zu seinen Weg- und Kampfgefährten zählte Wilhelm Liebknecht, der im November 1864 im Berliner Buchdruckergehilfenverein (mit etwa 800 Mitgliedern einer der zahlenmäßig stärksten Berufsorganisationen Deutschlands) die von Marx für die IAA verfaßte „Inaugural-Adresse" (wissenschaftliche Arbeit) propagierte. Der Einfluß Liebknechts auf die Berliner Buchdrucker war so groß, daß er bereits am 29. April 1865 Karl Marx zuversichtlich mitteilte, daß sich die Berliner Buchdrucker wie auch die Mitglieder des Allgemeinen Deutschen Arbeitervereins (ADAV) zu den Marxschen Prinzipien bekennen.

Tatsächlich wurden durch die Tätigkeit Liebknechts solche Prinzipien wie Klassensolidarität und Internationalismus bestimmend für die politische Tätigkeit der Berliner Buchdrucker. Davon zeugte z. B. ihre eindrucksvolle solidarische Haltung zum Streik der Leipziger Buchdrucker im April 1865.

Fast ihr gesamtes Vereinsvermögen (über 4300 Mark) stellten die Berliner Drucker ihren Leipziger Berufsgenossen für den Streik zur Verfügung. Darüber hinaus wandten sie sich als erste deutsche Arbeiterorganisation mit einem Schreiben an Karl Marx als den Korrespondierenden Sekretär des Generalrates der IAA für Deutschland, in dem sie die Arbeiter zur Solidarität mit den Streikenden aufriefen. Nach seiner Ausweisung aus Preußen im Juli 1865 setzte Liebknecht seine Agitation für die Prinzipien von Marx unter anderem im Leipziger Fortbildungsverein für Buchdrucker fort.

August Bebel, der seit Oktober 1864 dem Vorstand des ADAV angehörte, nützte diese Funktion, um mit Liebknecht mehr und mehr auf eine selbständige Arbeiterpolitik zu dringen. Sie forderten gemeinsam ein klares politisches Programm. Die Entscheidung darüber sollte auf dem nächsten Verbandstag fallen, der zum 6. September 1868 nach Nürnberg einberufen wurde. Mit 69 gegen 46 Stimmen beschloß dieser Vereinstag den vorgelegten Programmentwurf und bekannte sich damit zu den von Karl Marx in der Präambel zu den Statuten der IAA formulierten Leitsätzen:

● Das Endziel des Kampfes der Arbeiterklasse ist die Beseitigung aller Klassenherrschaft.

● Die Grundlage des sozialen Elends und der Knechtschaft in jeder Form ist das Privateigentum an Produktionsmitteln.

● Die politische Freiheit ist die Vorbedingung für die ökonomische Befreiung der Arbeiterklasse.

● Die soziale Frage ist untrennbar von der politischen Frage und kann nur in einem demokratischen Staat gelöst werden.

● Die ökonomische Emanzipation der Arbeiter setzt die Solidarität der Arbeiter der verschiedenen Berufszweige jedes Landes und die Einheit der Arbeiter aller Länder voraus.

Auf der Grundlage dieser Marxschen Leitsätze beschloß der Vereinstag „seinen Anschluß an die Bestrebungen der Internationalen Arbeiterassoziation". Diese Leitsätze haben im wesentlichen auch heute noch ihre volle Gültigkeit.

Die Buchdrucker hatten für diese Beschlußfassung wertvolle Vorarbeit und ihren ersten Beitrag zum internationalen Anschluß geleistet. Sie galten aber auch als Beispiel, als es auf dem Nürnberger Vereinstag um die Gründung von gewerkschaftlichen Unterstützungseinrichtungen ging. Dieselben ergaben sich folgerichtig aus dem Programmbeschluß, und es wurde vorgeschlagen, allgemeine Gewerkschaftsgenossenschaften nach Art der Trade Unions und des Deutschen Buchdruckerverbandes zu errichten und denselben die Altersversorgungs-, Kranken- und Wanderunterstützungsangelegenheiten zu übertragen. Ein Gegenvorschlag, der die Schaffung von Altersversorgungskassen unter Staatsaufsicht vorsah, verfiel der Ablehnung mit der Begründung, daß der Staat durch seinen Klassencharakter der Feind der Arbeiterklasse sei, zu dem es deshalb „keine andere Berührung geben kann als die, welche der Kampf zwischen uns, der Kampf auf Leben und Tod mit sich bringt" (vgl. Der Kampf um eine marxistische Gewerkschaftspolitik 1868–1878, Berlin 1975).

2.2 Die grafischen Berufsinternationalen

Die älteste der grafischen Berufsinternationalen ist die Buchdrucker-Internationale, die im Jahre 1889 in Paris gegründet wurde. Sie war das Vorbild für die später erfolgten Gründungen der Buchbinder und Lithografen.

Zum Sitz des Sekretariats der Internationale der Buchdrucker wurde zunächst Bern bestimmt. Auf dem V. Kongreß, der 1907 wiederum in Paris stattfand, erklärte der Vertreter des Schweizerischen Typografenbundes, das Zentralkomitee wünsche die Verlegung des Sitzes des Internationalen Buchdrucker-Sekretariats in ein anderes Verbandsgebiet. Im April 1909 erfolgte dann die Verlegung des Sekretariates nach Stuttgart. Dort wurde 1912 dann auch der VI. Internationale Buchdrucker-Kongreß durchgeführt, auf dem die Frage der Unterstützung in Streikfällen die Debatte beherrschte. Es war der letzte Vorkriegskongreß, dem ein trauriger Abschnitt folgte: der Erste Weltkrieg, der auch dieser Internationale fast das Lebenslicht auszublasen drohte.

Die Tätigkeit des Sekretariats war naturgemäß sehr stark behindert, besonders auch durch die Tatsache, daß sich der Sitz in einem kriegführenden Lande befand. Eine große Entfremdung machte sich geltend zwischen den angeschlossenen Verbänden. Die erste Nachkriegszeit sah die Inflation, eine völlig umgewandelte Karte Europas, die Zerstückelung alter Verbandsgebiete und die Entstehung neuer Staaten mit Teilen von alten Organisationen. Dazu kam noch, daß nicht nur die Kollegenschaft der unterlegenen Länder schwer um ihre Existenz zu kämpfen hatte, sondern auch die Verbände der „Sieger"-Staaten hatten unter den neuen Verhältnissen zu leiden. Trotzdem hatten es die Kollegen der Stuttgarter Sekretariatskommission ermöglicht, die Fäden nicht abreißen zu lassen und die Tätigkeit des Sekretariats im Rahmen des Möglichen fortzusetzen. Allerdings kam es dann auf dem ersten Nachkriegs-Kongreß im September 1919 in Luzern zu erneuten Beratungen über die Neugestaltung und die Verlegung des Sitzes des Sekretariats, das anschließend wieder in die Schweiz, nach Bern, zurückverlegt wurde.

Den ersten Schritt in die Richtung einer einheitlichen Gewerkschaft beschloß der XI. Kongreß dieser Internationale im Jahre 1930, als der Verband der grafischen Hilfsarbeiter und -arbeiterinnen Deutschlands mit seinen 29 400 Mitgliedern in die Buchdrucker-Internationale aufgenommen wurde.

Die Zerstörungserscheinungen während des Ersten Weltkrieges sollten sich wiederholen, als der XIV. Internationale Buchdrucker-Kongreß vom 6. bis 10. August 1938 in Kopenhagen tagte, also kurze Zeit vor Auslösung des Zweiten Weltkrieges, der Europa noch mehr verwüstete als der Erste. Die internationale Solidarität sollte sich aber wiederum bewähren. Die vier skandinavischen Gewerkschaften hatten einen Antrag eingereicht, auf dem Wege der Freiwilligkeit einen internationalen Hilfsfonds zu errichten für Unterstützungs- und Hilfsmaßnahmen zugunsten der Opfer der zunehmenden Faschisierung Europas. Auch sprach sich der Kongreß im Prinzip für die Fusion der drei grafischen Berufsinternationalen aus.

Nach dem Kongreß überstürzten sich die Ereignisse. Am 1. September 1939 begann Hitler-Deutschland den Zweiten Weltkrieg. Die erste Kriegshälfte schien ihm den Sieg zu bringen. Der Machtbereich des Nationalsozialismus und des Faschismus erstreckte sich von den Pyrenäen bis zum Kaukasus, von Nordafrika bis zum Polarkreis. Die in den Krieg verwikkelten Nationen litten furchtbar und, wie immer, vor allem die Arbeiter.

Mit der Niederwerfung der in Scheußlichkeiten und Schande endenden Achsenmächte konnten die internationalen Beziehungen wieder aufgenommen werden. In Belgien, Holland, in Deutschland und Österreich, wie in Italien wurden Einheitsgewerkschaften errichtet, die an Stelle der selbständigen Verbände der Buchdrucker, Lithografen und Buchbinder der vorfaschistischen und Vorkriegszeit traten. Mit der nach und nach wiederkehrenden zivilen Sicherheit erstand auch der Glaube an die Notwendigkeit und Nützlichkeit der internationalen Organisationen der Arbeiterschaft wieder. Die Buchdrucker-Internationale umfaßte nach dem Zweiten Weltkrieg 19 angeschlossene nationale Gewerkschaften, die auf dem XV. Kongreß vom 15. bis 20. September 1947 in Bern den grundsätzlichen Beschluß faßten, die Buchdrucker-Internationale aufzulösen und der neu zu schaffenden Internationalen Grafischen Föderation beizutreten. Dazu wurde folgende Resolution einstimmig verabschiedet:

„Der XV. Kongreß der Buchdrucker-Internationale in Erwägung,

1. daß er es als seine gewerkschaftliche Pflicht erachtet, das Streben nach Einheit unserer Klassen zu fördern;

2. daß es dafür notwendig sein wird, die alte Organisationsform aufzugeben und mit der Internationale der Lithografen und Steindrucker und derjenigen der Buchbinder eine neue allgrafische Internationale ins Leben zu rufen;

3. daß diese allgrafische Internationale sich u. a. auch stützen soll auf den Entwurf der internen Satzungen, wie dieser vom Koordinations-Komitee vorbereitet wurde;

beschließt:

a) die Buchdrucker-Internationale von dem Tage an aufzulösen, an dem die allgrafische Internationale ihre Arbeit beginnt;

b) alle Archive usw. dem neu zu bildenden Fachgruppenvorstand auszuhändigen;

c) den Vorstand zu beauftragen, alle Maßnahmen zu ergreifen, die sich im Interesse der Liquidation unserer Buchdrucker-Internationale als erforderlich erweisen werden."
(Aus: Protokoll der IGF, Mai 1949)

Die Buchdrucker waren die Vorreiter der neuen gewerkschaftlichen internationalen Entwicklung, der sich einige Wochen später die Internationale Förderation der Buchbinder
und verwandter Berufe anschließen sollte. Diese Internationale Föderation war am 30. Juni und 1. Juli 1907 in Nürnberg
ins Leben gerufen worden. Die erste Nachkriesgskonferenz
der Buchbinder-Internationale wurde vom 23. bis 25. Oktober
1947 ebenfalls in Bern durchgeführt. Die dort verabschiedete
Resolution hatte inhaltlich fast den gleichen Wortlaut wie die
zuvor von der Buchdrucker-Internationale verabschiedete.

Der Internationale Bund der Lithografen, Steindrucker und
verwandter Berufe war am 3. August 1896 in London gegründet worden und hatte den Sitz seines Sekretariats ab 1907 in
Deutschland. Diese Internationale hatte in den Jahren vor
dem Ersten Weltkrieg eine gute Arbeit geleistet, namentlich
durch den Abschluß von Gegenseitigkeitsverträgen, die die
Freizügigkeit der Gewerkschaftsmitglieder von Land zu
Land, von Organisation zu Organisation ganz wesentlich er-
leichterten. Der Internationale Bund der Lithografen war damit dem Beispiel der Buchdrucker-Internationale gefolgt. Das
Exekutivkomitee erkannte bei ihrer ersten Sitzung im April
1946 bereits, daß die Aufrechterhaltung einer selbständigen
Internationale eine Unmöglichkeit geworden war. Nur in der
Schweiz, in Skandinavien und England bestanden noch selbständige Lithografenbünde; in den übrigen Ländern waren
die Jünger Senefelders in allgrafische Organisationen einge-
reiht. Der ILB führte seinen internationalen Kongreß im Februar 1948 ebenfalls in Bern durch und faßte bezüglich der
Fusion inhaltlich den gleichen Beschluß wie die Buchdruk-
ker-Internationale einige Monate früher.

2.3 Die Internationale Grafische Föderation (IGF)

An allen drei Berner Kongressen nahmen Vertreter des Weltgewerkschaftsbundes teil, die die Aufgabe hatten, die Kon-

gresse mit der Rolle und dem Statut der Berufs-Departemente des WGB zu befreunden, die an die Stelle der bisherigen autonomen Berufssekretariate treten sollten. Doch konnten sich die drei grafischen internationalen Berufssekretariate mit der weitgehenden Unterstellung der Berufs-Departemente unter die Kontrolle und Direktion des WGB nicht einverstanden erklären und verabschiedeten übereinstimmend eine Resolution, die die Entscheidung über die Frage des Anschlusses einem Kongreß der neu zu gründenden allgrafischen Internationale überließ. Gleichzeitig wurde in dieser zum Ausdruck gebracht, daß der Anschluß an den WGB nur dann zu vollziehen sei, wenn die Selbständigkeit in zufriedenstellender Weise garantiert wird und die Berufssekretariate das Recht besitzen, ihren Sitz und ihre Funktionäre frei zu wählen wie auch ihre finanziellen Belange selbständig zu regeln.

Der Gedanke des organisatorischen Zusammenschlusses der Berufsinternationalen der Buchdrucker, Buchbinder und Lithografen hat in der zweiten Woche des Monats Mai 1949 nach jahrzehntelangen Überlegungen und Vorbereitungen in Stockholm seine faktische und juristische Verwirklichung mit der Gründung der Internationalen Grafischen Föderation gefunden. Darüber hinaus verdient der Umstand, daß neben den Liquidations-Kongressen der ehemaligen Berufsinternationalen acht bisher keiner Internationale angehörende englische grafische Gewerkschaften der neugeschaffenen Internationale beitraten, als historisch und gewerkschaftlich erfreuliche Tatsache festgehalten zu werden.

Beim 12. Kongreß der Internationalen Grafischen Föderation, der im Oktober 1982 in Paris stattfand, umfaßte diese internationale Organisation 39 nationale Gewerkschaften aus 29 Ländern in Europa, Nord- und Südamerika, Afrika und Asien mit insgesamt 718 620 Mitgliedern.

Nach dem Gründungskongreß der IGF war diese eingebettet in die internationalen Auseinandersetzungen zwischen dem Weltgewerkschaftsbund (WGB) und der sich abzeichnenden Gründung des Internationalen Bundes Freier Gewerkschaften (IBFG), die am 7. Dezember 1949 auf einer „Freie-Welt-Arbeitskonferenz" in London erfolgte. Die IGF folgte dem Vorgehen der übrigen Internationalen Berufssekretariate und schloß sich dem IBFG und dessen Politik an. Zu den der IGF angeschlossenen Organisationen gehörte als Gründungsmitglied auch die „Fédération française des travailleurs du livre" (FFTL = französischer Bucharbeiterverband), die damals – wie auch heute noch – über den französischen Gewerkschaftsbund CGT indirekt mit dem WGB verbunden ist. 1952 verließ die FFTL auf eigenen Wunsch die IGF und begründete diesen Schritt damit, daß das Verhalten der IGF gegenüber der FFTL den Anlaß zu diesem Bruch gegeben habe. Der im gleichen Jahr stattgefundene IGF-Kongreß im britischen Bournemouth bedauerte das Ausscheiden und sprach die Hoffnung aus, daß „die FFTL bald in der Lage sein wird, in die IGF zurückzukehren".

Im Mai 1964 war es dann soweit; dem sechsten IGF-Kongreß lag ein Wiederaufnahme-Antrag der FFTL vor, der mit der Entwicklung des Gemeinsamen Marktes in Europa und der einseitigen Bevorzugung der Unternehmerorganisationen und der Benachteiligung der Arbeitnehmerorganisationen begründet wurde. Seitens der FFTL wurden keine Bedingungen gestellt und ebenso von der IGF keine erwartet. Dies bedeutete, daß der Wiedereintritt unter den gleichen Bedingungen erfolgen sollte, wie sie bei der Zugehörigkeit zur IGF vor 1952 bestanden, selbstverständlich unter voller Anerkennung der Statutenbestimmungen.

Der Wiederaufnahme-Antrag der FFTL löste schwerwiegende politische Diskussionen innerhalb der IGF aus. Während der „Algemene Nederlandse Grafische Bond" im Falle der Wiederaufnahme sein Ausscheiden ankündigte, drohte die „Centrale de l'industrie du livre de Belgique" ihren Rückzug für den Fall an, daß das Aufnahmegesuch der Ablehnung verfällt. Die einzelnen Verbände waren in ihrer jeweiligen Haltung gespalten.

Bei den durchaus gegensätzlich geführten Diskussionen spielte im Hintergrund die folgende Erklärung des IBFG eine wesentliche Rolle:

„Der IBFG-Vorstand erinnerte auf seiner 35. Tagung in Brüssel im Dezember 1964 an die Vereinbarung, die zwischen dem IBFG und den Internationalen Berufssekretariaten abgeschlossen und vom zweiten Weltkongreß im Juli 1951 in Mailand bestätigt wurde, wonach

a) der IBFG die Autonomie der Internationalen Berufssekretariate anerkennt und die Internationalen Berufssekretariate und der IBFG in allen Fragen gemeinsamen Interesses zusammenarbeiten werden;

b) der IBFG und die Internationalen Berufssekretariate anerkennen, daß sie in der Tat Bestandteile der gleichen internationalen Gewerkschaftsbewegung sind; was einschließt, daß sich die Internationalen Berufssekretariate an die allgemeine politische Linie des IBFG halten.

Der IBFG-Vorstand erklärt daher, daß der Internationale Bund Freier Gewerkschaften grundsätzlich jede Zusammenarbeit mit einem Internationalen Berufssekretariat ablehnt, das eine Organisation, die direkt oder indirekt dem Weltgewerkschaftsbund angeschlossen ist, aufnehmen sollte."
(Aus: Protokoll des 7. IGF-Kongresses, September 1967, London)

Die in dieser Erklärung versteckte Drohung sollte sowohl für den IBFG als auch für die IGF noch Folgen haben.

Nachdem sich bei den erforderlichen Abstimmungen im Exekutivkomitee der IGF die gegensätzlichen Auffassungen fortsetzten und wiederholt Zuständigkeiten von Organen angezweifelt wurden, erklärte das Exekutivkomitee: „Der Wiederaufnahme-Antrag der FFTL soll bis zum IGF-Kongreß 1967 ausgesetzt bleiben." Die Zeit sollte genutzt werden, um mit der FFTL noch weitere klärende Gespräche zu führen, doch wurden u. a. auch noch juristische Gutachter bemüht. Am fünften Tag des siebten IGF-Kongresses, am 22. September 1967, stand in London der Punkt 15 der Tagesordnung zur Beratung an: Behandlung des Gesuches der FFTL um Wiederaufnahme in die IGF. Der damalige Präsident der Internationalen Grafischen Föderation, der Schweizer Ernst Leuenberger, eröffnete den Sitzungstag unter anderem mit folgenden Ausführungen:

„Meiner Ansicht nach sind internationale Organisationen absolut frei in ihrer Beschlußfassung über die Aufnahme nationaler Organisationen – vorausgesetzt, daß solche die Bestimmungen der Statuten und Reglemente der internationalen Vereinigungen anzuerkennen und zu erfüllen bereit sind. Die IGF hat es weder als Berufsorganisation noch als internatio-

nale Körperschaft nötig, den Direktiven anderer Organisationen Folge zu leisten. Wir haben uns dem IBFG gegenüber stets loyal verhalten; schon deshalb halte ich Versuche des IBFG für unzulässig, mit denen man die IGF unter Druck setzen will, damit diese das FFTL-Gesuch um Wiederaufnahme ablehnt."
(Aus: Protokoll des 7. IGF-Kongresses, September 1967, London)

Dies war zweifellos eine eindeutige und mutige Antwort an den IBFG, obwohl der IBFG-Generalsekretär, Omer Becu, den IGF-Präsidenten in einem persönlichen Brief nochmals eindringlich auf das vorgenannte, 1951 ratifizierte Mailänder Abkommen hingewiesen hatte und das Abstimmungsergebnis keineswegs voraussehbar war.

23 Delegierte, meist die Vorsitzenden der jeweiligen nationalen Verbände, beteiligten sich mit grundsätzlichen Ausführungen, darunter der Vorsitzende der FO, André Bergeron. Diesem hatte der IGF-Präsident bereits in seiner Eröffnungsansprache folgendes verdeutlicht:

„Im Jahre 1955 wurde in Frankreich ein neuer Verband der grafischen Arbeiter gegründet (FO-Gliederung). Es gelang der neuen Organisation jedoch nicht, sich innerhalb des grafischen Gewerbes in Frankreich genügend durchzusetzen. Bis heute hat es die beträchtlich überwiegende Mehrzahl der französischen Arbeiter vorgezogen, in der anderen Organisation zu bleiben: in der FFTL. In einer Urabstimmung sprachen sich 60 Prozent der Mitglieder dafür aus, daß die FFTL im französischen Gewerkschaftsbund CGT verbleibt, die ihrerseits dem WGB angeschlossen ist."

Aber auch die Delegation der Bundesrepublik, der ich angehörte, war in ihrer Meinung und politischen Auffassung in sich gespalten. Die 16 Delegierten – die wegen der mitgliedermäßigen Größe der IG Druck und Papier außerdem mit zehn Zusatzstimmen ausgestattet waren, die auf die zwei Meinungsgruppen aufgeteilt wurden – votierten mehrheitlich für die Wiederaufnahme der FFTL. Mit großer Spannung wurde deshalb das Abstimmungsergebnis erwartet; es lautete: 160 Stimmen wurden abgegeben, kein Stimmzettel war ungültig, bei zwei Stimmenthaltungen wurden 82 für und 76 Stimmen gegen die Wiederaufnahme der FFTL abgegeben. Der Kongreß hatte also beschlossen, die FFTL wieder in die IGF aufzunehmen.

Es wäre ein historischer Augenblick für diese demokratisch bewußte Internationale gewesen, doch ohne Nachwehen sollte der Kongreß nicht bleiben. Die niederländische und die sozialdemokratisch orientierte italienische grafische Gewerkschaft traten ebenso wie die französische FO aus der IGF aus, die Folgen des kalten Krieges wurden auch in internationalen Organisationen spürbar. Der IBFG stellte offiziell seine Zusammenarbeit mit der IGF ein – und das ist bis heute so geblieben –, obwohl der IBFG 1970 das Verbot bilateraler Kontakte mit WGB-Gewerkschaften aufhob und es in den folgenden Jahren zwischen den europäischen Bünden des IBFG und des WGB wiederholt zu gesamteuropäischen Gewerkschaftskonferenzen auf dem Boden der Internationalen Arbeitsorganisation in Genf kam.

Trotzdem lernte die IGF in den folgenden Jahren bis zur Gegenwart auf die eigene Kraft zu vertrauen – sie ging ihren eigenen Weg zielbewußt und erfolgreich. Am 1. Januar 1979 kehrte die niederländische grafische Gewerkschaft zurück und stärkt seit der Fusion mit der katholischen Brudergewerkschaft als „druk en papier" mit zusätzlichen Mitgliedern die Reihen der IGF. Außerdem konnten weitere neue Mitgliedsverbände zwischenzeitlich gewonnen werden.

Die FFTL selbst ist in all den Jahren ihrer erneuten IGF-Mitgliedschaft ein treuer und zuverlässiger Partner geblieben. Ohne Frage ist die FFTL trotz indirekter Zugehörigkeit zum WGB eine freie und demokratische Organisation. Mit rund 40 000 Mitgliedern ist sie die bedeutendste grafische Arbeitnehmerorganisation in Frankreich – und Frankreich ist ein demokratischer westlicher Staat, der der Europäischen Gemeinschaft angehört. Weiterhin bleibt es Tatsache, daß viele der IGF angehörende Verbände mit der FFTL enge und kollegiale Beziehungen unterhalten, und man lädt sie selbstverständlich zu den Kongressen ein. Die IG Druck und Papier und weitere europäische Gewerkschaften führen gemeinsame Betriebsrätekonferenzen zur Aktivierung der gewerkschaftlichen Tätigkeit in einem multinationalen Konzern mit der FFTL durch, und wenn es sich darum handelt, die Unternehmer bei Streik daran zu hindern, ihre Aufträge ins Ausland zu verlagern, hat die FFTL und wurde der FFTL nie Unterstützung versagt. – Kann oder will der IBFG nicht begreifen, daß es sich bei den französischen ebenso wie bei den italienischen Gewerkschaften um Aktivposten der europäischen Gewerkschaftsbewegung handelt?

2.4 Die IGF und das Ständige Komitee der grafischen Gewerkschaften

Im November 1961 wurde von Organisationen, die dem WGB nahestehen, in Leipzig das „Ständige Komitee der Gewerkschaften der Grafischen Industrie" (SKGGI) gegründet, das in mehrjährigen Zeitabständen sogenannte „Konsultativ-Konferenzen" durchführt. Eine solche Konferenz tagte im Oktober 1966 in Kiew, die von 37 Gewerkschaften aus 33 Ländern beschickt wurde. Die IGF hatte ihren angeschlossenen Verbänden empfohlen, sich nicht vertreten zu lassen, trotzdem man nicht grundsätzlich dagegen sein wollte, daß sich Gewerkschaften verschiedener nationaler oder internationaler Zugehörigkeit gelegentlich treffen, um auf technischer und gewerkschaftlicher Ebene eine Zusammenarbeit zu suchen. Dennoch blieb in diesen Jahren das Verhältnis zwischen der IGF und dem SKGGI beziehungslos, und man konnte sich nicht einmal zum Austausch von Informationen oder Zeitschriften entschließen. Andererseits konnte die IGF auch nicht verhindern, daß Vertreter von IGF-Gewerkschaften an den Konsultativ-Konferenzen als Gäste oder Beobachter teilnahmen. Für beide Seiten ein unbefriedigender Zustand. Unbefriedigend auch deshalb, weil die FFTL auch nach ihrer Wiederaufnahme in die IGF weiterhin mit einem Vorstandsmitglied im „Ständigen Komitee" verblieb, was doch zu manchen indirekten unnötigen Reibereien führte.

Bevor ich im Oktober 1976 zum Präsidenten gewählt wurde, gehörte ich seit 1968 bereits dem Exekutivkomitee der IGF an und konnte die einzelnen Entwicklungsstufen direkt miterleben. Zweifellos war es meiner Mitwirkung zu verdanken, daß dieser unbefriedigende Zustand beendet werden konnte, als das IGF-Exekutivkomitee im Oktober 1976 beschloß, mit Vertretern des SKGGI zu prüfen, ob und in welchem Rahmen ein Erfahrungsaustausch möglich ist und erfolgen kann. Im Februar 1977 vereinbarten wir dann die Einsetzung einer paritätisch besetzten Studienkommission sowie Richtlinien für die Tätigkeit derselben, die sich mit der Konzentration und mit dem Wirken multinationaler Gesellschaften in der Druckindustrie zu befassen hatte, um schlußfolgernd daraus die erforderlichen gewerkschaftlichen Aktivitäten zu beraten. Ebenso wurde man sich einig über die Notwendigkeit einer baldmöglichst durchzuführenden dreigliedrigen Konferenz (Regierungen, Unternehmer, Gewerkschaften) für die grafische Industrie bei der Internationalen Arbeitsorganisation. Weiterhin wollte man sich gemeinsam für die Bildung eines einschlägigen Industrieausschusses bei der IAO einsetzen. In mehreren Sitzungen der Vorstände wie auch der eingesetzten Studiengruppe wurden zielstrebig die jeweiligen Abschnitte der Arbeitsergebnisse geprüft, diskutiert und weiterentwickelt. Im Juni 1979 konnte dann die „Gemeinsame Erklärung der IGF und des SKGGI über die gewerkschaftlichen Grundforderungen zur Verbesserung der Situation der Arbeiter und Angestellten in der Grafischen Industrie" verabschiedet werden.

Diese „Gemeinsame Erklärung" wurde anschließend dem Exekutivkomitee als Arbeitspapier zur Diskussion und Bestätigung und auch dem IGF-Kongreß 1979 zur Beschlußfassung vorgelegt. Ebenso stimmten die Organe des SKGGI der Erklärung zu. (Siehe auch Anhang.)

Die übereinstimmend verabschiedete „Gemeinsame Erklärung" wurde gleichzeitig zur Grundlage für die koordinierte Zusammenarbeit der nationalen Verbände und der beiden internationalen Gremien und ebenso die Grundlage für das gemeinsame Vorgehen anläßlich der „Zweiten dreigliedrigen Technischen Konferenz der IAO für die Grafische Industrie", die im Herbst 1981 in Genf stattfand. Dazu erarbeitete bereits im November 1980 die paritätische Studiengruppe zwei Entschließungen zu den Bereichen „über die Bedürfnisse der Ausbildung und Umschulung in der Grafischen Industrie" und „über die technische Entwicklung und die Folgeerscheinungen für die Beschäftigung in der Grafischen Industrie insbesondere in den Entwicklungsländern". Diese beiden Entschließungen wurden von der Arbeitnehmergruppe gemeinsam zur IAO-Konferenz eingebracht.

Der Besetzung der jeweiligen Funktion für die Arbeitnehmergruppe kam besondere Bedeutung zu, die jedoch im beiderseitigen Einvernehmen reibungslos gelöst werden konnte. So

wurde z. B. der IGF-Präsident der Vorsitzende der Arbeitnehmergruppe und der Vorsitzende der sowjetischen Kulturarbeitergewerkschaft zu einem der Vizepräsidenten der Vollkonfe-
renz gewählt. An dieser dreigliedrigen Konferenz waren 24
Länder mit insgesamt 197 offiziellen Teilnehmern vertreten.
Dank der guten Vorarbeit, der einheitlichen und geschlosse-
nen Haltung und Zusammenarbeit der Arbeitnehmergruppe –
die von Experten der IAO als einmalig lobend erwähnt wurde
– konnte aus unserer Sicht von einer erfolgreichen Tagung gesprochen werden, die für die weitere koordinierte Zusammenarbeit dieser beiden internationalen Gliederungen als zu-
kunftsweisend angesehen werden kann.

Doch konnte es natürlich nicht nur bei den Ergebnissen dieser Konferenz bleiben, deren Einberufung einerseits von der
Zustimmung der jeweils beteiligten Regierungen abhängig ist,
die andererseits aber im allgemeinen kein besonderes Interesse daran haben, die davon Betroffenen umfassend direkt zu
informieren. Weil nicht alle Länder zur IAO-Konferenz eingeladen waren und auch die gewerkschaftlichen Informa-
tionsmittel für eine breitgeschichtete Unterrichtung nicht aus-
reichten, mußten Mittel und Wege für die Umsetzung der von
der Konferenz verabschiedeten Entschließungen und Resolutionen gefunden werden. Eine Einladung der sowjetischen
Kulturarbeitergewerkschaft, im Januar 1983 dazu ein Symposium in Moskau durchzuführen, zu dem die IGF und das
SKKGI ihre nationalen Organisationen jeweils gesondert ein-
laden sollten, bot uns diese Möglichkeit. Waren es in Genf
nur 44 Delegierte sowie 32 technische Berater und Beobachter aus 24 Ländern auf der Arbeitnehmerseite, die an den Beratungen der IAO-Konferenz teilnehmen konnten, so hatten
wir auf dem Symposium die Gelegenheit, vor etwa 200 Teilnehmern aus 45 Ländern, über die Ergebnisse zu berichten
und unsere Einschätzungen zu vermitteln.

Das war ein weiterer sinnvoller Schritt in der Fortentwicklung
einer kontinuierlichen Zusammenarbeit zwischen Gewerkschaften, die in unterschiedlichen Wirtschafts- und Gesellschaftsordnungen ihre Tätigkeit ausüben. Der nächste Schritt
wird sein, in der ersten Hälfte des Jahres 1985, voraussichtlich in Wien, eine Europäische Konferenz durchzuführen, die
unter dem Arbeitstitel: „Wirtschaftskrise – Folgen des technologischen Strukturwandels – Arbeitslosigkeit – Sicherung des
Friedens" stehen soll.

Die Beziehungen zwischen der Internationalen Grafischen Föderation und dem „Ständigen Komitee" standen von Anfang an unter der Prämisse der vollen Souveränität der beiden Organisationen. Das heißt und bedeutet:

● daß wir gegenseitig die Meinung des anderen achten,

● uns nicht in die inneren Angelegenheiten der Organisation des anderen einmischen

● und die gemeinsamen, übereinstimmenden Ziele unserer Arbeit und unseres Standpunktes suchen, die eine Grundlage für die konkrete Zusammenarbeit bilden können.

Wir waren und sind bereit, bei bestimmten konkreten, von beiden Seiten als nutzbringend befundenen internationalen Angelegenheiten zusammenzuarbeiten auf der Grundlage gegenseitiger Abstimmung, wie das bei der IAO-Konferenz für die Druckindustrie geschehen ist. Dies liegt in unserem gemeinsamen Interesse. Andere Überlegungen, die dazu angestellt werden sollten, bleiben für mich reine Spekulation.

3. Interzonenkonferenzen der deutschen Gewerkschaften von 1946 bis 1948

In der einschlägigen Literatur ist die Frage umstritten, ob es in den Jahren von 1946 bis 1948 neun oder zehn Interzonenkonferenzen gegeben hat. Nach den offiziellen Unterlagen in Ost und West ist von neun Konferenzen die Rede. Das erste Zusammentreffen, das am 13./14. Juli 1946 auf Initiative des damaligen Vorsitzenden des „Hessischen Gewerkschaftsbundes", Willi Richter, in Frankfurt stattfand, wurde nicht mitgezählt. In den Dokumenten des DGB wurde es als „Erstes Interzonentreffen deutscher Gewerkschaften" bezeichnet, obwohl das Treffen den dann folgenden Interzonenkonferenzen an Bedeutung gleichkam. Die gleichrangige Bedeutung wurde von allen Beteiligten betont, dennoch ist kaum etwas von den Gesprächsinhalten bekanntgeworden. Verschiedene Anzeichen sprechen jedoch dafür, daß es um die Vorbereitung und um die Tagesordnungspunkte für die I. Interzonenkonferenz ging.

Außer den neun Interzonenkonferenzen fanden in den Jahren 1946/47 mehrmalige interzonale Zusammenkünfte von 16 Einzelgewerkschaften statt, die im wesentlichen spezielle Fragen ihrer Industriezweige behandelten, sich im übrigen aber an die Rahmenbedingungen der Interzonenkonferenzen hielten. Das gleiche galt für die „Erste Interzonale Gewerkschafts-Jugendkonferenz", die vom 15. bis 17. Januar 1948 in München bzw. Hallthurm in Oberbayern durchgeführt wurde. Dort wurden zwar bereits Behandlungspunkte für die „II. Interzonale Jugendkonferenz" angesprochen, doch sollte diese dann nicht mehr stattfinden.

3.1 Die I. Interzonenkonferenz

Am 7. und 8. November 1946 trafen sich sechs Gewerkschaftsvertreter aus der französischen und jeweils drei aus der amerikanischen und sowjetischen Besatzungszone in Mainz zur I. Interzonenkonferenz. Der Delegation aus der britischen Zone war die Teilnahme von der Militärregierung versagt worden, obwohl eine solche bereits an dem vorausgegangenen Interzonentreffen teilgenommen hatte; jedoch war der FDGB Groß-Berlin zusätzlich durch seinen Vorsitzenden vertreten. Die Tagung wurde am 7. November durch den Generalsekretär des Weltgewerkschaftsbundes, Louis Saillant, eröffnet, der zugleich den Vorsitz führte.

Die Bedeutung der Gewerkschaften für den Wiederaufbau der deutschen Wirtschaft, für die Gestaltung des sozialen und kulturellen Lebens ebenso wie die Verpflichtung der Gewerkschaften, auf die allgemeine gesellschaftliche und politische Gestaltung und Entwicklung des neuen Deutschland Einfluß zu nehmen, wurde von allen Teilnehmern unterstrichen. Weiterhin wurde ein Antrag erörtert, der vom FDGB an den Kontrollrat gerichtet war mit dem Ziel, daß regelmäßige interzonale Zusammenkünfte verantwortlicher Gewerkschafter durchgeführt werden können.

Der unbefriedigende Stand der Entnazifizierung der deutschen Wirtschaft wurde von den Teilnehmern durch besonders gravierende Beispiele belegt. Für die nächste Tagung wurde vorgesehen, Berichte aus allen vier Zonen über den Stand der Entnazifizierung entgegenzunehmen. Ferner sollten auf der nächsten Konferenz die Umerziehung der Jugend und die Frage der beruflichen Ausbildung als besonders wichtige Aufgaben der freien deutschen Gewerkschaften behandelt werden. Es sollten einheitliche Maßnahmen für alle vier Zonen vorgeschlagen werden. Die außerordentliche Bedeutung der Gewerkschaftspresse, ihre Rolle sowie der Aus- und Aufbau der Gewerkschaftszeitungen sollten ebenfalls Gegenstand einer konkreten Aussprache sein. Der Generalsekretär des WGB kündigte an, daß zur Unterstützung der deutschen Gewerkschaften in ihrer verantwortungsvollen Arbeit bei den folgenden interzonalen Zusammenkünften Vertreter des Weltgewerkschaftsbundes anwesend sein würden. Louis Saillant unterstrich bei einer Pressekonferenz, daß dieses Treffen eine neue Phase im deutschen Gewerkschaftsleben eröffnet habe.

Seitens des FDGB wurde bedauert, daß eine Delegation des amerikanischen Gewerkschaftsbundes AFL, die Berlin und die westlichen Zonen besucht hatte, keine Verbindung mit dem Vorstand des FDGB aufgenommen hatte. Weiterhin wurde die Auffassung eines Vertreters der AFL-Delegation kritisiert, der u. a. ausführte, daß „er den deutschen Arbeitern nicht den Sozialismus oder den Kapitalismus empfehlen könne, aber daß er der Meinung sei, daß die amerikanische Arbeiterschaft das kapitalistische System für besser halte als die gegenwärtig in Deutschland herrschende Tendenz. Wir müssen alles tun, um diese zu bekämpfen!" (Aus: H. Jendretzky, Reden und Aufsätze, Berlin 1961)

3.2 Die II. Interzonenkonferenz

Die günstige Entwicklung der gewerkschaftlichen Zusammenarbeit aller Zonen fand am 18. und 19. Dezember 1946 in Hannover ihren Niederschlag mit der Vereinbarung, daß künftig in der Regel alle zwei Monate Interzonenkonferenzen, abwechselnd in den vier Zonen, durchgeführt werden. Vor Eintritt in die Tagesordnung machte der Vertreter des WGB grundsätzliche Ausführungen, die das starke Interesse auch der ausländischen Gewerkschaften an dem Aufbau eines neuen deutschen Gewerkschaftswesens bekunden. Vor allem werde das Problem der Entnazifizierung in allen Zonen vom WGB mit lebhaftestem Interesse verfolgt, da man in ihrer erfolgreichen Durchführung und Beendigung eine entscheidende Voraussetzung für die Stabilität der demokratischen Erneuerung Deutschlands erblicke.

Von der Konferenz wurde eine umfangreiche Tagesordnung erledigt, deren Ergebnisse in den beiden Entschließungen über „Das Mitbestimmungsrecht der Gewerkschaften und Betriebsräte in der Wirtschaft" und in der „Stellungnahme zur Frage der Entnazifizierung" formuliert wurden. Die Konferenz vertrat die Aufassung, daß die Sicherung des Friedens und der Demokratie sowie der Freiheit der Persönlichkeit nur möglich sei, wenn der Neuaufbau der deutschen Wirtschaft und ihre Lenkung auf demokratischer Basis durch wirksamen, unmittelbaren Einfluß der Gewerkschaften und Betriebsräte erfolgt. Für die Weiterbehandlung der aktuellen Probleme der deutschen Sozialversicherung wurde eine Kommission eingesetzt, die weitere konkrete Pläne ausarbeiten sollte.

Die für den Aufbau der neuen Gewerkschaften als immer dringlicher angesehene Frage der Rückgabe des früheren Gewerkschaftsvermögens wurde außerdem erörtert. Es wurde die baldige Regelung dieser Angelegenheit gemäß den bereits vom Kontrollrat gegebenen Zusagen erwartet. Schließlich beschäftigte sich die Konferenz noch mit dem Schicksal der deutschen Kriegsgefangenen. Der tiefen Verbundenheit der deutschen Gewerkschaften mit den Kriegsgefangenen in allen Ländern wurde ebenso wie der Hoffnung Ausdruck gegeben, daß alle Kriegsgefangenen, die nicht besonderer Vergehen schuldig sind, in Kürze in die Heimat zu ihren Angehörigen zurückkehren können.

3.3 Die III. Interzonenkonferenz

Als am 12. Februar 1947 die III. Interzonenkonferenz mit einer festlichen Veranstaltung in Gegenwart der Kommission des WGB im „Admiralspalast" in Berlin-Ost ihren Abschluß fand, stand über diesem Ausklang der dreitägigen Sitzung noch einmal vor aller Augen die Losung: „Gewerkschaftseinheit überwindet Zonengrenzen". Zwei Vizepräsidenten des WGB hatten noch einmal die Rolle unterstrichen, die die neue Gewerkschaftsbewegung übernehmen sollte. Die deutschen Gewerkschaften seien jetzt nicht nur die Vertreter der Lohn- und Arbeitsinteressen, sie seien weit darüber hinausgewachsen. Das ergebe sich aus der wirtschaftlichen und politischen Lage, in der sich Deutschland nach der vor fast zwei Jahren erfolgten Zerschlagung des Naziregimes befinde. Daher auch die von den deutschen Gewerkschaften immer wieder erhobene Mahnung, endlich die Beschlüsse von Potsdam durchzuführen, die wirtschaftliche und politische Einheit Deutschlands Wirklichkeit werden zu lassen.

Das erste Thema dieser Interzonenkonferenz – „Über den Aufbau der deutschen Gewerkschaften" – wurde unter dem Gesichtspunkt behandelt, daß die endgültige Form der deutschen Gewerkschaftsbewegung von der künftigen politischen und wirtschaftlichen Entwicklung eines neuen Deutschlands weitgehend bestimmt wird. Die dazu angenommene Entschließung stellt fest, daß die neuen deutschen Gewerkschaften ihre wirtschaftlichen, sozialen, organisatorischen und kulturellen Aufgaben nur dann erfüllen können, wenn sie der Wirtschaft und dem Staat gegenüber als unabhängiges Ganzes auftreten können. Es war eine folgerichtige Maßnahme, daß ein Organisationsausschuß gebildet wurde, der die noch nicht gelösten Probleme klären sollte.

Der gewerkschaftlichen Jugendarbeit war der nächste Tagesordnungspunkt gewidmet. Dieser Jugend, die im ehemals faschistischen Deutschland einseitig und falsch erzogen wurde, sollte nicht nur der erforderliche materielle Schutz gegeben werden. Es gelte vor allen Dingen, ihr eine neue geistige Grundlage zu geben und sie für den Gedanken der Demokratie zu gewinnen. Hierzu sei der weitere Ausbau der Gewerkschaftspresse ein unerläßliches Hilfsmittel. Die Aussprache darüber zeigte eine sehr unterschiedliche Entwicklung, besonders beim Vergleich der Vielgestaltigkeit der Gewerkschaftspresse. Bedeutsam war auch die Entschließung über die „Grundsätze einer einheitlichen gesamtdeutschen Sozialversicherung". Dies war der erste praktische Versuch, die für alle deutschen Arbeitnehmer wichtigen Fragen im gesamtdeutschen Maßstab einer Lösung über den Weg des Kontrollrates entgegenzuführen.

Neben den zwei Entschließungen über den „Aufbau der Gewerkschaften" und über die „Grundsätze für eine reichseinheitliche Regelung und Neugestaltung der deutschen Sozialversicherung" wurden noch zwei Beschlüsse gefaßt. Der eine bestimmte, daß künftig neben den je vier Delegierten der einzelnen Zonen jedem „Zonensekretär" Sitz und Stimme in der Konferenz eingeräumt wird, und der andere sah als vordringliche Aufgabe an, die Frage der Angestelltenorganisation zu behandeln. Das Ergebnis sollte der nächsten Konferenz vorgelegt werden.

3.4 Die IV. Interzonenkonferenz

Die vom 6. bis 8. Mai 1947 in Garmisch-Partenkirchen durchgeführte Konferenz brachte in einer Entschließung zum Friedensvertrag ihre Besorgnis zum Ausdruck. Ohne die Schwierigkeiten, die in der Lösung des deutschen Friedensproblems liegen, zu verkennen, äußerten die Repräsentanten der deutschen Gewerkschaftsbewegung dennoch die dringende Bitte, daß der Friedensvertrag nicht mehr allzulange auf sich warten läßt. „Der durch die beispiellos verbrecherische Kriegsführung Hitlers entstandene chaotische Zustand ist nicht überwunden und das deutsche Volk leidet weiterhin große Not" – heißt es in der Entschließung. Die Gewerkschaften anerkannten darin außerdem die Verpflichtung zur weitestmöglichen Wiedergutmachung der durch den nazistischen Krieg anderen Völkern zugefügten Schäden und setzten dafür den Aufbau einer den Bedürfnissen des deutschen Volkes und der Erfüllung der Reparationen dienenden Volkswirtschaft voraus.

Wie die ökonomischen Verhältnisse neu geordnet werden sollten, brachte die IV. Interzonenkonferenz in einer zweiten Entschließung „zur Neugestaltung der Wirtschaft" zum Ausdruck. In dieser sind folgende Forderungen erhoben:

1. Die Wiederherstellung der wirtschaftlichen Einheit Deutschlands, der baldigst die politische folgen muß.

2. Aufbau eines Systems geplanter und gelenkter Wirtschaft. Vergesellschaftung der für die Lenkung der Gesamtwirtschaft wichtigen Schlüsselindustrien, Kredit- und Versicherungsinstitute.

3. Errichtung eines zentralen deutschen Amtes für Wirtschaftsplanung und -lenkung und Aufbau eines Systems von Organen der wirtschaftlichen Selbstverwaltung. In diesen Organen sowie bei der Kontrolle des zentralen Amtes müssen die Gewerkschaften in voller Gleichberechtigung vertreten sein.

4. Die Erhöhung der Industrieproduktion Deutschlands für den friedlichen Bedarf über den vom Kontrollrat vorgesehenen Umfang hinaus, um die Versorgung des deutschen Volkes zu verbessern und die Wiedergutmachungsansprüche erfüllen zu können. Die Demontage von Industrieanlagen, die hierzu dienen können, muß eingestellt werden.

5. Die Aufstellung und Durchführung eines Export- und Importplanes sowie die Eingliederung Deutschlands in die Weltwirtschaft mit dem Ziele, die wirtschaftliche Selbständigkeit Deutschlands wiederherzustellen. Größere Auslandskredite für Rohstoffe und Lebensmittel sind auf absehbare Zeit dazu notwendig.

6. Die Durchführung einer Bodenreform in Verbindung mit der Aufstellung eines einheitlichen Landwirtschaftsplanes zur restlosen Bebauung und besseren Ausnutzung der landwirtschaftlichen Nutzflächen. Die Mitwirkung von Selbstverwaltungsorganen der Landwirtschaft unter angemessener Beteiligung der Gewerkschaften ist dabei sicherzustellen. Die Erfassung der für die Volksernährung notwendigen Agrarprodukte muß nach einem einheitlichen Ablieferungsplan mit einer durchgreifenden Kontrolle der Durchführung gewährleistet werden.

7. Die Durchführung einer einheitlichen Währungs- und Finanzreform für ganz Deutschland nach erfolgter wirtschaftlicher Einheit. Mit der Reform muß ein gerechter Lastenausgleich unter besonderer Berücksichtigung der wirtschaftlich Schwachen sowie eine tiefgreifende progressive Vermögensabgabe verbunden werden, Sachwerte und Geldvermögen sind dabei gleichzustellen. (Vgl. Versprochen – gebrochen, DGB-Bundesvorstand 1961)

Außerdem verabschiedete die Konferenz „Richtlinien zur Organisation der Angestellten", die auftragsgemäß vom Organisationsausschuß erarbeitet wurden. Der Ausschuß stellte fest, daß bis zum Jahre 1933 die gewerkschaftliche Zersplitterung der Angestellten außerordentlich groß gewesen ist. Es wurden nicht weniger als 91 Angestelltenverbände gezählt, davon 13 Verbände der kaufmännischen und 29 der technischen Angestellten.

Es muß hervorgehoben werden, daß bis 1933 besonders bei den Angestellten die Aufstellung der gewerkschaftlichen Organisationen nach weltanschaulichen Grundgedanken die Bewegung geschwächt hat. Gegenüber den Verhältnissen, die bis 1933 bestanden, wurde es als großer Fortschritt betrachtet, daß die neu eingeleitete Konzentration in der Angestellten-Bewegung zu einer organisatorischen Festigung und ideologischen Einheit führt. Die Überwindung der weltanschaulichen und organisatorischen Gegensätze innerhalb der Angestelltenschaft wurde begrüßt und als ein gutes Zeichen für die notwendige Entwicklung zu einer gewerkschaftlichen Einheit aller Arbeitnehmer angesehen. Die Kommission sah die Notwendigkeit, trotzdem zur weiteren Klarheit im Problem der gewerkschaftlichen Erfassung der Angestellten zu gelangen, und empfahl die Schaffung selbständiger Angestellten-Gewerkschaften im Rahmen der Gewerkschaftsbünde. Dazu erklärte sie, daß das endgültige Ziel in der organisatorischen Vereinigung aller Arbeitnehmer erblickt werden muß.

Ein milder Protest an den Kontrollrat gegen die auch damals schon erwogene Einführung der „erweiterten Sommerzeit" rundete die Tagesordnung ebenso ab wie zwei Referate über „Grundsätze eines neuen Tarifvertragsrechts" und über die „Betriebsräte- und Arbeitsgerichtsgesetzgebung". Dazu wurden Sachverständigen-Kommissionen mit je drei Vertretern der vier Zonen und Berlins gebildet.

3.5 Die V. Interzonenkonferenz

Diese Interzonenkonferenz, die vom 7. bis 9. August 1947 in Badenweiler stattfand, sollte eine der wichtigsten werden. Einerseits ging es an das „Eingemachte" und andererseits wurden Gegenkräfte erkennbar, denen das Ganze überhaupt nicht paßte. Die Zusammenkunft war die erste nach der Tagung des Generalrates des Weltgewerkschaftsbundes, die im Prinzip der Aufnahme der deutschen Gewerkschaften zugestimmt, jedoch die endgültige Aufnahme in den WGB von der Schaffung eines einheitlichen deutschen Gewerkschaftsbundes abhängig gemacht hatte.

„Zur Aufnahme der deutschen Gewerkschaften hatte der Generalrat auf seiner Tagung in Prag vom 9. bis 14. Juli – an der auch fünf Vertreter der deutschen Gewerkschaften teilgenommen hatten (darunter Hans Böckler für die britische und Fritz Tarnow für die US-Zone – L. M.) – folgenden Beschluß gefaßt:

a) Ein Verbindungsbüro des WGB in Deutschland mit der Aufgabe zu schaffen, die Verbindung mit den deutschen Gewerkschaften aufrechtzuerhalten und zusammen mit ihnen die Bedingungen für die nationale Vereinigung der deutschen Gewerkschaften auf demokratischer Grundlage zu schaffen und den Generalsekretär zu beauftragen, die Errichtung des Sitzes sicherzustellen;

b) eine Delegation aus allen vier Zonen zu den Tagungen einzuladen;

c) den Beitritt der deutschen Gewerkschaften zum WGB im Prinzip anzunehmen. Effektiv wird der Beitritt unter der Bedingung,

1. daß in Deutschland ein Gewerkschaftszentrum geschaffen wird. Um dies zu verwirklichen, wird den Gewerkschaften in allen vier Zonen vorgeschlagen, mit der praktischen Arbeit, insbesondere mit der Vorbereitung eines Kongresses auf der Grundlage einer demokratischen Delegiertenvertretung zu beginnen;

2. daß die Exekutive des WGB aufgrund der Informationen, die sie durch das Verbindungsbüro zusammen mit den deutschen Gewerkschaften bekommen wird, die Tätigkeit der deutschen Gewerkschaften als zufriedenstellend anerkennt.

3. Bis zur Einberufung eines solchen Kongresses sollen die Interzonenkonferenzen weiterhin durchgeführt und die Beschlüsse als Meinungsaustausch der deutschen Gewerkschaften betrachtet werden.

4. Der WGB wird sich an die nationalen Organisationen von Großbritannien, der Vereinigten Staaten von Amerika, der Sowjetunion und Frankreich wenden mit dem Ersuchen, bei ihren Regierungen vorstellig zu werden, damit die entsprechenden Vertreter beim Kontrollrat in Berlin mit dem WGB zusammenwirken sollen bei der Durchführung dieses Beschlusses."

(Ebenda)

Die V. Interzonenkonferenz in Badenweiler hatte hierzu folgende Entschließung angenommen:

„I. Die Interzonenkonferenz der Gewerkschaften Deutschlands hat den Bericht über die Tagung des Generalrats des WGB in Prag und die gefaßten Beschlüsse über das Verhältnis der deutschen Gewerkschaften zum WGB mit großer Befriedigung zur Kenntnis genommen.

II. Die Interzonenkonferenz beauftragte einen Arbeitsausschuß, die hierfür notwendigen Vorschläge auszuarbeiten und der nächsten Interzonenkonferenz Bericht zu erstatten.

III. Die Interzonenkonferenz erwartet auch, daß alle Landes- und Zonengewerkschaftsverbände sowie die Industriegewerkschaften alle erforderlichen Vorarbeiten leisten, um die in dem Beschluß des WGB zum Ausdruck gebrachten Grundsätze baldmöglichst zu verwirklichen.

IV. Das künftige Schicksal der Werktätigen und des deutschen Volkes hängt von der politischen Einheit Deutschlands, einer einheitlichen Wirtschaftsführung und einer einheitlichen sozialen Gesetzgebung Deutschlands ab. Die deutschen Gewerkschaften, in denen gegenwärtig bereits fast acht Millionen Männer und Frauen organisiert sind, bekunden der Welt gegenüber diesen Willen zur Einheit durch entsprechende Vorbereitungen für einen organisatorischen Zusammenschluß aller Schaffenden."

(Ebenda)

Sprache und Zielsetzungen waren eindeutig, und auch der einzuschlagende Weg konkret beschrieben. Trotz des einmütigen Beschlusses gab es natürlich Meinungsverschiedenheiten, die jedoch in der kollegialen Form eines harten Meinungsaustausches ausgetragen werden konnten. Die durch die Verschiedenheit der Politik der vier Besatzungsmächte geschaffenen Tatsachen fanden in den Beratungen der Konferenz ihren Ausdruck. So wurde unter anderem eine ernsthafte Diskussion über die Frage der Unternehmerverbände geführt, weil sich in den drei Westzonen – im Gegensatz zur sowjetischen Zone – bereits wieder Unternehmervereinigungen etabliert hatten, die dabei waren, in Frankfurt ein „Koordinierungsbüro" mit einem Herrn von Bülow zu errichten. Das wurde als weiterer Anlaß gesehen, dieser trizonalen Vereinigung zur Sicherung unternehmerischer Kapitalinteressen die Einheit der Gewerkschaften aller Zonen entgegenzustellen.

Trotz der Klärung der schwerwiegenden politischen Grundsatzfrage, hat die Badenweiler-Konferenz wahrlich ein „Mammutprogramm" abgewickelt, denn sie verabschiedete außerdem noch folgende Entschließungen bzw. Beschlüsse:

– „Das deutsche Volk muß leben" – eine Entschließung zur verschlechterten Versorgungslage und zum Gesundheitszustand der Bevölkerung.

- Entschließung zur Kohlenfrage.

- Beschluß zur Einberufung einer interzonalen Gewerk-
schaftsjugend-Konferenz.

- Entschließung an den Kontrollrat zur Lockerung des Lohnstopps.

Zudem wurden „Richtlinien der Gewerkschaften für die Arbeit der Betriebsräte" verabschiedet, ein Bericht der Arbeits-
rechts-Kommission zur Kenntnis genommen und auch eine
interzonale Frauenkonferenz erwogen.

Falsche Spiele?

Während auf der Badenweiler-Konferenz noch alle Beteilig-
ten auf dem Boden der Gewerkschaftseinheit für ganz
Deutschland standen, konnte man bei der ersten Sitzung des
Arbeitsausschusses zur Vorbereitung des gesamtdeutschen
Gewerkschaftskongresses so zuversichtlich nicht mehr sein.
Zwischenzeitlich waren lancierte oder der Wahrheit entspre-
chende Meldungen veröffentlicht, in denen man z. B. zur
Kenntnis nehmen konnte:

„Es wird beschlossen, im Beirat des Bundes für die britische
Zone ein gemeinsames Sekretariat in Frankfurt am Main, das
sich vornehmlich mit wirtschafts- und sozialpolitischen Fragen beschäftigen soll, zu schaffen. Als verantwortliche Instanz für gemeinsam zu erledigende Arbeiten soll aus Vertretern des Bundesvorstandes ein Gewerkschaftsrat für beide
Zonen gebildet werden. Um die Arbeit zu fördern, wird ein
Organisationsausschuß gebildet."
(Vgl. H. Jendretzky, a.a.O.)

In der Juli-Nummer 1947 der „Freigewerkschaftlichen Nachrichten" der AFL war zu lesen:

„Das beste Mittel ist, sofortige Schritte zur Errichtung eines
souveränen deutschen Staates in den westlichen Zonen zu unternehmen. Ist einmal eine Regierung in Westdeutschland geschaffen, dann wird es leicht sein, eine Übereinkunft zwischen ihr und den Westmächten zu erreichen, die beiden Seiten militärische Sicherheit gewährt."

Das waren auf einmal ganz andere, neue Töne, die da erklangen. Wer hatte dabei seine Finger im Spiel?

Wie schon erwähnt, nahm Fritz Tarnow aus Stuttgart für die amerikanische Besatzungszone an der Sitzung des WGB-Generalrates in Prag teil. Wie kurz darauf bekannt wurde, war General Lucius Clay sehr verärgert, als er von der Anwesenheit Tarnows in Prag erfuhr. Nachdem der Schaden einmal eingetreten war, beschloß die amerikanische Militärregierung, sich noch entschiedener gegen weitere Schritte zur interzonalen Fusion und zum Anschluß an den WGB zu wenden. Andernfalls würde man an Glaubwürdigkeit bei den Gewerkschaftsführern in den Westzonen verlieren, die bereit waren, den Einheitswünschen „der sowjetzonalen Gewerkschafter" zu widerstehen. Fritz Tarnow und Markus Schleicher, ebenfalls aus Stuttgart, wurden schon seit Mitte 1947 zu diesem Lager gezählt, obwohl Tarnow noch nach Prag gefahren war. Ebenso wollte die US-Militärregierung auch nicht den Einfluß bei den Gewerkschaftsführern verlieren, die eine Vereinigung der deutschen Gewerkschaften und ihren Anschluß an den WGB nicht „um jeden Preis" akzeptieren wollten, die aber auch nicht offen in den Ruf kommen wollten, dagegen zu sein.

Zu dieser deutschen Komponente kam noch eine amerikanische dazu. Nach der Prager WGB-Sitzung fuhr das CIO-Mitglied im WGB-Sekretariat, Elmer Cope, nach Berlin und legte General Clay ein offensives Konzept für einen oppositionellen Kurs innerhalb des WGB vor. Zwar wollte er die Einrichtung eines WGB-Verbindungsbüros in Berlin befürworten, aber nur unter der Bedingung, daß ihm jeweils ein Vertreter des CIO und ein nicht-kommunistischer britischer Gewerkschafter angehörten. Zur nationalen Vereinigung der deutschen Gewerkschaften versicherte Cope, der CIO werde die „Demokratisierung" des FDGB als Vorbedingung weiterer Schritte zur Vereinigung fordern.

Der US-General war aber nicht bereit, der CIO die Initiative in der deutschen Gewerkschaftsfrage zu Lasten der AFL zu überlassen. Auf einem Treffen mit Gewerkschaftsführern der US-Zone am 8. September 1947 in Frankfurt erklärte Clay, sein Ziel sei es, den Gewerkschaften der US-Zone zu helfen, „dem totalitären Zusammenschluß mit dem FDGB zu widerstehen". Auf die Frage Willi Richters, ob gegenwärtig ein Zusammenschluß mit den Gewerkschaften in der französischen Zone oder später mit Gewerkschaften der sowjetischen Zone genehmigt werde, antwortete Clay mit einem unzweideutigen „No". Auf der Sitzung des interzonalen Arbeitsausschusses vom 17. bis 19. September 1947 berief man sich dann gerne auf Clays „No", um damit den FDGB in seinen Forderungen nach konkreten Maßnahmen zum Zusammenschluß auf nationaler Ebene zurückzuweisen (vgl. M. Fitcher, Besatzungsmacht und Gewerkschaften, Westdeutscher Verlag).

Es ist nicht meine Absicht, Schuldzuweisungen vorzunehmen oder darüber zu orakeln, was geschehen wäre – wenn? Dennoch sei die Feststellung erlaubt, daß manches Geschehene unglaublich erscheint und doch so gewesen ist. „Aus der Geschichte lernen" – gilt auch hier, aber die Geschichte umdrehen oder zurückholen zu wollen, wäre unrealistisch. Jedoch einige kritische Vorbehalte gegenüber der gegenwärtigen politischen Entwicklung wären bestimmt angebracht.

3.6 Die VI. Interzonenkonferenz

Sie fand vom 21. bis 23. Oktober 1947 in Bad Pyrmont statt und könnte als „normal" bezeichnet werden, denn die vorstehend geschilderten Vorgänge spielten nur indirekt in Kompromißlösungen eine Rolle. So stand im Mittelpunkt der Beratungen der Bericht des Arbeitsausschusses zur Vorbereitung eines allgemeinen deutschen Gewerkschaftskongresses. In einer Entschließung wurde festgestellt: „Solange die Vereinigung über alle Zonen noch nicht verwirklicht werden kann, soll es den Gewerkschaftsbünden freistehen, sich über einzelne Zonengrenzen hinweg zu vereinigen."

Dies lag zweifellos im Sinne der Gewerkschaften in den westlichen Besatzungszonen. Eine weitere Beschlußfassung besagte in einer den Realitäten widersprechenden Form, daß zum Frühjahr 1948 ein allgemeiner deutscher Gewerkschaftskongreß einberufen werden soll. Dieser Kongreß sollte die Aufgabe haben, Grundsätze für die gewerkschaftliche Arbeit in ganz Deutschland „in allgemeiner Übereinstimmung" auszuarbeiten, die Wahl einer Generalkommission der gesamtdeutschen Gewerkschaften und die Wahl eines Beirates für diese

Generalkommission vorzunehmen. Bei der Abstimmung über die Durchführung einer solchen gesamtdeutschen Delegiertenkonferenz kam es jedoch zur teilweisen politischen Sprachlosigkeit, da die Delegationen aus der französischen und sowjetischen Zone überraschend von Georg Reuter, dem späteren Generalsekretär des Bayerischen Gewerkschaftsbundes und ständigen Delegierten der US-Zone, unterstützt wurden. Georg Reuter, der beim Gründungskongreß des DGB dann Mitglied des geschäftsführenden Bundesvorstandes wurde, durfte oder konnte daraufhin an den nächsten beiden Interzonenkonferenzen nicht mehr teilnehmen und wurde erst wieder bei der letzten zugelassen.

Das amerikanische Militärgouvernement ergriff sofort Maßnahmen, um den Folgen dieses „Ausrutschers" entgegenzuwirken. Es entwarf ein Programm, nach dem jedes Abkommen zwischen ost- und westzonalen Gewerkschaften verhindert werden sollte, das nicht mit der westlichen Demokratie vereinbar war. Als zweite Maßnahme planten die Militärs eine Revision der Richtlinien der Militärregierung, um sie in Übereinstimmung mit Clays Erklärung vom 8. September 1947 zu bringen. Auf diese Weise sollte die allgemeine Politik zur Kontrolle der Gewerkschaftsbeziehungen über die Grenzen der US-Zone hinaus klarer definiert werden. Alle interzonalen Vereinbarungen zu informellen gemeinsamen Komitees, Zusammenschlüssen und Anschlüssen bedurften der Genehmigung durch die Militärregierung, die sich nach den folgenden Kriterien richtete:

1. Die wirtschaftlichen Beziehungen zwischen den betroffenen Zonen mußten solche Verbindungen rechtfertigen.

2. Alle beteiligten Gewerkschaften mußten dem demokratischen Standard entsprechen, wie er in den Richtlinien des US-Militärgouvernements festgelegt war.

3. Die Mehrheit der betroffenen Gewerkschaftsmitglieder der US-Zone mußte dem vorgeschlagenen Zusammenschluß zustimmen.

4. Die Zustimmung der anderen betroffenen Militärregierungen mußte sichergestellt sein.

5. Vor einem organisatorischen Zusammenschluß von Gewerkschaftsbünden mußte der Zusammenschluß von Industriegewerkschaften erfolgt sein.
(M. Fitcher, a.a.O.)

Schließlich gipfelten die gegen den WGB gerichteten Aktivitäten der Militärregierung im Januar 1948 darin, seinen Antrag, ein Verbindungsbüro in Berlin einzurichten, abzulehnen.

Die VI. Interzonenkonferenz beschloß aber, zwei weitere Eingaben an den Kontrollrat zu richten, und zwar eine nochmalige wegen der Auflockerung des Lohnstopps und eine wegen der einheitlichen, gesamtdeutschen Regelung der Sozialversicherung. So wurde gefordert, daß die Sicherung der bisherigen Leistungen notfalls durch staatliche Zuschüsse vorzunehmen sei.

Als weiteres Arbeitsfeld nahm die Konferenz Stellung „zur Frauenarbeit und zur Aufgabe der Frauen in den Gewerkschaften". Dieser Aussprache wohnten Frauen aus den verschiedenen Zonen bei. In der dazu genehmigten Entschließung wurden Probleme berührt, die in den westlichen Staaten bis heute noch ungelöst sind, wie zum Beispiel:

– die Sicherung des Rechtes der Frauen auf Arbeit;

– Ausbau des Arbeitsschutzes für Frauen;

– gleiche Bezahlung für Männer und Frauen bei gleichwertiger Arbeit.

Zur Lösung dieser Aufgaben richtete die Konferenz an alle berufstätigen Frauen den Appell:

„Kommt zur Gewerkschaft und kämpft in ihren Reihen für die Verwirklichung dieser Forderungen. Helft mit an der Demokratisierung unserer Wirtschaft und an der Sicherung unseres vollen Mitbestimmungsrechtes."

Die Interzonenkonferenz verpflichtete alle Industriegewerkschaften und Gewerkschaftsbünde, sich mit aller Kraft für die Erreichung dieser Ziele einzusetzen.

3.7 Die VII. Interzonenkonferenz

Kurz vor der VII. Interzonenkonferenz, die vom 3. bis 5. Februar 1948 in Dresden stattfand, hatte General Clay erklärt, bevor die wirtschaftliche Einheit nicht hergestellt sei, könne die Gewerkschaftseinheit nicht hergestellt werden. So gesehen war es nur folgerichtig, wenn Tarnow auf der VII. Konferenz wörtlich erklärte: „Wir lehnen eine Verpflichtung für Beschlüsse, die gefaßt worden sind, sie zu propagieren und durchzuführen in unserer Organisation ab, wenn wir mit den Beschlüssen nicht einverstanden sind." (H. Jendretzky, a.a.O.) Dazu muß man wissen, daß Tarnow und seine Gesinnungsgenossen in der amerikanischen Zone, um sich die Vollmacht für eine solche Art des Auftretens geben zu lassen, im Dezember 1947 bereits eine sogenannte Zonenkonferenz in Stuttgart abhielten. In dieser Konferenz kamen etwa 60 Funktionäre zusammen, und dabei legte Tarnow eine von ihm selbst verfaßte Entschließung vor, die ein Generalangriff gegen die Interzonenkonferenzen war. In einer weiteren Zusammenkunft im Januar 1948, ebenfalls in Stuttgart, wurde nochmals darüber gesprochen, daß Interzonenkonferenzen nicht mehr stattfinden sollten. Sie hätten keinen Zweck, denn einen gesamtdeutschen Gewerkschaftskongreß nach den Vorschlägen des FDGB Berlin und der sowjetischen Zone einzuberufen, würde die Gefahr bedeuten, dort von „einer Mehrheit linker Delegierter majorisiert zu werden".

An Tarnow, dessen Ausspruch von den Gewerkschaften „als Arzt am Krankenbett des Kapitalismus" eine traurige Berühmtheit erlangt hat, blieb es hängen, daß er die Teilnehmer dieser Konferenz davon zu überzeugen suchte, man solle keine Teilnehmer aus der amerikanischen Zone zur VII. Interzonenkonferenz schicken. Das war der Leitung dieser Sonderkonferenz derart wichtig, daß sie im Anschluß telefonisch die Kollegen von der französischen Zone davon verständigte.

Im Gegensatz dazu wird es für Hans Böckler als Vertreter der englisch besetzten Zone immer ein Positivum bleiben, daß er eine solche Methode nicht mitmachte, sondern erklärte, er werde mit seinen Kollegen auf jeden Fall zur Interzonenkonferenz fahren. Dann geschah ein demokratisches Wunder – es steht leider nicht als Beispiel in der Tarnowschen Prinzipienerklärung verzeichnet: Trotz des Beschlusses, nicht nach

Dresden zu fahren, erschienen die Delegierten der amerikanischen Zone und er selbst doch.

Auf der Konferenz selbst wurde von den Vertretern aller Zonen das Fehlen der französischen Zone mit größtem Bedauern zur Kenntnis genommen und einstimmig beschlossen, einen erneuten Schritt beim Kontrollrat zu unternehmen, um für die Zukunft die Teilnahme der Vertreter aller Zonen zu sichern. Über die politische Haltung der Gewerkschaften und ihr Verhältnis zu den demokratischen Parteien referierte Ernst Lemmer, dessen Ausführungen in einer einstimmig angenommenen Entschließung durch die Konferenz bestätigt wurden: „Die Gewerkschaften betonen allen Parteien gegenüber ihre volle Unabhängigkeit und bekennen sich zur parteipolitischen und religiösen Neutralität. Sie machen diesen Grundsatz der gegenseitigen Achtung und Toleranz ihren Mitgliedern zur Pflicht."

Als von entscheidender Bedeutung für die weitere Entwicklung der deutschen und internationalen Gewerkschaftsbewegung wurde der einmütige Beschluß der Konferenz gewertet, im Zuge der weiteren Konzentration und zur Stärkung der gewerkschaftlichen Kräfte den Zentralrat der deutschen Gewerkschaften zu bilden. Der Zentralrat sollte die Zusammenfassung aller deutschen Gewerkschaftsbünde vornehmen und mit stärkerer Vollmacht ausgestattet sein als die Interzonenkonferenzen. Der Zentralrat der deutschen Gewerkschaften sollte alsbald nach seiner Konstituierung den geplanten gesamtdeutschen Kongreß der Gewerkschaften vorbereiten und einberufen. Der WGB-Generalsekretär wies in bewegten Worten darauf hin, daß dieser Vorgang ein beachtlicher Beitrag für den Weltfrieden und für die nationale und internationale Solidarität der deutschen Arbeitnehmer ist und geschichtliche Bedeutung hat.

Der FDGB gab dazu eine Erklärung ab, in der es heißt: „In Anbetracht der Tatsache, daß die auch von uns als notwendig erkannte Durchführung der schnellsten Bildung eines Gewerkschaftszentrums durch einen deutschen Gewerkschaftskongreß nach den Erklärungen der Vertreter der anderen Delegationen nicht möglich ist, stimmen wir dem Vorschlag der britischen und amerikanischen Zone, einen Zentralrat auf der Grundlage von Delegationen der Bünde zu bilden, zu." (Vgl. Versprochen – gebrochen, DGB)

3.8 Die VIII. Interzonenkonferenz

Die VIII. Interzonenkonferenz behandelte vom 13. bis 15. Mai 1948 in Heidelberg sowohl die Frage der Weiterentwicklung ihrer internationalen Zusammenarbeit gemäß dem Beschluß der Dresdner Konferenz, einen Zentralrat der Gewerkschaften aller Zonen zu bilden, als auch Probleme der wirtschaftlichen und politischen Situation Deutschlands. Über die Haltung der Gewerkschaften der westlichen Zonen zum Marshallplan und ihre Teilnahme an den Londoner Verhandlungen berichtete Willi Richter. Mit Genugtuung wurde von dem Beschluß des WGB Kenntnis genommen, die unterschiedliche Haltung der nationalen Gewerkschaftsbünde zum Marshallplan im Interesse der Aufrechterhaltung der internationalen Zusammenarbeit zu tolerieren.

Beim Lesen dieser Zeilen könnte man den Eindruck gewinnen, die Einheit und Einigkeit sei schon unumstößlich geworden, doch verschiedene Vorkommnisse, die mit der Haltung der Gewerkschaften zum Marshallplan im Zusammenhang standen, ergaben ein anderes Bild. Im März 1948 tagte in London eine zweitägige internationale Gewerkschaftskonferenz, die dem ausschließlichen Zweck diente, die Einstellung der Gewerkschaftsbewegung zu dem im amerikanischen Kongreß zur Beratung stehenden „Hilfsplan für Europa", dem sogenannten Marshallplan, herauszuarbeiten. Außer den Gewerkschaftsbünden Großbritanniens, Hollands, Belgiens und Luxemburgs (die als Einberufer fungiert hatten), waren Dänemark, Schweden und Norwegen, Österreich und die Schweiz, Frankreich und Italien vertreten. Anwesend waren auch die Vertreter der AFL und der CIO und der amerikanischen Eisenbahnergewerkschaft sowie Hans Böckler, Willi Richter und Adolf Ludwig aus Mainz. Die Bünde Berlins und der sowjetischen Zone hatten die Teilnahme abgelehnt.

Im Zusammenhang mit den Londoner Verhandlungen wurde von den Vereinigten Holländischen Gewerkschaften, die ihre Teilnahme daran abgelehnt hatten, eine sehr ausführliche Begründung dazu gegeben. Unter anderem wiesen sie in ihrer Stellungnahme, die sie allen im WGB organisierten Gewerkschaften zustellten, auf eine Notiz hin, die im AFL-Organ „Wöchentlicher Nachrichtendienst" vom 8. März 1948 erschienen war. Darin wurde mitgeteilt, daß der AFL-Mann David Dubinski „dem holländischen Gesandten in den Vereinigten Staaten, Dr. Alexander-London, einen Scheck über 100 000 Dollar für jene Gewerkschaften gegeben habe, die sich an der Konferenz in London beteiligen würden" und zwar, wie Dubinski dazu bemerkte, „aus ideologischen sowie aus humanitären Gründen". Die sogenannten ideologischen Gründe hatte der AFL-Mann für Europa, Irving Brown, in demselben Blatt am 6. Januar 1948 sehr deutlich ausgedrückt, indem er darauf hinwies, daß aus der geplanten Konferenz in London „eine neue Welt-Arbeiter-Organisation erstehen würde".

Am 24. Januar 1948 erschien in der amerikanisch lizenzierten Berliner Zeitung „Der Abend" eine Reuter-Meldung aus Washington, daß die AFL eine internationale Konferenz der Gewerkschaften der Marshallplan-Länder einberufen will. Noch deutlicher wurde in der „Süddeutschen Zeitung" vom 31. Januar 1948 der frühere Sekretär des Internationalen Gewerkschaftsbundes, Gerhard Kreißig. In einem Artikel schrieb er, die AFL hätte heute die natürliche Rolle, bei der Schaffung einer wirklichen Gewerkschaftsinternationale die Führung zu übernehmen. Der Marshallplan würde die notwendige Klärung erzwingen. Die deutschen Gewerkschafter, die keinen übertriebenen Eifer zeigten, um in den WGB zu kommen, würden richtig handeln. Wenn die Gewerkschaftskonferenz der in den Marshallplan einbezogenen Länder Europas stattfindet, würde auf gewerkschaftlicher Ebene ein prinzipiell notwendiger Trennungsstrich gezogen.

Noch deutlicher konnte man ja wohl nicht werden; die hier wiedergegebenen Veröffentlichungen machen die wahren Zielsetzungen klarer als die geschönten Presseberichte über die Interzonenkonferenzen. Diese führten auf der Heidelberger Konferenz auch zu einer Erklärung der FDGB-Vertreter, in der es heißt:

„Die Vertreter des FDGB stellen nach Kenntnisnahme des Berichtes über die Konferenz von Gewerkschaften aus den 16 Marshallplan-Ländern in London folgendes fest:

1. Der Bericht läßt für die Beurteilung des Marshallplanes keine neuen Gesichtspunkte erkennen.

2. Der Marshallplan dient in erster Linie dem Wiederaufbau der privatkapitalistischen Wirtschaftsform und gefährdet

somit alle Errungenschaften der Gewerkschaften Deutschlands, die sich im Osten bereits in weitgehendem Maße in die Gestaltung der demokratischen Wirtschaft eingeschaltet haben.

Wir erklären deshalb, daß sich an unserer ablehnenden Einstellung zum Marshallplan nichts geändert hat. Wir sind jedoch wie bisher jederzeit bereit, uns besonders im Sinne der Beschlüsse der IV. Interzonenkonferenz über die Neugestaltung der Wirtschaft für die weitere Demokratisierung der Wirtschaft, für die Übernahme der Schlüsselindustrie durch das Volk, sowie für eine sozialistische Planung bei der Wiederaufrichtung der Volkswirtschaft mit ganzer Kraft einzusetzen, sie zu unterstützen und zu fördern." (Vgl. Versprochen – gebrochen)

Die Vertreter der Gewerkschaften der westlichen Zone reagierten darauf folgendermaßen:

„Die Vertreter der Gewerkschaften der westlichen Zone bedauern die von den Vertretern des FDGB abgegebene Erklärung zu dem europäischen Hilfsplan (Marshallplan) und der Londoner Konferenz der Gewerkschaften.

Die Gewerkschaften der drei Westzonen haben sich für den Marshallplan erklärt, weil sie in ihm ein wirksames Mittel sehen, die ökonomische Zusammenarbeit der europäischen Völker herbeizuführen, ohne die eine Wiedergesundung der wirtschaftlichen und sozialen Verhältnisse in den einzelnen Ländern, auch Deutschland, nicht möglich ist.

Sie halten es für ihre Pflicht, in Gemeinschaft mit den Gewerkschaften der anderen beteiligten Länder bei der Durchführung des Planes mitzuwirken, um dabei die Interessen der Arbeiterklasse wahrzunehmen.

Für die Behauptung, daß der Marshallplan in erster Linie dem Wiederaufbau des privatkapitalistischen Wirtschaftssystems diene und alle Errungenschaften der deutschen Gewerkschaften gefährde, sind beweiskräftige Gründe nicht angeführt worden. Weder aus der Konstruktion des Hilfsplanes, noch aus den bisherigen Verhandlungen können solche Beweise abgeleitet werden. Sollten sich aber bei der Durchführung des Planes solche Gefahren einstellen, ist der Einbau der

Gewerkschaften in die Organisation des europäischen Hilfswerkes um so notwendiger.

Die Gewerkschaften der britischen und amerikanischen Zone bedauern die Art und Methode, die von den Kollegen der Ostzone immer wieder trotz aller Zusagen gegen die zum Marshallplan positiv eingestellten Bünde und entgegen der Haltung des WGB angewandt wird und die geeignet ist, jedes kollegiale und sachliche Zusammenarbeiten für die Gewerkschaftseinheit unmöglich zu machen." (Vgl. Versprochen – gebrochen)

Die FDGB-Vertreter antworteten nochmals mit einer Gegenerklärung und stellten u. a. fest, daß aus den beiden Erklärungen zum Problem des Marshallplanes eine Übereinstimmung gegenwärtig nicht zu erzielen war. Indessen äußerten sie die Überzeugung, daß die Zusammenarbeit der deutschen Gewerkschaften im künftigen Zentralrat, gemäß des Dresdener Beschlusses, in gegenseitiger Toleranz fortgeführt werden soll.

3.9 Die IX. Interzonenkonferenz

Auf dieser Konferenz, die vom 17. bis 19. August 1948 in Enzisweiler bei Lindau am Bodensee stattfand, tauchte ein neues Problem auf, das am Ende des zweiten Sitzungstages zu einer „endgültigen Vertagung" der Interzonenkonferenzen führen sollte. Die Ursache dafür war, daß bereits bei der Vorbereitung der 2. Delegiertenkonferenz des FDGB Groß-Berlin im Januar 1947 der damalige SPD-Sekretär Dr. Suhr im Namen einer sogenannten Unabhängigen Gewerkschaftsopposition (UGO) hervortrat und forderte, die Wahlordnung für die am 29./30. März 1947 stattfindende Delegiertenkonferenz müsse geändert werden. Der Kernpunkt war, daß bei den satzungsgemäßen Delegiertenwahlen das Verhältniswahlsystem angewandt sowie die parteipolitische Kennzeichnung der Kandidaten eingeführt werden sollte. Nachdem bei den Delegiertenwahlen in den Kreisen dieses Ansinnen mit großer Mehrheit abgelehnt wurde, versuchte man ein Jahr später die Wiederholung, doch wurden nur acht Prozent der Mandate erreicht. Die UGO bildete dann eine „kommissarische Leitung", die in den Westsektoren den Anspruch auf einen legalen Gesamtberliner Gewerkschaftsvorstand stellte. Dieser Vorgang spielte sich mit Unterstützung der amerikanischen Militärbehörden ab, die es auch zuließen, daß in den westlichen Sektoren zwei Gewerkschaftszeitungen erscheinen konnten. Damit war die Gewerkschaftsspaltung auch in Groß-Berlin vollzogen.

Nach einer eingehenden Debatte über die gewerkschaftliche Gesamtsituation stand im Vordergrund der Diskussion die Frage, ob Vertreter der Berliner UGO zu den Beratungen über die gewerkschaftliche und politische Lage, besonders Berlins, hinzugezogen werden sollen. Darüber konnte eine Einigung nicht erzielt werden. Von den Vertretern der sowjetischen Zone wurde eine Vertagung der Konferenz gewünscht, um vor ihrer Fortsetzung mit ihrem Bundesvorstand Rücksprache nehmen zu können. Die Vertreter der westlichen Zone stimmten dem zu, und nachdem beiderseits der Wunsch nach Fortsetzung der interzonalen Zusammenarbeit zum Ausdruck kam, wurde in Aussicht genommen, die IX. Interzonenkonferenz nach Klärung der strittigen Fragen in der französischen Zone wieder aufzunehmen.

Im Gegensatz dazu standen wiederum Erklärungen der west- und ostzonalen Delegationsvertreter, die die verwirrte Situation verdeutlichen. Die Erklärung der Vertreter der sowjetisch besetzten Zone und Groß-Berlins brachte folgendes zum Ausdruck:

„In Anbetracht der Tatsache, daß der bisherige Verlauf der IX. Interzonenkonferenz gezeigt hat, daß eine Übereinstimmung in der Abwicklung der festgesetzten Tagesordnung zur Bildung eines Zentralrates der deutschen Gewerkschaften durch Vertreter westdeutscher Gewerkschaften von der Zulassung der Berliner ‚UGO' abhängig gemacht wird, halten wir eine Vertagung (Unterbrechung) dieser Interzonenkonferenz für notwendig. Die Bildung der Berliner ‚UGO' hat für den Zusammenhalt der deutschen Gewerkschaftsbewegung einen bedenklichen Präzedenzfall geschaffen, weshalb die Delegation des FDGB der sowjetisch besetzten Zone und Berlins die Stellungnahme ihrer Bundesvorstände vor der Fortführung der IX. Interzonenkonferenz herbeiführen muß."

Die Erklärung der Delegation der drei Westzonen lautete:

„Die Delegationen der drei Westzonen bedauern, daß durch die Erklärung der Vertreter des FDGB Berlins und der Sowjetzone die IX. Interzonenkonferenz abgebrochen worden ist. Die Vertreter der Westzonen stellen fest, daß von ihnen keineswegs beantragt war, eine Vertretung der Berliner ‚Unabhängigen Gewerkschaftsorganisation‘ (UGO) bei der Beratung der Zentralrats-Frage hinzuzuziehen. Sie haben deren Anwesenheit lediglich für die Beratung über die gesamtdeutsche Situation, in deren Mittelpunkt die gegenwärtigen Ereignisse von Berlin stehen, gefordert." (Vgl. Versprochen – gebrochen)

Dazu muß man einen schon vorher stattgefundenen Vorgang erwähnen: Am 8. Juni 1948 wurden von der Militärpolizei der Westmächte und der Westberliner Sektorenpolizei alle Büros des FDGB in den Westsektoren besetzt und die Funktionäre des FDGB aus den Büros entfernt. Einen Tag später, am 9. Juni, erklärten die westlichen Besatzungsmächte von Berlin, daß die „UGO" als alleinige Gewerkschaftsvertretung anerkannt werde und jede Tätigkeit des FDGB verboten sei.

Willi Richter sprach in einem RIAS-Interview von einem „Scheitern" der interzonalen Zusammenarbeit, während der FDGB-Vorsitzende, Hans Jendretzky, in der Öffentlichkeit immer wieder betonte, daß die Interzonenkonferenzen nicht gescheitert sind, sondern vertagt wurden. – Sie sollten sich aber als gescheitert erweisen.

Im Anschluß an die unterbrochene Interzonenkonferenz in Enzisweiler wurde eine „Konferenz der Gewerkschaften der drei Westzonen" fortgesetzt, die noch drei Entschließungen verabschiedete, und zwar zur Demontagefrage, zur Lohn- und Preissituation und zu den Vorgängen in Berlin (Blockade). Eine Wirkung konnten diese jedoch nicht mehr zeigen.

3.10 Der Marshall-Plan und die Gewerkschaften

Die Entwicklung der Gewerkschaftspolitik ab 1947 muß auch vor dem Hintergrund der internationalen Politik gesehen werden. Das Scheitern der Moskauer Konferenz im März 1947, wo über die Frage des Friedensvertrages mit Deutschland verhandelt wurde, kann als das Ende der alliierten Kriegskoalition angesehen werden. Im Juni verkündete der amerikanische Außenminister Marshall in seiner berühmten Rede den Entschluß der USA, einen Wirtschaftsplan zur Entwicklung der europäischen Länder aufzustellen. Im Verlauf der Entwicklung legte der Plan in gewissem Umfange die Grundlage für die Entstehung des Westblocks. Die Sowjetunion mußte diesen Plan als gegen ihre Interessen gerichtet ansehen und handelte auch entsprechend. Das Angebot der Amerikaner brachte die westdeutschen Gewerkschaften in einen Zwiespalt, denn es war anzunehmen, daß die USA die Wirtschaftshilfe nicht nur aus Menschenfreundlichkeit leisten würden, sondern sie auch dazu benutzten, ihren Einfluß und ihre Macht zu erweitern.

In den Gewerkschaften kam es darüber zu Diskussionen, so daß der Bundesvorstand des DGB (britische Zone) gezwungen war, für Juni 1948 einen außerordentlichen Kongreß nach Recklinghausen einzuberufen. Vorausgegangen war, daß der Beirat des DGB dem Marshall-Plan bereits zugestimmt und Hans Böckler an der Vorbereitungskonferenz in London teilgenommen hatte. In seinem Referat auf dem Recklinghausener Kongreß stellte Böckler die Situation so dar, als bestehe für die westdeutsche Arbeitnehmerschaft nur die Alternative „verhungern" oder „Annahme der Hilfe". Diese Alternative bestand aber zu diesem Zeitpunkt keineswegs mehr, denn der Kongreß war noch nicht zu Ende, da wurde von den westlichen Militärregierungen das Gesetz zur Währungsreform bekanntgegeben.

Theo Pirker schreibt in seinem Buch „Die blinde Macht" (Mercator-Verlag, München 1960) über die Haltung Hans Böcklers auf dem Kongreß folgendes:

„Überraschend ist jedoch, wie unklar dem Vorsitzenden des DGB zu diesem Zeitpunkt die politischen Ursachen des amerikanischen Hilfsplans für Europa gewesen sind und wie wenig er sich der politischen Folgen für die weitere innenpolitische Entwicklung Westdeutschlands bewußt war. Er hielt an der Hoffnung fest, daß es möglich sein werde, ,zwischen zwei Ideologien gestellt . . . deutsche Wirtschaftspolitik zu machen.

Eine deutsche Wirtschaftspolitik, die den Bedürfnissen der gewerkschaftlich organisierten Arbeitnehmer entspricht, ohne uns mehr als notwendige Gedanken zu machen über die Kräfte, die zum Marshall-Plan geführt haben'. Darüber hinaus war sich Hans Böckler sehr wohl der Tatsache bewußt, daß die Initiatoren des Marshallplans entschlossen waren, nur zur Förderung solcher Unternehmen Hilfe zu leisten, die einen rein kapitalistischen Charakter trugen. Er glaubte aber trotzdem daran, daß ein eigener deutscher Weg zwischen Ost und West möglich sein würde, ein eigener Weg, dessen Kernstück die Sozialisierung der Grundstoffindustrien und die Mitbestimmung sein würden. Zu dieser Ansicht führte er am Schluß seiner Rede aus:

‚Selbst wenn es beabsichtigt ist, mit dem Marshall-Plan einen Block gegen die Ostzone zu bilden, so sagen wir: Zwischen zwei Giganten, zwischen zwei gegensätzlichen Ideologien muß es möglich sein, unseren deutschen Gedanken Bahn zu schaffen. Wer von uns will die Blockbildung? Im Osten hört man oft die Meinung, der Plan ist gegen die Sozialisierung der Grundstoffindustrien und für die Wiederaufrüstung des Großkapitals. Das mag auch eine Nebenabsicht sein. Vermutlich ist es eine.' ...

Es war ganz offensichtlich, daß im Kreise der führenden Funktionäre der westdeutschen Gewerkschaften die Entscheidung zugunsten des Marshallplans bereits gefallen war; und zwar ohne große Debatten innerhalb der Organisationen und in ihren allzu dünnen Publikationen. Auf dem ‚Außerordentlichen Kongreß' von Recklinghausen konnten sich die Befürworter des Marshallplans nicht einmal dazu verstehen, dem Gegner (z. B. Dr. Viktor Agartz – L. M.) das Recht eines Gegenreferates einzuräumen. Die Redezeit der Diskussionsredner wurde auf zehn Minuten festgesetzt, als handele es sich in der Frage des Marshallplans um irgendeine Frage der Beitragskassierung. Nach ganzen acht Diskussionsrednern wurde der Antrag auf Schluß der Debatte gestellt und diesem Antrag durch die Mehrheit der Versammlung auch stattgegeben. Die deutschen Gewerkschaften hatten für diese Frage auf dem ‚Außerordnetlichen Kongreß' insgesamt nur 80 Minuten Zeit, um die Entscheidung für oder gegen den Marshall-Plan zu debattieren. Diese bürokratische Verhaltensweise einer Organisation, die sich als das Rückgrat der Demokratie bezeichnete, hatte zwei Ursachen: Einmal war die Mehrzahl der Dele-

gierten einfach überfordert, wenn es um gewerkschaftspolitische Fragen ging ... Dann aber war der Antikommunismus
unter den Gewerkschaftsmitgliedern und den Gewerkschaftsfunktionären zu diesem Zeitpunkt bereits so stark, daß eine
Drosselung der Aktivität der radikalen Gegner des Marshall-
Plans, also der Kommunisten in der Gewerkschaftsbewegung,
der Mehrheit der Delegierten nur als richtig erschien."

Der Recklinghausener Kongreß war noch nicht richtig beendet, als die Besatzungsmächte die Gesetze zur Durchführung
der Währungsumstellung in den drei westlichen Besatzungszonen und in den Westsektoren Berlins bekanntgaben. Mit
der Währungsreform, die die Gewerkschaftsbewegung unvor-
bereitet traf, war die Spaltung Restdeutschlands und die Entscheidung zur Rückkehr zum kapitalistischen Wirtschaftssystem in den Westzonen und damit zur Restauration konserva-
tiv-bürgerlicher Verhältnisse eingeleitet.

3.11 Erinnerungen an eine bewegte Zeit

Den Wiederaufbau der deutschen Gewerkschaftsbewegung
erlebte ich, mit allen positiven und negativen Begleiterscheinungen, in meiner Geburtsstadt Nürnberg. In der Eröffnungs-
und Begrüßungsansprache zum 13. Ordentlichen Gewerkschaftstag 1983 in Nürnberg erinnerte ich mich daran und
brachte folgendes zum Ausdruck:

„Die Geschichte dieser Stadt ist wie ein Brennglas, in dem
sich alle gesellschaftlichen Widersprüche bündeln. Es ist der
Ort, in dem die Faschisten bereits vor 1933 beabsichtigten, ihre Parteitage im großen Stil abzuhalten. Massive Proteste aus
den Betrieben und Gewerkschaften, die Mehrheit der Arbeiterschaft, die politisch an der Seite der SPD und KPD stand,
konnten dieses Ansinnen zweimal verhindern. Nürnberg war
nicht nur die Stadt der nationalsozialistischen Parteitage, die
Stadt der Rassengesetze, die die Eheschließung von Deutschen und Juden verboten und unter Strafe stellten, Nürnberg
war auch eine Stätte des antifaschistischen Widerstandes.
Diese Stadt ist sich aber auch ihrer guten Tradition und Verpflichtung bewußt geblieben mit dem Mehrheitsbeschluß ihres Stadtrates, und zwar gegen den Widerstand der Bayeri-

schen Staatsregierung, Nürnberg zur atomwaffenfreien Stadt zu erklären."

Ich hatte nicht übertrieben. SPD und KPD standen in dieser Stadt, insbesondere bei Betriebsratswahlen, in einem konkurrierenden Wechselverhältnis zueinander. Auch Otto Kraus, der ehemalige Bevollmächtigte der IG Metall in Nürnberg und Mitglied des Bayerischen Senats, brachte dies erinnernd in dem Buch „Gebeutelt aber nicht gebeugt" (Bund-Verlag, von Hans Dieter Baroth), so zum Ausdruck: „Bei Betriebsratswahlen gab es meist harte Auseinandersetzungen unter den verschiedenen politischen Richtungen. In der Regel belegte die SPD vier Sitze, die KPD drei; bei der nächsten Wahl war es dann jeweils genau umgekehrt."

Otto Kraus war als junger Gewerkschafter zudem aktiv in der sozialistischen Jugend tätig. Diese jungen Gewerkschafter und Mitglieder der Sozialistischen Arbeiterjugend (SAJ) waren sich im Gegensatz zur allgemeinen Einschätzung darüber einig, daß der aufkommende Faschismus keine Eintagsfliege sei. Kraus brachte dies wie folgt zum Ausdruck: „Wir waren uns bewußt, daß das Wesen des Faschismus in weiten Teilen der Arbeiterbewegung und selbst in führenden Kreisen der Partei nicht erkannt war. Und für uns war auch klar, wenn der Faschismus einmal zur Macht gelangt, dann wird mit aller Brutalität eine freiheitliche Organisation, wie Partei, Gewerkschaften oder andere Verbände vernichtet."

Nur Erinnerungen oder auch Lehren? Am 3. Februar 1947 legten in Nürnberg rund 70 000 Gewerkschafter für sechs Stunden die Arbeit nieder. Sie folgten einem Aufruf der Gewerkschaften, die mit dieser Aktion gegen einen Bombenanschlag protestierten, der am 1. Februar von Faschisten auf die Nürnberger Entnazifizierungs-Spruchkammer unternommen wurde. In der letzten Woche des März 1947 beteiligten sich in Nürnberg, München, Stuttgart, Düsseldorf, Hannover usw. Hunderttausende von Gewerkschaftsmitgliedern an Protestdemonstrationen, um gegen die Hungerpolitik der westlichen Besatzungsmächte zu demonstrieren. Die Bewegung fand ihren Höhepunkt im Streik der Bergarbeiter des Ruhrgebietes am 3. April 1947. Die britischen Besatzungsbehörden drohten, den Bergarbeitern die Zusatzverpflegung zu entziehen, wenn sie nicht mehr Leistung erbringen. Geschlossen folgten die Bergarbeiter dem Beschluß ihrer Delegierten für einen 24stündigen Streik. Die Gewerkschaftsführung selbst hatte nicht gerade eine führende Rolle in dieser Auseinandersetzung übernommen; sie versagte die Unterstützung. Die Besatzungsmächte antworteten auf diese Massenaktionen mit Drohungen und Streikverboten. Durch die Bewegung im Ruhrgebiet aufgeschreckt, erklärte z. B. der Direktor der amerikanischen Militärregierung für Hessen, Oberst James R. Newmann, am 16. Mai 1947 im Rundfunk:

„Streiks oder andere Umtriebe gegen die Politik der Militärregierung, die in irgendeiner Weise die Forderungen oder Pläne der Besatzungsmacht gefährden könnten, werden in Hessen nicht geduldet. Dabei spielt es keine Rolle, ob ihr Zweck ein politischer oder ein anderer sein möge. Jede Person oder Gruppe von Personen, die so handelt, wird bestraft werden, und vergessen Sie nicht, daß nach den Gesetzen der Besatzungsarmeen und der Militärregierung die Schuldigen sogar mit der Todesstrafe belegt werden können. Mit Agitatoren wird ungeachtet ihrer Position sofort abgerechnet."

Unabhängig von den vielen Schwierigkeiten, die jene Zeit mit sich brachte, stärkten diese Massenbewegungen doch die Aktionseinheit enorm, die sich in dieser „Gründerzeit" vor allem auch in der Herstellung der Gewerkschaftseinheit ausdrückte.

Auf dem Nürnberger SPD-Parteitag 1947, der vom 29. Juni bis 2. Juli stattfand, wurde der zur gleichen Zeit bekanntgewordene Marshall-Plan in einer Resolution mit dem Argument begrüßt: „Das deutsche Volk kann aus eigener Kraft und ohne Hilfe der Siegermächte seine Volkswirtschaft und damit sein nationales Leben nicht wiederaufbauen." Kurt Schumacher selbst ging noch einen Schritt weiter und erklärte: „Die Politik der SPD ist es, ganz Deutschland in den Marshall-Plan hineinzubringen." Dabei mußte sich die SPD-Führung darüber im klaren sein, daß mit der Annahme der Resolution die von ihr geforderte Sozialisierung erledigt war. Ihr mußte aber auch bewußt sein, daß die Eingliederung der Westzonen in den Marshall-Plan einen weiteren Schritt auf dem Wege der wirtschaftlichen und politischen Spaltung Deutschlands darstellte.

3.12 Kontakte mit dem FDGB

Auf dem 5. ordentlichen Bundeskongreß des Deutschen Gewerkschaftsbundes im September 1959 in Stuttgart lehnten der DGB und die in ihm vereinten Gewerkschaften – wie auch bis dahin schon – Kontakte mit dem FDGB und anderen politischen Organisationen in der DDR weiterhin ab. Fast zwölf Jahre sollte es noch dauern, bis am 3. Februar 1970 im DGB-Haus in Düsseldorf die Entscheidung darüber fiel, ob es wieder offizielle Kontakte zwischen den Gewerkschaften in den beiden Teilen Deutschlands geben wird. Schon vier Wochen vorher hatte der DGB-Bundesvorstand sieben Stunden lang über die Aufnahme offizieller Beziehungen zum FDGB beraten, ohne zu einem Ergebnis zu kommen. Die Befürworter waren damals am Widerstand des IG-Metall-Vorsitzenden, Otto Brenner, gescheitert, der den vierwöchentlichen Aufschub nicht zuletzt deshalb erreichte, weil die „Erklärung zur Lage der Nation" des Bundeskanzlers Willy Brandt abgewartet werden sollte.

Dieser Entwicklung gewerkschaftlicher Ostpolitik war eine Reihe von Einzelschritten vorausgegangen. Als erster brach 1965 der frühere ÖTV-Vorsitzende Heinz Kluncker den 1955 verhängten Bann des IBFG gegen die im Weltgewerkschaftsbund zusammengeschlossenen Gewerkschaften. Seiner Reise in die Tschechoslowakei, in deren Verlauf auch erste Gespräche mit FDGB-Funktionären geführt wurden, folgten in immer stärkerem Umfang Besuche westdeutscher Gewerkschaftsdelegationen in die sozialistischen Länder. Die Deutsche Demokratische Republik blieb weiterhin ausgeklammert, und dies obgleich jährlich etwa 30 000 Gewerkschafter aus der Bundesrepublik FDGB-Einladungen zu Arbeiterkonferenzen, Schulungslehrgängen oder Erholungsurlauben gefolgt waren.

Inzwischen war jedoch auch Bewegung in die politische Landschaft gekommen, die Ostpolitik der Bundesrepublik hatte sich seit 1966 gewandelt. Diese Entwicklung konnten und wollten die Gewerkschaften des DGB nicht an sich vorübergehen lassen. Die Arbeitnehmer und ihre Organisationen wollten an den in Gang gekommenen Friedens- und Entspannungsbemühungen teilnehmen und sie auch fördern, soweit sie das konnten. Damit befanden sie sich zwar im Widerspruch zu den Beschlüssen des IBFG; aber dieses Verbot war schon in der Vergangenheit bei den Reisen der ehemaligen DGB-Vorsitzenden Ludwig Rosenberg und H. O. Vetter sowie bei Delegationen der Einzelgewerkschaften in sozialistische Länder durchlöchert worden. Einen weiteren Aufbruch bekamen diese Bemühungen durch den neuen „Deutschland-Kurs" der sozial-liberalen Koalition. Der DGB-Bundeskongreß in München hatte zudem einem Antrag der IG Druck und Papier – entgegen den Wünschen der IG Metall – zugestimmt, der den Bundesvorstand beauftragte, die Frage der Aufnahme der Kontakte mit dem FDGB „nach verantwortungsbewußter Prüfung" zu entscheiden. Diese Entscheidung fiel am 3. Februar 1970.

Die „Stuttgarter Zeitung" hatte dazu am darauffolgenden Tag geschrieben:

„Die Entscheidung ist im Sinne derjenigen Kräfte im DGB gefallen, die die Kontakte zum FDGB nicht erst seit gestern befürworten. Der Vorsitzende der ÖTV, Heinz Kluncker, der Vorsitzende der IG Druck und Papier, Leonhard Mahlein, und der Chef der GEW, Erich Frister, der schon eine Einladung nach Ostberlin angenommen hat, waren die eifrigsten Verfechter eines Kurswechsels des DGB. Kluncker sagte dazu: ‚Wenn wir Politik machen und nicht nur erdulden wollen, müssen wir mit unseren östlichen Nachbarn reden. Wir müssen uns auch von der Illusion freimachen, wir könnten dabei die DDR ausklammern oder gar umklammern.'"

Das ist schon lange her und manches hat sich zwischenzeitlich gewandelt und dennoch war es damals ein wichtiger Schritt in die richtige Richtung.

Allerdings blieb auch dabei zunächst wieder eine Frage offen, und zwar betraf sie das Verhältnis des FDGB und der anderen Gewerkschaften der sozialistischen Länder zu den DGB-Gewerkschaften in West-Berlin. Bei einem Gespräch zwischen dem geschäftsführenden Bundesvorstand des DGB und einer Delegation des Zentralrates der sowjetischen Gewerkschaften konnten zwar die gegensätzlichen Standpunkte noch nicht überbrückt werden, doch wurde eine Prüfung durch den Zentralrat zugesagt. Der Leiter der Delegation, Pimenow, erklärte in diesem Zusammenhang laut „Stuttgarter Zeitung", am 1. Juni 1970, seine Organisation könne die Unterscheidung des DGB zwischen der staatsrechtlichen und der gewerkschaftlichen Lage West-Berlins nicht nachvollziehen. Zugleich bekräftigte er aber den Willen seiner Organisation, gute Beziehungen zu den Gewerkschaften der Bundesrepublik und West-Berlins zu erreichen und kündigte an, daß in einigen Monaten eine sowjetische Delegation nach West-Berlin reisen werde.

Es sollte allerdings noch einige Zeit dauern, bis diese Frage letztlich zwischen den Gewerkschaften in Ost und West selbst geklärt werden konnte und heute kann es als selbstverständlich verzeichnet werden, daß West-Berliner Kollegen in den Delegationen vertreten sind. Trotz der politischen Situation in Polen sind zwischenzeitlich – nach längerer Pause durch den DGB – auch die Kontakte zwischen den Bundesvorständen des DGB und des FDGB wieder fortgesetzt worden und die Beziehungen zwischen den Einzelgewerkschaften wurden erfreulicherweise wieder aktiviert. Ein weiterer Beweis dafür, daß das jeweilige politische Klima auf das gewerkschaftliche Verhalten Einfluß hat.

4. Gewerkschaften und die „Transmissionsriemen"-Theorie

Wenn die bürgerlichen Medien, insbesondere die Kommentatoren der Presse, versuchen, die Tätigkeit der Gewerkschaften in den sozialistischen Ländern zu beurteilen oder besser gesagt: zu diskreditieren, flüchten sie sich fast stets in die lehrhafte Dichtung des „Transmissionsriemens für den jeweiligen Partei- oder Staatsapparat". Aber auch mancher Gewerkschaftsfunktionär spricht diese These in der gleichen Form oder etwas abgeändert unüberlegt nach, ohne nach den politischen Hintergründen solcher Behauptungen zu fragen. So erkennt Heinz Oskar Vetter in seinem letzten Buch „Notizen – Anmerkungen zur internationalen Politik" (Bund-Verlag) z. B. wohl richtig, daß die „unterschiedlichen gesellschaftspolitischen Funktionen der Gewerkschaften in Ost und West eine konstruktive Zusammenarbeit über originäre gewerkschaftliche Themen erschweren". Gleichzeitig stellt er aber fest: „Die Gewerkschaften (in den sozialistischen Ländern – L. M.) sind Instrument und Erfüllungsgehilfe der politischen Macht" (Seite 125). Andernorts schreibt er im selben Buch, daß „die Gewerkschaften im Ostblock nicht immer über einen Kamm zu scheren waren". Warum ist das so; warum macht man diese Unterschiede nicht deutlich und bleibt deshalb politisch oberflächlich?

Zunächst bleibt grundsätzlich festzuhalten, daß man bei der Betrachtung und Analyse von Gewerkschaften in jedem Fall von der Wirtschafts- und Gesellschaftsordnung, in der sie wirken, ausgehen muß. Unterschiedliche Wirtschafts- und Gesellschaftsordnungen bedingen für die Gewerkschaften nicht nur sehr differenzierte Aufgabenstellungen und Zielsetzungen, sondern auch andere Strukturen und Wirkungsmöglichkeiten. Das gilt für einen Vergleich zwischen Gewerkschaften in Industriestaaten und in Ländern der dritten Welt ebenso wie für den Ost-West-Vergleich. Um zu klaren Erkenntnissen zu gelangen, muß man außerdem das Wirtschaftssystem, die staatliche Ordnung, die Gesetzgebung sowie die sich daraus ergebende Rechtsordnung und viele andere Fakten wie z. B. die Religiosität der Bevölkerung berücksichtigen.

Aber man muß ebenfalls bei den Gewerkschaften selbst unterscheiden, die im Westen genausowenig einheitlich ausgerichtet sind wie die in den sozialistischen Ländern. Die Haltung der Gewerkschaften zu ihrer eigenen Autonomie gegenüber dem Staat, der Regierung und den sie tragenden Parteien ist nicht gleichbleibend und wechselt vielfach oder wird zumindest beeinflußt von der jeweiligen politischen Zusammensetzung der Regierungen. Es gibt in Ost wie in West große und kleine, starke und schwache Gewerkschaften und es gibt in der Welt solche, die sich in ihren Satzungen oder politischen Dokumenten ausdrücklich zum permanenten Klassenkampf bekennen, in ihrer Praxis aber eine kooperative bzw. sektorale Politik verfolgen und damit in Wahrheit zu Kräften der Bewahrung jener Wirtschafts- und Sozialordnung werden, die sie in der Theorie zu bekämpfen vorgeben.

Ebenso wichtig ist es deshalb auch, nicht Kriterien heranzuziehen, die für die Beurteilung der Gewerkschaften in Ost und West gestern oder vorgestern noch richtig gewesen sein mögen, heute aber nicht mehr stimmen. Die wirtschaftlichen und gesellschaftlichen Strukturen sind in allen Ländern ständigen Veränderungen unterworfen; gleichermaßen verändern sich jeweils die sozialen Verhältnisse der Arbeitnehmer und folglich auch die Aufgabenstellung und Zielsetzung ihrer Gewerkschaften.

Es ist also zu einfach, die Gewerkschaften in aller Welt in gute oder schlechte einzuteilen, wobei im allgemeinen Ost-West-Vergleich die westlichen die echten, demokratischen Organisationen sind und die in den sozialistischen Ländern zum bloßen „Transmissionsriemen" degradiert werden. Von H. O. Vetter haben wir schon gehört, daß „nicht alles über einen Kamm geschert werden kann". Die politische Geschichte beweist, daß die Situationen von Land zu Land verschieden, die Lösungswege nicht einheitlich und die Erfolge nicht gleich sind. Dies zeigt auch ein Vergleich der ökonomischen und politischen Probleme in der sozialistischen Welt: 1953 bis 1956 in Ungarn, 1966 bis 1969 in der Tschechoslowakei, 1980 bis 1983 in Polen. Das zeigen aber auch die „inneren Verunsicherungen" bei entscheidenden politischen Richtungsänderungen, wie dem Abfall Jugoslawiens um die Jahreswende

1948/49, in der UdSSR nach Stalins Tod oder in China nach Maos Tod.

Noch ein anderes, wirtschaftliches Beispiel, das dem weitverbreiteten Irrtum von der „kommunistischen Gleichschaltung" entgegensteht: Man mag die ungarische Wirtschaftsordnung mit Chruschtschows Ironie als „Gulasch-Sozialismus" charakterisieren, Tatsache bleibt, daß die Wirtschaftsentwicklung in Ungarn einen Weg eingeschlagen hat, der zwischen der in der Sowjetunion seit den dreißiger Jahren entstandenen zentralisierten Planwirtschaft und dem in Jugoslawien auf Selbstverwaltung beruhenden sozialistischen Marktwirtschaftssystem liegt.

Von beiden Modellen unterscheidet sich das ungarische Wirtschaftssystem, welches auf einer organisatorischen Verknüpfung von zentraler Planung und Marktmechanismen basiert. Die persönlichen Erfahrungen der älteren Generation bestätigen übereinstimmend, daß die sozialistische Planwirtschaft die Entwicklung des Landes langfristig beschleunigt hat, so daß die wirtschaftliche Veränderung vom über 80prozentigen Agrarstaat zur heute überwiegenden Industrieproduktion relativ schnell vonstatten ging. Es mag sein, daß sich die ungarische Wirtschaft auch auf einer marktwirtschaftlichen Grundlage westlichen Typs dynamisch entwickelt hätte. Aber Kenner der ungarischen Verhältnisse zweifeln kaum daran, daß die Planwirtschaft beschleunigend gewirkt hat und daß durch die starke Verringerung der Klassengegensätze Kooperationsbereitschaft und gesellschaftliche Atmosphäre von Grund auf verbessert worden sind. Als Ergebnis der Industrialisierung ist Ungarn heute ein Industrieland, das im internationalen Vergleich von einem niedrigen auf einen guten mittleren Entwicklungsstand gebracht wurde.

Diese Vorgänge beweisen, wie falsch die Auffassung ist, alles Kommunistische müsse gleichförmig sein oder der Gleichförmigkeit zustreben. Die Gewerkschaften selbst waren zwangsläufig in diese Prozesse einbezogen und konnten sich nicht einfach ausklammern – insofern ergaben sich auch für sie ständig wechselnde Aufgaben.

Die westeuropäische Gewerkschaftsbewegung ist in einigen Ländern sehr stark, in anderen schwächer. Doch auf internationaler Ebene zählt die Gewerkschaftsbewegung wenig;

auch in Europa. Wenn die Gewerkschaften ihre Landesgrenzen überschreiten, geschieht es allzu oft, daß sie die Probleme, die sich auf europäischer oder internationaler Ebene stellen, nicht zu sehen imstande sind. Sie verharren vielfach in ihrer nationalen Position oder beurteilen solche Probleme aus ihrer nationalen Situation heraus. Luciano Lama, seit 1970 Generalsekretär des größten italienischen Gewerkschaftsbundes, faßte seine kritischen Eindrücke in einem Interview mit der SPD-Zeitschrift „Die neue Gesellschaft" einmal wie folgt zusammen:

„Was geschieht denn wirklich in Brüssel? In Brüssel vertritt jede Gewerkschaftsorganisation eine Position, die alles in allem – und oft in kurzsichtiger Weise – ausschließlich der Politik des eigenen Landes entspricht. Und manchmal, ohne bösartig sein zu wollen, sind die Gewerkschaftsorganisationen in Brüssel mit den Vertretern ihrer Länder einiger als mit den Vertretern der Gewerkschaften anderer Länder."

Anschließend plädierte der italienische Generalsekretär für die Erarbeitung einer europäischen Politik der Gewerkschaftsbewegung. Der Europäische Gewerkschaftsbund hat auf seinem Kongreß 1982 in Den Haag ein solches Strategie-Programm zwar verabschiedet, doch solange die Zurückstellung nationaler Interessen nicht erfolgt und die unterschiedlichen ideologischen Auffassungen nicht auf eine Linie gebracht werden können, wird auch dieses Programm ein Stück Papier ohne Leben bleiben. Dies ist ein beschämender Tatbestand vor dem Hintergrund einer seit rund zehn Jahren zugespitzten Wirtschaftskrise – einer Krise, die bei allen Unterschieden der nationalen Verlaufsformen mit den Problemen anhaltender Massenarbeitslosigkeit, immer neuen Angriffen auf den sozialen Besitzstand breiter Arbeitnehmerschichten und der systematischen Umverteilung zugunsten der privaten Profite eben doch ein bedrückendes Maß an Gemeinsamkeit in den hier wie dort den Gewerkschaften gestellten Herausforderungen enthält.

Zu den dringlichen Aufgaben zumindest der europäischen Gewerkschaftsbewegung gehört aber auch die konkrete Klärung der Frage, ob die Gewerkschaften weiterhin den Standort einer systemstabilisierenden Kraft einnehmen wollen oder sich gerade gegenwärtig nicht an ihre ursprüngliche Aufgabe zurückerinnern müssen, nämlich eine gesellschaftsverändernde Kraft zu sein. Letzten Endes ist das Verhältnis zwischen Gewerkschaften und Regierung in der Bundesrepublik Deutschland, in Großbritannien oder in den nordeuropäischen Ländern nicht dadurch gekennzeichnet, daß die Gewerkschaften sich die Veränderung der Gesellschaft zum Ziel setzen.

Gewiß, sie streben nach einer Verbesserung der Lage der Arbeitnehmer und auch einer sozialen Besserstellung innerhalb der Gesellschaft; aber die Probleme einer Veränderung auf der Grundlage gewandelter Kräfteverhältnisse zwischen den Gesellschaftsklassen gehören nicht zu ihren Themen. Zudem muß gesehen werden, daß die großen westlichen Sozialdemokratien, selbst die ernsthaftesten unter ihnen, bestenfalls die parlamentarische Demokratie und die Bürgerrechte, einen relativen Wohlstand und einen gewissen Ausbau der sozialen Leistungen gewährleisteten. Aber nicht einmal diese Errungenschaften waren und sind auf Dauer gesichert, denn die Führung und die wichtigsten Entscheidungen in Wirtschaft und Finanzen, auf dem Gebiet der Investitionen, der Kredit- und Beschäftigungspolitik, d. h. die wirkliche Macht in der Gesellschaft, lag und liegt nach wie vor in den Händen des Großkapitals.

Im Zusammenhang mit der „Transmissionsriemen-Theorie" wird von den Kritikern der Gewerkschaften in den sozialistischen Ländern immer wieder argumentiert, sie seien überhaupt keine Gewerkschaften, sondern nur eine der in jenen Ländern üblichen Massenorganisationen. Solche Argumente sind unsinnig, denn die einschlägigen verfassungsrechtlichen, gesetzlichen und statuarischen Bestimmungen sprechen absolut dagegen. Die Rechte und Aufgaben der Gewerkschaften sind im Unterschied zu den westlichen Demokratien viel eindeutiger und umfassender in den Verfassungen, in den Gesetzbüchern der Arbeit und in anderen Gesetzen verankert. So heißt es z. B. im Artikel 44 der DDR-Verfassung:

„Die freien Gewerkschaften, vereinigt im Freien Deutschen Gewerkschaftsbund, sind die umfassende Klassenorganisation der Arbeiterklasse. Sie nehmen die Interessen der Arbeiter, Angestellten und Angehörigen der Intelligenz durch umfassende Mitbestimmung in Staat, Wirtschaft und Gesellschaft wahr. Die Gewerkschaften sind unabhängig. Niemand darf sie in ihrer Tätigkeit einschränken oder behindern."

Dieser Verfassungsartikel 44 zeichnet ein Bild freier Gewerkschaftstätigkeit auf allen Gebieten des gesellschaftlichen Lebens, unabhängig davon, ob die Wirtschaft zum größten Teil verstaatlicht ist, ob es eine zentrale staatliche Planung der Volkswirtschaft gibt oder die Löhne und Gehälter in den Volkswirtschaftsplänen miteinbezogen werden oder nicht. In weiteren Absätzen des Artikels 44 sowie des Verfassungsartikels 45 werden dann die Mitbestimmungs- und Mitwirkungsaufgaben der Gewerkschaften im einzelnen umrissen. Viele Sachgebiete werden aufgezählt, in denen sie mitzuwirken haben, und viele Institutionen, in denen sie mitbestimmen. Damit ist der FDGB und sind die anderen Gewerkschaften in den sozialistischen Ländern, anders als die Gewerkschaften im Westen, ausdrücklich mit ihrer Aufgabenstellung in der Verfassung des jeweiligen Staates verankert und sie können spezielle verfassungsmäßige Rechte für sich in Anspruch nehmen.

Tarifautonomie, wie wir sie hierzulande praktizieren, gibt es in dieser „reinen Form" aber auch in anderen westlichen Demokratien nicht (wenn wir z. B. an die vielfältigen Arten von staatlich verordneter Zwangsschlichtung denken). Abgesehen davon, daß die Tarifautonomie in der Bundesrepublik wie auch in anderen westlichen Ländern großen Belastungen ausgesetzt ist, sei es durch wissenschaftlich oder staatlich vorgegebene Wirtschaftsdaten, durch eine verschärfte Anti-Gewerkschaftsgesetzgebung wie gegenwärtig in Großbritannien und wie sie auch in Bonn immer wieder erwogen wird oder durch die Verhaltensweisen der Gewerkschaften selbst. Tarifautonomie ist aber eben nur ein Teil gewerkschaftlicher Interessenwahrnehmung. Es sei denn, man will die Aufgaben der Gewerkschaften auf die Funktion als „Tarifvertragsmaschinen" beschränken, wie es insbesondere von konservativen Politikern am liebsten gesehen würde. Mitbestimmung und Mitwirkung auch auf der überbetrieblichen und staatlichen Ebene sind andere, wesentliche Teile gewerkschaftlicher Interessenwahrnehmung, wobei im Westen diese Teile im wesentlichen nur als Forderungen bestehen und keineswegs überall verwirklicht sind.

Doch nehmen wir ein anderes Beispiel, um zu zeigen, daß die vielbeschworene und befürchtete „kommunistische Gleichschaltung" auch für die gewerkschaftlichen Aufgaben nicht zutreffend ist. Greifen wir zur Satzung der ungarischen Gewerkschaften, dort heißt es u. a. in der Präambel:

„Die ungarischen Gewerkschaften sind Massenorganisationen der herrschenden Arbeiterklasse und anderer Lohn- und Gehaltsempfänger. Sie vereinigen auf der Grundlage der Freiwilligkeit die am Aufbau der entwickelten sozialistischen Gesellschaft mitwirkenden Werktätigen ungeachtet ihrer Weltanschauung, ihrer Nationalität und ihres Geschlechts. Unter der ideologisch-politischen Führung der Ungarischen Sozialistischen Arbeiterpartei wirken die ungarischen Gewerkschaften auf der Grundlage ihrer Satzung und der Beschlüsse ihrer Leitungsorgane als einheitliche und selbständige Organisationen. Sie vermitteln die Politik der Partei und nehmen an deren Gestaltung und Durchführung teil."

Ähnliche Formulierungen finden sich in allen Statuten der Gewerkschaften der sozialistischen Länder, wobei übereinstimmend die führende Rolle der jeweiligen Partei anerkannt wird. Gerade dies ist der eigentliche Punkt der üblichen Kritik, weil es sich ausschließlich um kommunistische Parteien handelt, welchen Namen sie sich auch national unterschiedlich gegeben haben. Dieser Führungsanspruch der Partei entspricht zweifellos den Vorstellungen des Marxismus-Leninismus im politischen Sinne und bestimmt das Gegenseitigkeitsverhältnis der Partei zu den Gewerkschaften wie auch zu den übrigen Massenorganisationen.

Wenn auch nicht so deutlich präzisiert zum Ausdruck gebracht, gab und gibt es doch selbst bei den westlichen Gewerkschaften vielfache enge Verzahnungen zwischen ihnen und den sozialistischen oder sozialdemokratischen Parteien. Selbst in Deutschland war das Verhältnis zueinander vor 1933 inniger und teilweise zwingender, als das gegenwärtig in der Bundesrepublik der Fall ist. Wobei hinzugefügt werden muß, daß hierzulande das gegenseitige Verhältnis durchaus wandelbar sein kann. Es ist wohl im allgemeinen bekannt, daß der frühere Bundeskanzler Helmut Schmidt um sich einen „gewerkschaftlichen Gesprächskreis" versammelt hatte, der nicht für alle sozialdemokratischen Gewerkschaftsvorsitzenden zugänglich war.

Beispiele aus verschiedenen westlichen Ländern sollen das zum Ausdruck gebrachte noch vertiefen und zum weiteren Nachdenken anregen:

Österreich

Die österreichischen Gewerkschaften sind nicht nur ein Extremfall an Zentralisierung (Finanz- und Personalhoheit liegen beim Dachverband), sondern auch ein Extremfall parteipolitischer Fraktionierung. Im Österreichischen Gewerkschaftsbund (ÖGB) existieren fünf Fraktionen, nämlich die Fraktionen Sozialistischer, Christlicher, Freiheitlicher Gewerkschafter und der der KPÖ nahestehende Gewerkschaftliche Linksblock. Die fünfte Fraktion wird von keiner Partei unterstützt und nennt sich Gewerkschaftliche Einheit. Obwohl Fraktionsbildungen weder in den Statuten noch in der Geschäftsordnung des ÖGB vorgesehen sind, setzt sich diese, wenn auch zahlenmäßig nicht in vollem Umfang, in den Vorständen der Einzelgewerkschaften fort. Die Fraktion Sozialistischer Gewerkschafter ist die mit Abstand stärkste und mächtigste, sie ist Teilorganisation der SPÖ, dadurch entsteht auf der Ebene des Gewerkschaftsbundes, der Landesorganisationen und der Einzelgewerkschaften eine enge Verzahnung zwischen der dominierenden Gewerkschaftsfraktion und der Sozialistischen Partei Österreichs (SPÖ).

Die Präsenz der stärksten Fraktion setzt sich aber auch in den Verfassungsorganen fort. Die Mitglieder des Präsidiums des ÖGB gehören nahezu alle dem Parlament an, und es hat einen gewohnheitsrechtlichen Anspruch auf den Präsidentenstuhl des Nationalrats. Fast ausschließlich war dies immer der Vorsitzende des ÖGB. Hinzu kommt noch die weitere Dominanz in den Arbeiterkammern, so daß man von einer nahezu vollständigen politischen Identität zwischen der SPÖ, der stärksten Fraktion des ÖGB, und den Arbeiterkammern sprechen kann. Zwar gibt es keine direkten finanziellen Beziehungen zwischen ÖGB und den politischen Parteien, doch unterstützt der Gewerkschaftsbund die Arbeit der Fraktionen mit finanziellen Mitteln, die sonst von den Parteien selbst erbracht werden müßten.

Insgesamt ist festzuhalten, daß sich durch eine derartig praktizierte Fraktionisierung nicht nur substantielle und personelle Überlappungen, sondern auch ein wenigstens überwiegender organisatorisch-politischer Interessengleichlauf ergibt.

Schweden

Den größten politischen Einfluß der Gewerkschaften in Schweden hat zweifelsohne die Landesorganisation, die als Dachverband abgekürzt LO genannt wird. Dies nicht nur aufgrund ihrer zahlenmäßigen Stärke, sondern insbesondere wegen ihrer engen traditionellen Bindung zu der jetzt wieder regierenden Sozialdemokratischen Arbeiterpartei (SAP). Wenn es auch seit 1909 in den Satzungen der LO und der Einzelgewerkschaften offiziell keine Bestimmungen mehr über Kollektivanschlüsse an die SAP gibt, so können doch die Gewerkschaftskongresse als höchstes Organ oder lokale Gliederungen weiterhin kollektive Anschlüsse an die Partei beschließen. Das einzelne Mitglied hat aber das Recht, ohne Angaben von Gründen dem nicht zu folgen. Gegenwärtig hat die SAP 1,2 Millionen und die LO 2,1 Millionen Mitglieder, davon sind 40 Prozent kollektiv angeschlossen. Mit anderen Worten gesagt bedeutet dies, daß ca. 70 Prozent aller sozialdemokratischen Parteimitglieder Kollektivmitglieder aus den Gewerkschaften sind. Wohin dies führen kann, soll folgendes praktische Beispiel aus der schwedischen Druckindustrie zeigen:

Vor über zehn Jahren wurde auch in Schweden der Niedergang der sozialdemokratischen Presse immer offensichtlicher. Der damalige und gegenwärtige Ministerpräsident, Olof Palme, legte dann einen Gesetzentwurf zur Subventionierung der Presse vor, die sich auf die jeweiligen sogenannten Zweitzeitungen am Ort beschränkte. Nachdem die auflageschwächeren Zeitungen (mit Ausnahme Stockholm) fast ausschließlich die sozialdemokratischen Presseorgane waren, sollten die Subventionsmittel vorrangig diesen zugute kommen. Bei den Verhandlungen zwischen der Regierung, dem schwedischen Zeitungsverlegerverband und dem Grafiska Fackförbundet, der Druckergewerkschaft, kam es in dieser Angelegenheit zu einem Kompromiß, der zusammengefaßt folgendes vorsah:

● Einen „Nichtangriffspakt", abgeschlossen 1972 und 1982 für jeweils zehn Jahre, welcher für die genannte grafische Gewerkschaft Kampfmaßnahmen gegen Zeitungsverlage ausschloß. Dieser Vertrag wurde vor etwa zwei Jahren für den gleichen Zeitraum erneuert.

So unglaublich dies erscheinen mag, soll jedoch nicht verschwiegen werden, daß der Vertrag einige Jahre später dazu beigetragen hat, die negativen sozialen Folgen bei der Einführung und Anwendung der neuen Techniken in der schwedischen Druckindustrie leichter in den tarifvertraglichen Griff zu bekommen.

Solche Entscheidungen sind sicher nur möglich, wenn engste Verzahnungen zwischen Partei und Gewerkschaften bestehen. Dies ist auch in Schweden der Fall. Zumindest an der Basis ist die Zusammenarbeit zwischen SAP und LO so eng, daß man kaum die gemeinsame gewerkschaftliche und politische Tagesarbeit auseinanderhalten kann.

Großbritannien

Auf der Insel sind die Uhren schon immer ein wenig anders gegangen als auf dem europäischen Kontinent. Bezogen auf die Gewerkschaften heißt das, daß die englische Arbeiterpartei (Labour Party) im Kern aus dem Gewerkschaftsdachverband Trades Union Congress (TUC) hervorgegangen ist und nicht umgekehrt, wie das auf dem Festland überwiegend der Fall war. Auf dem Hintergrund dieser historischen Ausgangssituation beruhen die organisatorischen Verflechtungen und Verzahnungen zwischen den Gewerkschaften und der Labour Party in Großbritannien. Die Labour Party umfaßt etwa 400 000 Mitglieder, die sich im wesentlichen auf über 600 örtliche Wahlkreis-Parteiorganisationen verteilen. Daneben gibt es aber noch weitere rund sechs Millionen vertraglich angeschlossene Parteimitglieder aufgrund korporativer Mitgliedschaften von über 60 Einzelgewerkschaften, die überwiegend aus dem Kreis der ca. 100 Gewerkschaften stammen, die dem TUC angeschlossen sind. Wie etwa in Schweden, entscheiden die Gewerkschaften intern selbst über eine Mitgliedschaft in der Labour Party; das Einzelmitglied kann dies durch einen persönlichen Antrag ablehnen, wenn es die Bindung an die Arbeiterpartei nicht wünscht.

Daraus wird nicht nur die völlige finanzielle Abhängigkeit der Labour Party von den Gewerkschaften ersichtlich, sondern auch in politischen Entscheidungen, z. B. bei den jährlich stattfindenden Parteitagen, sind die Direktmitglieder von vornherein unterlegen. Nach dem Schlüssel: ein Delegierter für je 5000 Mitglieder, bedeutet dies formal, daß die Gewerkschaften 1200 Delegierte entsenden könnten und weitere 80 Delegierte auf die über 600 Wahlkreis-Parteiorganisationen zu verteilen sind. Die Gewerkschaften nützen ihr Delegiertenkontingent jedoch meistens nicht voll aus, da z. B. bei möglichen Blockabstimmungen (card vote) die Einzelgewerkschaften für je 1000 Mitglieder jeweils eine Stimme zur Verfügung haben, so daß die zentralen inhaltlichen Fragen durch die großen Organisationsblöcke entschieden werden. Dennoch konnten in früheren Jahren die Labour-Regierungen und insbesondere deren Parlamentsfraktion ihre politischen Entscheidungen fast widerstandslos durchsetzen, weil sie mit der Loyalität der Gewerkschaftsführungen rechnen konnten.

In den 70er Jahren kam es jedoch zu erheblichen Konfrontationen zwischen den Gewerkschaften und der Labour-Regierung, die einerseits in die Idee eines „Social Contract" einmündeten und andererseits zu Überlegungen für eine notwendige Demokratisierung der Arbeiterpartei führten. Der „Sozialpakt" beschränkte sich darauf, die gesamtwirtschaftlichen Schwierigkeiten durch eine freiwillige Lohnbeschränkung der Arbeitnehmer unter Kontrolle zu bringen. Die Folgen waren schwerwiegende Zugeständnisse bei den Gewerkschaften und erhebliche Reallohnverluste für die englischen Arbeiter. Im März 1979 wurde die Labour-Regierung unter James Callaghan durch einen Mißtrauensantrag der Konservativen gestürzt, Margaret Thatcher stellte als neuer Premierminister anfangs Mai das konservative Kabinett vor und kündigte als eine der Prioritäten ihres Regierungsprogramms an: die Reform der Gewerkschaften.

Der erste Schlag gegen die Gewerkschaften wurde jedoch auf dem Sonderparteitag 1981 der Labour Party geführt. Zunächst wurde bei der Wahl des Parteivorsitzenden das Stimmrecht der Gewerkschaften auf 40 Prozent beschränkt, mit einem gleichprozentigen Stimmrecht wurde die Parlamentsfraktion bedient und die „Wahlkreis-Mitglieder" mußten sich mit 20 Prozent begnügen. Die Folgen dieser Entwicklung haben zu den bekannten Flügelkämpfen und Abspaltungstendenzen innerhalb der Labour Party geführt. Es bleibt abzuwarten, ob der zunehmende Druck der Thatcher-Regierung auf die politische und gewerkschaftliche Arbeiterbewegung wieder zu den früheren Gemeinsamkeiten zurückführen kann. Zunächst jedoch sieht es nicht so aus. Der TUC-Kongreß im September 1983 hat vielmehr beschlossen, die korporative Mitgliedschaft der Gewerkschaften in der Labour-Party zu beenden.

4.1 Die deutsche Sozialdemokratie und die Gewerkschaften

Die Sozialdemokratische Partei war seit ihrem Entstehen im vorigen Jahrhundert gerade in Deutschland im besonderen Maße eine Partei der Arbeitnehmer, ursprünglich sogar der Arbeiter im engeren Sinne gewesen. Daraus und aus der Tatsache, daß die Gewerkschaften die eigentlichen Organisationen der abhängig Beschäftigten sind, hatte sich weitgehend eine Art von Interessengemeinschaft von Sozialdemokratie und Gewerkschaftsbewegung ergeben. Die Frage der Gemeinsamkeit zwischen der politischen und gewerkschaftlichen Organisation der arbeitenden Menschen war in erster Linie eine Frage der soziologischen Interessengleichheit der Schichten, die sowohl in der einen wie in der anderen Organisation vertreten waren. Erst hieraus hat sich dann auch die vielfache persönliche Identität der Funktionäre und Mitglieder ergeben.

Mitte März 1933 wurden diese Gemeinsamkeiten jedoch zerschlagen, als der Vorstand des Allgemeinen Deutschen Gewerkschaftsbundes (ADGB) in einer Erklärung seine Unabhängigkeit von den politischen Parteien und damit von der Sozialdemokratie verkündete. Im gleichen Text hieß es außerdem: „Die sozialen Aufgaben der Gewerkschaften müssen erfüllt werden, gleichviel welcher Art das Staatsregime ist." Diese Erklärung wurde dem nationalsozialistischen Reichskanzler Hitler ausgerechnet am „Tag von Potsdam" durch den ADGB-Vorsitzenden Theodor Leipart übermittelt – quasi als gewerkschaftlicher Beitrag zur konservativen Versöhnung. Die Perversion war unverkennbar, und sie sollte sich noch fortsetzen im Aufruf des ADGB-Vorstandes zum 1. Mai 1933, in dem begrüßt wurde, daß „die Reichsregierung diesen unseren Tag zum gesetzlichen Feiertag der nationalen Arbeit, zum deutschen Volksfeiertag erklärt hat". Dem ADGB-Bundesausschuß war dies noch nicht weitgehend genug, und so ergänzte er den Aufruf mit der ausdrücklichen Aufforderung an die Mitglieder, sich an den Feiern „festlich zu beteiligen". (Vgl. G. Beier, Das Lehrstück vom 1. und 2. Mai 1933, Frankfurt/M. 1975)

Diese Entwicklung wurde von der SPD-Führung mit wachsender Sorge betrachtet, und sie kritisierte das „würdelose Assimilantentum" in den Gewerkschaften. Auf der letzten

Reichskonferenz der SPD am 26. April 1933 richtete der Vorsitzende Otto Wels an die Adresse der Gewerkschaften folgende Mahnung: „Eine geistige Unterwerfung und Anpassung darf es für uns nicht geben. Es wäre ein hoffnungsloses Unternehmen, wenn man das Leben einer Organisation durch Preisgabe der Idee zu erkaufen suchte. Ist die Idee preisgegeben, dann stirbt auch die Organisation." So geschah es dann auch; für die Gewerkschaftsbewegung und ebenso für die Sozialdemokratie. (Ebenda)

Mit dem Wiederaufbau der Gewerkschaften nach 1945 bildete sich die Einheitsgewerkschaft. Die Vertreter der Richtungsgewerkschaften früherer Zeiten wollten aus dem Erlebnis der gemeinsamen Niederlage unter dem Faschismus Konsequenzen ziehen und die konfessionelle und parteipolitische Spaltung der Gewerkschaften beenden. Diese Realität mußte zwangsläufig das Verhältnis zwischen SPD und Gewerkschaften ändern. Zwei Faktoren waren es jedoch, die diese Änderung in Grenzen hielten. Einmal waren die Sozialdemokraten in der neuen Einheitsgewerkschaft in der Mehrheit, dadurch behielten die sozialdemokratischen Funktionäre eine führende Stellung. Zum anderen führte die politische Entwicklung nach 1945, die durch wiederholte Wahlsiege der CDU/CSU gekennzeichnet war, zu einer erneuten engeren Zusammenarbeit zwischen sozialdemokratischer Opposition und Gewerkschaften.

Trotz der vorhandenen Bindung ist es im Zuge der Entwicklung der SPD von einer Arbeiterpartei zur Volkspartei zu nicht geringen Konflikten gekommen. Die Bemühungen der SPD, neue Wählerschichten zu erobern, führten zu dem Ergebnis, daß für einen Großteil der abhängig Beschäftigten das politische Profil der Partei zu undeutlich wurde. Offensichtlich wurde auch, daß die SPD versuchte, für jeden etwas zu bieten. Ähnlich wie die britische Labour Party mit einem „Social Contract" versuchte die SPD mit dem Godesberger Programm, einen Interessenpluralismus darzustellen, unter Aufgabe bisheriger Prinzipien, Abhängige und Selbständige nebeneinander zu vertreten.

Dies konnte nicht gutgehen, denn die CDU hat für manchen Wähler den christlichen Arbeitnehmerflügel, der es vergessen machen soll, daß die CDU/CSU im ganzen doch nur die Partei des Bürgertums und der Unternehmer ist. Der Weg vom

„Ahlener Programm" bis zur heutigen Politik der CDU/CSU ist ein Weg des Zurückdrängens der sozialen Belange zugunsten unternehmerischer Interessen. Das gleiche gilt für die F.D.P., die zwar immer wieder über ihre Friedrich-Naumann-Stiftung versucht, an die alten Liberalen anzuknüpfen; aber sozial ist heute eben ein Begriff, der fast zum Schlagwort abgewertet wurde, denn wer würde sich schon offen als unsozial bekennen? Es kommt deshalb darauf an, diesen Begriff immer wieder mit konkreten politischen Inhalten zu versehen, um zu erkennen, wer diese Inhalte realisieren und wer sie nur als Feigenblatt für andere Zwecke benutzen möchte.

Vor diesem politischen Hintergrund hat der von August Bebel auf dem Mannheimer SPD-Parteitag 1906 eingebrachte und angenommene Antrag, der als „Mannheimer Abkommen" bekannt wurde, fast keine praktische Bedeutung mehr. Es besagte wörtlich:

● „Um bei Aktionen, die die Interessen der Gewerkschaften und der Partei gleichmäßig berühren, ein einheitliches Vorgehen herbeizuführen, sollen die Zentralleitungen der beiden Organisationen sich zu verständigen suchen."

Der beim SPD-Parteivorstand angesiedelte Gewerkschaftsrat, dem alle sozialdemokratischen Gewerkschaftsvorsitzenden sowie Mitglieder des geschäftsführenden DGB-Bundesvorstandes angehören, kann diese Aufgabe sicher nicht erfüllen. Dennoch wäre es falsch, auszuschließen, daß Gewerkschaftsvorstände sich bemühen, für ihre Zielsetzungen die SPD als politischen Verbündeten zu gewinnen, insbesondere, wenn es z. B. um deren parlamentarische Durchsetzung geht. Als gewerkschaftliches Selbstverständnis schält sich insoweit durchaus jene „außerparlamentarische Opposition" heraus, als die der frühere ÖTV-Vorsitzende Heinz Kluncker die Gewerkschaften sah, nämlich in kritischer Distanz außerhalb des Parlaments, und das heißt, neben und in den Parteien unterschiedliche Interessen zu organisieren. Daß dennoch der eine oder andere Mandatsträger der SPD als Gewerkschafter zunehmend militanter auf absoluten Parteikurs einschwenkt, kann der Einheitsgewerkschaft auf Dauer nicht gerade dienlich sein.

4.2 Gewerkschaften und Kommunisten

Die meisten amerikanischen wie auch ein Teil der europäischen Gewerkschaften sind anti-russisch und unterstützen ohne Zögern den kalten Krieg, den die Regierung der Vereinigten Staaten insbesondere in der gegenwärtigen Zeit wieder führt. Die meisten von ihnen sind auch anti-kommunistisch und viele Gewerkschaftsführer in den USA haben mit großer Energie darum gekämpft, kommunistische Mitglieder und Funktionäre aus den Gewerkschaften zu entfernen. In ähnlicher Weise ist dies in den ersten Nachkriegsjahren auch hierzulande zu verzeichnen gewesen und wird in Einzelfällen immer noch angewandt. Dabei wurden Angriffe gegen kommunistische Gewerkschaftsmitglieder geführt, die mit Gewerkschaftsangelegenheiten meist überhaupt nichts zu tun haben. Es ist durchaus zu befürchten, daß diese „Politik der Hexenverfolgung" nur dazu führen wird, daß die daran interessierten Kreise die Gewerkschaften in der Öffentlichkeit als zweifelhafte Zeitgenossen hinstellen. Es ist immer gefährlich, eine Schicht von Bürgern zu Sündenböcken für alles zu machen. Die Gewerkschaftsbewegung kann dadurch gespalten werden und dies zu einem Zeitpunkt, in dem die Einheit notwendiger denn je ist.

Es mag Gründe geben für die Ablehnung und für die Sorge über das sowjetische Verhalten nach 1945. Aber es ist schwieriger und gleichzeitig wichtiger für die Gewerkschaften, sich darüber im klaren zu sein, wie leicht ein kalter Krieg zu einem heißen werden kann. Wenn wir alle in einen dritten Weltkrieg verwickelt würden, der leicht aus der heutigen Situation entstehen könnte, würde es wohl nicht länger möglich sein, selbst wenn die antikommunistischen Kräfte siegten (worüber einiger Skeptizismus wohl erlaubt ist), die gegenwärtige besondere Kombination zwischen Kapital und Demokratie aufrechtzuerhalten. Unter Berücksichtigung der heutigen sozialen Struktur wäre es wahrscheinlicher, daß statt des Kapitalismus die Demokratie verschwinden würde, läßt man einmal außer acht, daß in einem atomaren Weltkrieg auch die Menschheit selbst ausgelöscht werden könnte. Daher müssen es die Gewerkschaften sein, die das größte Interesse daran haben, die Kriegsgefahr aus der Welt zu schaffen.

Trotz aller Kritik am Verhalten einiger kommunistischer Gewerkschafter, wird doch im allgemeinen anerkannt, daß der größte Teil ihres Einflusses in ihrem größeren Eifer, in ihrer größeren Hingabe an die Aufgaben, die sie erfüllen, und in dem Vertrauen liegt, das sie in ihre Ziele setzen und denen sie sich verschrieben haben. Der Kommunismus ist eine Idee, geboren aus einer besonderen historischen Bewegung. Er drückt einen Teil der Notwendigkeiten aus, die aus dieser Bewegung geboren wurden, ähnlich oder mit der gleichen Intensität wie das Christentum die Notwendigkeiten der Generationen einschloß, in der es entstand. Man darf und kann nicht vergessen, daß all das, was die Heiden über die frühen Christen sagten, auch die Nazis den Juden zur Last legten und nun den Kommunisten von ihren Gegnern vorgeworfen wird. Man kann kein Vertrauen in die Kraft lediglich negierender Maßnahmen haben, besonders wenn deren wichtigste Waffe nur Schmähreden sind. Auf diese Art und Weise kann eine Idee, die letztlich in unzulänglichen gesellschaftlichen Realitäten wurzelt, nicht überwunden werden. Der in manchen Gewerkschaften praktizierte Antikommunismus wird den Kommunismus nicht ausrotten, genausowenig wie die römischen Kaiser von Nero bis Diokletian die frühen Christen auszurotten imstande waren.

Der Wunsch, die bolschewistische Revolution niederzubrechen, kam von Churchill. Es gab keine Beschimpfung, zu der er sich nicht verstieg, keinen zweifelhaften Abenteurer, dem er sich nicht verschrieb, um Lenin und seine Freunde niederzuwerfen. Was dieser krasse Beurteilungsfehler uns seit 1920 gekostet hat, ist unmöglich zu sagen. Die heutige Sowjetunion ist die Folge des fortwährenden kalten Krieges, den in den Anfangsjahren niemand mehr schürte als Churchill, um eine europäische Gegenrevolution auf die Beine zu stellen. Andere, die ihm später folgten, blieben in ihrem Bemühen in gleicher Weise ohne Erfolg.

Wer hat denn in der historischen Entwicklung seit 1917 verbal, politisch und militärisch keine Gelegenheit ausgelassen, den Sowjetstaat wieder zu beseitigen? Wer hat denn die „Weiße Armee" unterstützt? Wer hat den Einfall polnischen Militärs finanziert und gefördert? Wer war sich noch in den dreißiger Jahren mit den Nazis einig, daß der gemeinsame Kampf den Bolschewiken zu gelten habe? Und welche Entwicklung hat die Bundesrepublik genommen? War es nicht Konrad Adenauer, der, Arm in Arm mit dem amerikanischen Außenminister, besonders John Foster Dulles, die Errichtung einer westdeutschen Wehrmacht und die Integration in ein westliches Militärbündnis damit rechtfertigte, es gelte „die Völker des Ostens vom Joch der Sowjetunion" zu befreien? Wer hat eigentlich wen bedroht im Verlauf der Geschichte dieses Jahrhunderts?

Nach wie vor werden uns Feindbilder eingeflößt. Oder richtiger: ein Feindbild. Nämlich das Bild des bedrohlichen Kommunismus. Seit der russischen Revolution haben Antibolschewismus beziehungsweise Antikommunismus hierzulande eine ungebrochene Tradition. Er bestimmte die bürgerliche und damit herrschende Haltung in den zwanziger Jahren; er diente als Grundlage der nationalsozialistischen Kriegsvorbereitung und Kriegsführung, stand an der Wiege der Gründung der Bundesrepublik und ist bis heute „Staatsreligion" geblieben.

In einer solchen Umwelt wird es gefählrich, wenn der Bruch der Einheit der Arbeiterbewegung eintritt, weil das Hauptaugenmerk der nichtkommunistischen Anstrengungen auf die Bekämpfung der Kommunisten gelenkt wird. Dies entwickelt sich zu leicht zu einer Art halber Verbrüderung mit dem Kapitalismus; in der Geschichte gibt es dafür genügend Beispiele. Eine geteilte Gewerkschaftsbewegung stellt geradezu eine Aufforderung für soziale Konflikte in einer Zeit dar, in der sich ausgedehnte Strukturveränderungen in den Produktionsverhältnissen vollziehen und die Interessen von Staatsmacht und Wirtschaft in fast ähnlicher Weise gleichzusetzen sind, wie dies während der faschistischen und nazistischen Ära unter Mussolini und Hitler der Fall war. Dies versetzt eine politische Demokratie weitgehend in die Lage, die Tatsache zu unterdrücken, daß sie nicht selten eine Fassade ist, hinter der große Unternehmen eine soziale Ordnung schaffen, deren Charakter dem des Ständestaates nicht unähnlich ist, wenn eben das private Eigentum an den Produktionsmitteln aufrecht erhalten bleibt.

Schlußfolgerungen

Nur einige Beispiele sollten in unterschiedlicher Weise das Zusammenspiel zwischen sozialdemokratischen Parteien und Gewerkschaften veranschaulichen. Die Beschränkung der Beispiele auf Europa schien geboten, denn die weitere Ausdehnung zum Beispiel auf Drittländer hätte zu tief in den

„Keller der verstrickenden und verzahnenden Unterstützungsleistungen" für den Aufbau von parteipolitisch gefärbten Gewerkschaften in jenen Ländern geführt. Versucht werden sollte deshalb lediglich, offenkundiger zu machen, daß das, was der einen Seite als Nachteil zugeschrieben wird, der anderen Seite nicht selbstgefällig gutgeschrieben werden kann. Auch ein Transmissionsriemen hat eben seine zwei Seiten.

Trotz der prinzipiellen Unterschiede, die es auf vielen Gebieten in den einzelnen Ländern und erst recht in unterschiedlichen Wirtschafts- und Gesellschaftsordnungen gibt, bestehen dennoch Arbeitsfelder, auf denen ein Erfahrungsaustausch von Nutzen ist. Hinzu kommt, daß es dabei auch zu einem Austausch von Informationen über andere Bereiche kommt, die dazu beitragen, von der Propaganda geschaffene Zerrbilder abzubauen. Dabei sollen die Unterschiede, die aus unterschiedlichen Ordnungen und der veränderten Rolle der Gewerkschaften resultieren, weder verkleistert noch vertuscht werden. Ziel der Kontakte und des Austausches von Delegationen seit Ende der sechziger, Anfang der siebziger Jahre war und bleibt es, gegenseitiges Verstehen und eine Vielzahl zwischenmenschlicher, kultureller, sportlicher, wirtschaftlicher und politischer Verbindungen über die Grenzen hinweg zu schaffen. Wenngleich sich in der Zwischenzeit die Ost-West-Beziehungen verschlechtert haben, geht es dennoch darum, die erzielten Ergebnisse zu bewahren und geschaffene Verbindungen nicht wieder abreißen zu lassen.

Die Begegnung vieler Menschen aus Ost und West ist ein Beitrag zur Erhaltung des Friedens. Solange sie aufrechterhalten werden können, ist es möglich, Feindbilder durch objektive Informationen zu korrigieren, den Menschen die Möglichkeit zur eigenen Urteilsbildung zu geben und einer Abgrenzung entgegenzuwirken, deren Folgen den Friedensinteressen der Menschen zuwiderlaufen. Deswegen müssen wir großen Wert darauf legen, neben vertraglichen Regelungen auf Gebieten wie Wirtschaft, Verkehr, Wissenschaft und Technik, Gesundheitspolitik und dergleichen, insbesondere auch die menschlichen und gewerkschaftlichen Begegnungen weiterhin zu fördern.

5. Die amerikanischen Gewerkschaften

5.1 Grundwesen ihrer Politik

Vor etwa 20 Jahren hatte ich einem Mitarbeiter des US-Generalkonsulats in München, der für die Beobachtung der politischen Parteien und der Gewerkschaften zuständig war, einmal die Frage gestellt, womit die amerikanischen Gewerkschaften ihre Lohnforderungen von damals – mindestens ein Dollar pro Stunde – begründeten (der US-Dollar hatte zu dieser Zeit einen Kurswert von etwa 4,25 DM). Er antwortete u. a. folgendermaßen darauf: Dafür bräuchten sie keine Begründung. Die amerikanischen Gewerkschaften sind noch nie ideologisch so ausgerichtet gewesen wie die europäischen. Sie fühlen sich vielmehr als das „Salz in der Suppe des Kapitalismus" und wenden folglich auch dessen Methoden an. Ihre Forderungen sind allein bestimmt von dem Prinzip, das zu verlangen, was der Markt hergibt!

Dem bundesdeutschen Gewerkschafter, der seine Lohn- und Gehaltsforderungen jeweils immer fein säuberlich mit der Preissteigerungsrate, dem Produktivitätszuwachs und einer Umverteilungskomponente begründete, mag dies als eine ungewöhnliche Handlungsmaxime erscheinen. Für die amerikanischen Gewerkschaften war dies zu jener Zeit – und mit einigen wenigen Abstrichen auch heute noch – die tägliche gewerkschaftliche Praxis ihrer innenpolitischen Tätigkeit.

Völlig diametral dazu steht ihr außenpolitisches Verhalten, und zwar mehr oder weniger unabhängig von der jeweiligen Regierung. Die amerikanischen Gewerkschaften bekennen sich nicht nur zur amerikanischen Außenpolitik, sondern unterstützen sie weitgehendst und aktiv, ganz gleich, ob es um die Stationierung weiterer atomarer Raketen in Europa oder um die besondere Art des amerikanischen Antikommunismus geht.

Das zu Beginn der 30er Jahre vom ehemaligen US-Präsidenten F. D. Roosevelt eingeleitete wirtschafts- und sozialpolitische Reformprogramm (New Deal), das einen entscheidenden Schritt in der Herausbildung des organisierten Kapitalismus darstellte, griff auch unmittelbar in den gewerkschaftlichen Organisierungsprozeß sowie in die Gestaltung von Beziehungen zwischen Arbeitnehmern bzw. ihren Gewerkschaften und den Unternehmern ein. Die Wirkungen der gesetzlichen Maßnahmen des „New Deal" trugen einerseits wesentlich zur erfolgreichen Organisierung der breiten Masse von un- und angelernten Industriearbeitern im jüngeren Dachverband des Congress of Industrial Organizations (CIO) bei und andererseits zur Schwächung des bis dahin dominierenden berufsständischen Organisationsprinzips des älteren Dachverbandes American Federation of Labor (AFL). Es ging jedoch nicht nur um Organisationsprinzipien, sondern ebenso um das politische Dogma der AFL, nämlich um die Ablehnung von staatlichen Interventionen in der Wirtschafts-, Sozial- und Arbeitspolitik sowie von politischen Parteibindungen. Nur zögernd anerkannte die AFL-Führung staatliche Eingriffe in Bereiche der Gewerkschaftspolitik, in denen sich die AFL zuvor als völlig autonom betrachtet hatte.

Ihre Haltung änderte sich jedoch infolge der von der Regierung nach 1938/39 vorgenommenen Wirtschaftsmaßnahmen zur Kriegsvorbereitung, die wichtige Elemente der von der AFL befürworteten „industriellen Regierung" von der betrieblichen Entscheidungsebene auf staatliche Ämter und Gremien verlagerten. Die AFL-Führung bemühte sich fortan, als gleichberechtigter Partner neben Staat und Kapital bei der Steuerung und Planung der Wirtschaft zu repräsentieren, obwohl sie aufgezwungene Beteiligungs- und Kontrollmaßnahmen weiterhin heftig kritisierte. In dieser Rolle gefiel sich die AFL anscheinend so gut, daß sie selbst nach Kriegsende auf die Aufhebung der staatlichen Steuerungspolitik verzichtete. Statt dessen trat sie für eine Zusammenarbeit mit der Regierung auf freiwilliger Basis ein. Damit verknüpfte sie die Forderung, durch Wirtschaftswachstum Arbeitsplätze zu schaffen und den Wohlstand zu mehren, mit der erklärten Bereitschaft, den Kampf gegen Faschismus und Kommunismus international wieder aufzunehmen.

Nach dem Ersten Weltkrieg hatte die AFL ihre Beziehungen zum Internationalen Gewerkschaftsbund (IGB) abgebrochen. Die Abkehr von dieser isolationistischen Haltung erfolgte erst

1938, mit dem Antrag auf Wiederaufnahme in den IGB. Es waren im wesentlichen drei Aspekte, die diese Veränderung der Einstellung zur internationalen Gewerkschaftspolitik bei der AFL bewirkten: Einmal sollte die internationale Anerkennung des CIO, mit dem die AFL weiter in Konkurrenz stand, vereitelt werden; zum anderen wollte man im IGB solche Entwicklungen wie die Annäherung zwischen einigen Mitgliedsorganisationen und den sowjetischen Gewerkschaften möglichst stoppen; und nicht zuletzt beschleunigte die zunehmende Gefahr des Faschismus diesen Wandel.

„Ein größeres Stück vom Kuchen" – mehr haben sie selten gewollt, die amerikanischen Arbeiter und ihre Gewerkschaften. Für Europäer, denen Arbeiterbewegung und sozialistische Bewegung lange Zeit als weitgehend identisch erschienen, ist es immer wieder überraschend, fast unbegreiflich, daß in dem Land mit dem ungeschminktesten Kapitalismus und Unternehmertum sozialistische Ideen so gut wie unbedeutend bleiben. Von Anfang an war es dem amerikanischen Unternehmertum gelungen, die Arbeiterbewegung (bis auf wenige Ausnahmen) in das System der Lohnarbeit zu integrieren. Das Ziel der amerikanischen Gewerkschaften war allein, möglichst günstige Bedingungen für den Verkauf der Arbeitskraft zu erkämpfen, nicht aber das ökonomische System, das den Verkauf der Arbeitskraft erzwingt, zu beseitigen.

Zwei Stimmen von maßgeblichen Gewerkschaftsführern der AFL wie auch des CIO sollen dies unterstreichen:

Phil Murray, der ehemalige Präsident des CIO, betonte einmal: „Wir haben keine Klassen in diesem Land. Wir sind alle Arbeiter hier."

Und George Meany, der zu seinen Lebzeiten als Präsident der AFL/CIO als der „Eiserne Kanzler der Arbeit" bezeichnet wurde, äußerte sich 1972 in einem Interview mit der US News and World Report wie folgt: „Trotz aller unserer Klagen, wir haben den höchsten Lebensstandard in der Welt. Warum sollten wir uns Sorgen machen, wie wir Leute organisieren können, die anscheinend nicht organisiert werden wollen."

„Organisiert die Unorganisierten!" – das ist, wie viele Gewerkschafter in Europa nach wie vor glauben, noch immer eine der Hauptaufgaben der organisierten Arbeiterbewegung.

In den Vereinigten Staaten gehen die Uhren aufgrund der besonderen historischen Entwicklung doch ein wenig anders als in Europa, dies gilt sicher auch für die amerikanischen Gewerkschaften.

5.2 Die AFL und die Neugründung der deutschen Gewerkschaften

Im Hinblick auf den Wiederaufbau Deutschlands bezog die AFL-Führung von vorneherein eine einseitige antikommunistische Position. An die Stelle des durch die Niederlage Deutschlands ausgestandenen Konflikts mit dem Faschismus, trat der Konflikt mit dem Kommunismus wieder stärker in den Vordergrund. Dieser Konflikt hatte in den USA schon Tradition, und er wurde durch die politischen Ergebnisse des Zweiten Weltkrieges, mit der Ausdehnung des sowjetischen Einflusses nach Westen und Deutschland als Nahtstelle, erneut aktualisiert. Er sollte in den Jahren 1950 bis 1954 zunächst seinen unrühmlichen Höhepunkt finden mit der Hexenjagd des republikanischen Senators McCarthy gegen eine vermeintliche kommunistische Unterwanderung der USA (McCarthyismus).

Hinsichtlich der Neugründung der deutschen Gewerkschaften nach der Zerschlagung Hitler-Deutschlands setzte zunächst ein regelrechtes Verwirrspiel ein. Hatte es Ende 1945 noch geheißen, man solle die deutschen Gewerkschaften als Friedenskraft wieder aufbauen, auch wenn man sich bei der Sicherung des Friedens nicht allein und nicht einmal an erster Stelle auf die inneren Kräfte dieses Landes stützen könne. Es war von der Schwäche und dem Chauvinismus der deutschen sozialdemokratischen Gewerkschaftsführung die Rede, ebenso wie vom Ausverkauf der Weimarer Republik durch das einfache Versagen, Hitler den entsprechenden Widerstand zu leisten. Im Frühjahr 1946 fehlte diese Komponente des Argwohns gegenüber der deutschen Gewerkschaftsbewegung schon fast gänzlich, denn man hatte inzwischen einen neuen Sündenbock gefunden. Die neue Kritik richtete sich allein gegen die Kommunisten, deren Politik in der Weimarer Republik als „gegen die Demokratie" gerichtet erschien und die nun in Wirtschaft und Gesellschaft wieder Einfluß gewannen. Daraus wurde geschlossen, daß es eine starke „antidemokratische Mehrheit" in einem demokratisch gewählten Parlament geben würde.

Es ging also nicht mehr um den ehemaligen Gegner Deutschland, sondern um die künftigen Verbündeten, zumindest in den westlichen Besatzungszonen, im Kampf gegen kommunistisch-ideologische „Unterwanderung". Als Kampffeld dafür wurde insbesondere der in Gründung begriffene Weltgewerkschaftsbund (WGB) dargestellt. Diese Aufgabe stellte sich besonders dringlich, zumal der von der AFL noch vor der endgültigen Konstituierung so heftig befehdete WGB die Entwicklung in Deutschland zu beeinflussen beabsichtigte. Für die AFL erforderte das eine frühzeitige Koalitionsbildung, zumal in Frankreich wie in Italien die kommunistischen Parteien und die ihnen zugeordneten Gewerkschaften gerade in der ersten Nachkriegsphase eine erhebliche Rolle spielten.

Andere politische Faktoren kamen hinzu. Vom 9. bis 11. Februar 1946 tagte in Berlin der Gründungskongreß des Freien Deutschen Gewerkschaftsbundes (FDGB). Fast 1200 Delegierte vertraten dort rund zwei Millionen Gewerkschaftsmitglieder aus den Ländern und Provinzen der sowjetischen Besatzungszone. Der FDGB-Kongreß forderte u. a., „eine Konferenz demokratisch gewählter Gewerkschaftsvertreter aus allen Gebieten Deutschlands einzuberufen, die den einheitlichen deutschen Gewerkschaftsbund schaffen sollte". Auf der 5. Interzonenkonferenz der deutsch-deutschen Gewerkschaften in Badenweiler (7. bis 9. August 1947) sollte sich jedoch zeigen, daß sich bis dahin die Gewerkschaften in Ost und West schon ein deutliches Stück voneinander entfernt hatten. Zwar beschlossen die Teilnehmer, einen interzonalen Arbeitsausschuß zu bilden, der die Gewerkschaftseinheit vorbereiten sollte, doch sowohl in Kreisen der amerikanischen Militärregierung als auch bei der AFL befürchtete man bei der Vereinigung der einzelnen Zonengewerkschaften ein Übergewicht der Kommunisten. Viktor Agartz, der von 1948 bis 1955 Leiter des Wirtschaftswissenschaftlichen Instituts des DGB war, vermerkte später dazu, daß mit der Bildung des Arbeitsausschusses lediglich eine Verschleppungstaktik eingeleitet worden sei, die man auf eine vorherige Absprache zwischen Fritz Tarnow, dem Vorsitzenden des württembergischen Gewerkschaftsbundes, und Joe Keenan, früherer AFL-Sekretär in Chicago und Berater der US-Militärregierung, zurückführen müsse. Nach dieser Aussage soll Fritz Tarnow dabei seine Besorgnis zum Ausdruck gebracht haben, die Forderung der Mitgliedschaft nach Gewerkschaftseinheit sei so stark, daß es schwer werde, zu widerstehen und außerdem den Ruf als unabhängiger Gewerkschaftsführer nicht zu gefährden. Man einigte sich also auf das Mittel der Verzögerung, um einen Termin für die Einberufung eines gesamtdeutschen Gewerkschaftskongresses zu umgehen. Zu diesem Zweck wollte man zunächst statt eines sofortigen Beschlusses über den Kongreß die Einsetzung eines Arbeitsausschusses vorschlagen. So geschah es dann auch.

Dieser geschichtliche Vorgriff auf erst später eingetretene Entwicklungen, soll nicht darüber hinwegtäuschen, daß entgegen der überaus raschen Gewerkschaftsbildung in der sowjetischen Besatzungszone sich bei den westlichen Militärregierungen erhebliche Verzögerungen ergaben. Zu diesen Verzögerungen und Verwirrungen hatte nicht zuletzt jener allgemein respektierte AFL-Mann Joe Keenan in seiner Eigenschaft als Berater des amerikanischen Militärgouverneurs General Lucius D. Clay beigetragen, der die gewerkschaftliche Neugründung durch einstweilige Begrenzung auf die Wahl von Betriebsvertretern behinderte. Dies führte für die Besatzungsbehörden zu einer Reihe von Unübersichtlichkeiten, die zu bereinigen im antikommunistisch geleiteten Interesse der amerikanischen und britischen Militärregierung gleichermaßen lag. Die Konsequenz war, daß auf dem Wege einer gelenkten Spontaneität die gewerkschaftliche Neugründung von der betrieblichen Basis her, ohne Einwirkung alter Gewerkschaftsführer oder gar parteigebundener Kräfte betrieben werden sollte.

Eine der wesentlichen Ungereimtheiten der Wiederaufbaupolitik der westlichen Besatzungsmächte lag vor allem darin, daß der Besitzstand der Industrie- und Handelskammern sowie der Unternehmerverbände, die unter nationalsozialistischer Herrschaft weiterfunktioniert hatten, auch nach 1945 unangetastet blieb. Anfang 1946 bestanden z. B. in Bayern 29 Unternehmerorganisationen. Mit diesen Verbänden hatten die Unternehmer Interessenvertretungen zur Verfügung, die nicht nur einer Demokratisierung entgegenarbeiten konnten, sondern die auch mit den in den Besatzungsarmeen an führender Stelle tätigen Vertretern des anglo-amerikanischen Unternehmertums eng zusammenwirkten. Dagegen wollte sich die amerikanische Militärregierung zu dieser Zeit noch nicht

98

dazu entschließen, das von den Nazis beschlagnahmte Gewerkschaftseigentum den alten Eigentümern wieder zurückzuerstatten. Das heißt, den Gewerkschaften, soweit sie schon bestanden, fehlte es an den einfachsten Mitteln.

5.3 Das direkte Eingreifen der AFL

Die AFL hatte der Regierung der USA wiederholt ihre Hilfe zum Wiederaufbau der deutschen Gewerkschaften angeboten, doch sollte diese nicht im Dienste der Militärregierung, sondern durch direkte persönliche Einflußnahme erfolgen. Joe Keenan empfahl dementsprechend, AFL-Vertreter in Europa bzw. in Westdeutschland zu stationieren, um die Militärregierung und die Gewerkschaften zu beraten. Drei recht schillernde Figuren sollten dann auftauchen, deren politische Laufbahnen der Sache wegen kurz beschrieben werden sollen.

Irving Brown, der in der ersten Hälfte der 30er Jahre Mitglied der Sozialistischen Partei Amerikas war, unterstützte ab 1934 Jay Lovestone in dessen antikommunistischer Kampagne innerhalb der CIO-Gewerkschaft der amerikanischen Automobilarbeiter (UAW) und wurde ab Oktober 1945 AFL-Vertreter in Europa mit dem Sitz in Paris. Über ihn wird noch in einem gesonderten Abschnitt berichtet.

Jay Lovestone (Jakob Liebstein), emigrierte 1908 aus Litauen in die USA und wurde dort 1919 Gründungsmitglied der Kommunistischen Partei (CPUSA), die ihn jedoch zehn Jahre später ausschloß. Anschließend entwickelte er sich zum Initiator verschiedener kommunistischer Oppositionsgruppen. Nachdem auf dem AFL-Kongreß im November 1944 die Einrichtung eines „Komitees für freie Gewerkschaften" beschlossen wurde, hat Lovestone den Posten des Geschäftsführers übernommen. 1959 wurde ihm das Bundesverdienstkreuz 2. Klasse durch Konrad Adenauer überreicht.

Und Henry Rutz, der von 1923 bis 1933 Generalsekretär einer deutsch-amerikanischen Typografengewerkschaft war und nach 1945 zum Direktor im Büro des Militärgouverneurs in Württemberg-Baden avancierte. 1946 wurde er der Vertreter der AFL in Westdeutschland mit dem Sitz in Stuttgart.

Ihre gemeinsame Aufgabe sollte es mit anderen sein, das Entstehen einheitlicher und fortschrittlicher Gewerkschaften in Deutschland zu verhindern.

Zur Vorbereitung der AFL-Absichten führte Irving Brown Verhandlungen mit Vertretern deutscher Emigranten aus der alten sozialdemokratischen und gewerkschaftlichen Führungsschicht unter dem Gesichtspunkt der Verhinderung einer kommunistischen Übermacht in den Gewerkschaften, wie es teilweise bei Wahlen von Betriebsvertretern den Anschein hatte. Die AFL-Führung wandte sich mit Hinweisen auf die Bedrohung durch die kommunistische Einflußnahme direkt an den Präsidenten der USA und forderte für die neuen westdeutschen Gewerkschaften Automobile, Druckerpressen, die Rückgabe der Gewerkschaftshäuser sowie die Zurverfügungstellung von Geldmitteln aus dem Vermögen der nazistischen Deutschen Arbeitsfront (DAF). Außerdem sollte den Gewerkschaften das notwendige Material aus Heeresbeständen zugewiesen werden.

Für den engen Mitarbeiter Clays, Joe Keenan, stand nicht nur der Wiederaufbau der Gewerkschaften, sondern viel mehr noch die Ankurbelung der deutschen Wirtschaft und insbesondere die Steigerung des Kohleausstoßes im Vordergrund. Dazu war es erforderlich, vor allem die Lebensmittelversorgung der Bergarbeiter sicherzustellen. Die Gewerkschaften hatten in diesem Rahmen eine besondere Funktion. Dazu aber mußte man die Funktionäre der neuen jungen Gewerkschaften zunächst einfach physisch am Leben erhalten. Die AFL konnte dazu erheblich beitragen, indem sie die Versendung von Lebensmittelpaketen organisierte. Die Care-Pakete sollten beim Kriegsministerium gekauft werden, das auch für die Lieferung und Zustellung in Deutschland zu sorgen hatte. Erwogen wurde der Versand von monatlich 300 Paketen für Gewerkschaftsfunktionäre in Deutschland und Österreich zu einem Kostensatz von 3000 Dollar. Im November 1945 erwartete man, daß dafür bald ein Fonds von 60 000 Dollar zur Verfügung stehen werde.

Über diese Care-Paket-Aktionen berichtete Henry Rutz im November 1947 mit dem Hinweis, daß die AFL monatlich 447 Care-Pakete an hauptamtliche Funktionäre der Gewerkschaften in Westdeutschland sende, die nicht in der Lage waren, anderweitig zusätzliche Rationen zu erhalten. Die Liste der Empfänger lag nicht endgültig fest, da die Zahl der Funktionäre die der Pakete um das Doppelte überstieg und alle zwei oder drei Monate andere bedacht wurden. Zusätzlich gab die AFL 1500 Dollar für die Care-Pakete an die Akademie der Arbeit, der auch schon vom CIO Unterstützung in Höhe des gleichen Betrages gewährt worden war. Es wurden darüber hinaus auch noch andere Gewerkschaftsschulen auf die Liste der Empfänger gesetzt. Ergänzend dazu maß Jay Lovestone der Versendung von 1000 Care-Paketen an Gewerkschafter und Bürger Berlins nachhaltige Wirkung bei, da überall die Paketaktion der AFL-Zentrale „höchst positiv" aufgenommen worden war.

Markus Schleicher, der spätere DGB-Landesbezirksvorsitzende von Baden-Württemberg, bewertete diese Care-Paket-Hilfe als Zeichen praktischer Solidarität positiv gegenüber der „eher papiernen Demonstration des Weltgewerkschaftsbundes".

5.4 Der AFL-Mann in Europa

Für die Amerikaner war der französische Gewerkschaftsbund CGT (Confédération Générale du Travail) die Organisation für eine nichtkommunistische Masse von gewerkschaftsverbundenen Arbeitern und eine Minderheit von Kommunisten, die sich selbst zu Führern ausgerufen hatten. Mit dieser einfachen und zugleich falschen Einschätzung nahm Irving Brown seine europäische Tätigkeit 1945 in Paris auf. Der Ausgangspunkt war sein Versuch, die „freien" Gewerkschaften bei einer Neugruppierung der französischen Arbeiterbewegung zu unterstützen.

Zu dieser Zeit war ein Mann namens Largentier Sekretär der Druckergewerkschaft in Paris, der politisch sehr umstritten war. Ein „Säuberungsausschuß" der französischen Bucharbeitergewerkschaft FFTL (Fédération Française des Travailleurs du Livre) hatte ein Verfahren gegen ihn anhängig gemacht. Largentier war Mitglied einer prodeutschen Arbeiterorganisation, hatte jedoch zugleich aktiv am Widerstand teilgenommen, eine illegale Zeitung für die Drucker herausgegeben und Louis Saillant, den späteren Generalsekretär des WGB, sowie den FFTL-Generalsekretär Ehni während der deutschen Besatzungszeit zeitweilig in seinem Haus versteckt. Er befürchtete, den Säuberungen zum Opfer zu fallen und zögerte deshalb nicht, mit Irving Brown zusammenzuarbeiten.

Der Druckerstreik im Januar 1946, der nicht nur gegen die schlechten Lebensbedingungen, sondern auch ausdrücklich gegen die CGT-Parole „Erst Produktion – dann Verbrauch" gerichtet war, ging möglicherweise auf Browns Aktivitäten zurück. Largentier war Streikführer, dem eine Verbindung zu Brown allerdings nicht nachgewiesen werden konnte. Trotzdem führte der Streik nicht zur Konsolidierung einer Opposition innerhalb der Pariser FFTL. Die FFTL beschloß anfangs 1948, nach einer Urabstimmung in der gesamten Mitgliedschaft, mit großer Mehrheit, Mitglied in der CGT zu bleiben. Irving Brown konnte bei den Pariser Druckern sein gestecktes Ziel nicht erreichen.

Allerdings berichtete die CGT-Zeitung „La Vie Ouvrière" darüber, daß Brown ein „wildes Streikkomitee" innerhalb der französischen Postgewerkschaft unterstützt habe, das aus Kadern der FO-„tendance" und der syndikalistischen Richtung bestand (FO ist die Force Ouvrière, der kleinste französische Gewerkschaftsbund, mit mehr rechtssozialdemokratischem Charakter. Die FO gab sich als Organisation die Bezeichnung einer gleichnamigen Zeitung. Force Ouvrière heißt auf deutsch etwa „Arbeitermacht" und die Hinzufügung von „tendance" bedeutete die in der Zeitung vertretene Richtung). Im Dezember 1946 erschien ein zweiter Zeitungsartikel, in dem auf die Gefahr Irving Browns für die Gewerkschaftsbewegung hingewiesen und zum Ausdruck gebracht wurde, daß Brown nicht nur für die AFL, sondern auch für den amerikanischen Geheimdienst und für die US-Regierung arbeiten würde. In seiner Verteidigung behauptete Brown, daß die finanzielle Unterstützung nur aus Geldern eines „Fonds zur Erleichterung der Kriegsfolgen" bestand, den AFL und CIO gemeinsam verwalteten. Dieser Fonds hatte tatsächlich mehr Finanzmittel zur Verfügung als der des „Komitees freier Gewerkschaften". Brown hatte bei seinem Rechtfertigungsversuch verschwiegen, daß er Gelder auch aus diesem Fonds verteilt und bedauert hat, daß die Beträge dieses Reservoirs nicht reichhaltiger waren.

Im Dezember 1947 trennte sich die FO von der CGT, doch war diese Spaltung nur am Rande auf die Aktivitäten von Brown zurückzuführen.

5.5 Der AFL-Mann in Italien und Griechenland

Irving Browns Tätigkeit beschränkte sich keineswegs nur auf Frankreich oder Westdeutschland, sondern als AFL-Vertreter für Europa tauchte er in den entscheidenden Etappen ebenso in Italien oder Griechenland auf. Dabei machte er nie ein Hehl daraus, daß die von ihm vertretene AFL-Politik im Kampf gegen den Kommunismus bestehe und dieser Kampf nur der „Ausgangspunkt eines Prozesses sein sollte, der zu führen hatte zu einer starken, unabhängigen, freien, demokratischen Gewerkschaftsbewegung" (so Brown selbst).

Der italienische Gewerkschaftsbund CGIL (Confederazione Generale Italiana del Lavore) verkörperte in diesem Sinne zwar die Vereinigung der katholischen, sozialistischen und kommunistischen Richtungen, doch hatte die AFL bereits 1944 eine Abspaltung von der von Kommunisten mitgetragenen Einheitsgewerkschaft für wünschenswert gehalten. Ende 1948 berichteten Brown und Lovestone noch, daß Republikaner und Sozialdemokraten sich nicht dazu entschließen konnten, zusammen mit katholischen Gewerkschaftern den Bruch mit der CGIL zu vollziehen. Doch bereits einige Wochen später führte Brown in Rom Gespräche mit Gewerkschaftsvertretern, die gleichzeitig stark in den politischen Parteien verankert waren (natürlich ohne KPI), bei denen konkret die Frage der CGIL-Spaltung erörtert wurde. Außerdem wurde auch seitens des Vatikans nicht geleugnet, daß eine Spaltung um jeden Preis angestrebt werde. Während Lovestone handfesten Druck vor allem auf den sozialdemokratischen Flügel der italienischen Gewerkschaftsbewegung ausübte, verstärkte Brown seine Argumente von der moralischen und auch finanziellen Unterstützung her.

1950 kam es zur Spaltung der CGIL. Es kam zur Gründung der mehrheitlich von katholischen Kräften bestimmten CISL (Confederazioni Italiana Sindacati Lavoratori) und daneben zur Bildung der sozialdemokratisch ausgerichteten UIL (Union Italiana del Lavoro). Trotzdem blieb die CGIL bis heute die stärkste gewerkschaftliche Kraft in Italien.

Die griechische Gewerkschaftsspitze fühlte sich schon eine Zeitlang vom WGB auf der einen, TUC und britischer Regierung auf der anderen Seite unter Druck gesetzt und hielt Ausschau nach Unterstützung, die die eigene Position zu stärken vermochte. Einen Ausweg schien hier die AFL zu bieten. Irving Brown kam Ende Februar 1947 auf Einladung der rechten, von der Regierung ernannten Provisorischen Exekutive der griechischen Gewerkschaftsorganisation GSEE (Allgemeine Arbeiterföderation Griechenlands) nach Athen. Die Schwierigkeiten der griechischen Gewerkschaftsbewegung waren politischer Natur und resultierten aus dem Kampf zwischen linken und rechten Gruppen, der schon während der Zeit der deutschen Besatzung ausgebrochen war und seitdem heftig und erbittert geführt wurde. Die starken Bande der griechischen Gewerkschaften zu linken politischen Kräften, vornehmlich zur Kommunistischen Partei, datierten noch aus der Vorkriegszeit, und in der Besatzungszeit hatten sich diese Kräfte, wie in vielen anderen Ländern Europas, zu einem wichtigen Faktor der Widerstandsbewegung gegen die Besatzer entwickelt.

Das Eintreffen Browns in Griechenland lag noch vor der Truman-Rede vom 12. März 1947 (Truman-Doktrin), die nicht allein eine Periode einläutete, in der die USA zur herrschenden Macht in Griechenland wurden, sondern sie brachte auch den Ost-West-Konflikt deutlicher zutage. In diesem Rahmen wurde die griechische Regierung nicht mehr aufgrund ihrer Verdienste beurteilt, sondern aufgrund ihres Antikommunismus. Die griechischen Zeitungen waren damals schon voll von Berichten über die künftige amerikanische Hilfe; Brown war wieder einmal zur richtigen Zeit gekommen. Die oppositionellen Gewerkschafter sahen schwierigen Zeiten entgegen, der GSEE wurde im großen Umfang gesäubert von unerwünschten Einzelverbänden, von unerwünschten Funktionären und Mitgliedern. Im Dezember 1949 wurde die Allgemeine Arbeiterföderation Griechenlands GSEE eine der Gründungsmitglieder des IBFG. Im Mai 1950 kam Irving Brown wiederum nach Athen, diesmal als Vertreter des Internationalen Bundes Freier Gewerkschaften, den zu gründen er selbst stark mitgeholfen hatte.

5.6 Die Politik des CIO

Zwischen der American Federation of Labor und dem Congress of Industrial Organizations (CIO) herrschte zwar prinzipielle Übereinstimmung über die Zielsetzung für eine neue „multinationale Welt", dennoch bestanden zwischen den beiden amerikanischen Gewerkschaftsbünden wesentliche Meinungsdifferenzen darüber, wie dieses allgemeine Ziel zu erreichen sei. Die gegensätzlichen Positionen bezogen sich z. B. auch auf die internationale gewerkschaftliche Zusammenarbeit sowie auf die Behandlung der UdSSR und Deutschlands nach dem Ende des Zweiten Weltkrieges. Doch die eigentlichen Ursachen der Meinungsverschiedenheiten lagen schon einige Jahre länger zurück und waren von grundsätzlicher Art.

Die AFL war 1866 als typischer Dachverband der amerikanischen Facharbeitergewerkschaften gegründet worden, der überwiegend apolitische und sozial-exklusive Strukturen aufwies und sich anfangs nur zögernd durchzusetzen vermochte. In den sogenannten „goldenen zwanziger Jahren" mußte die AFL sogar Rückschläge hinnehmen, die sich meist in rückläufigen Mitgliederzahlen ausdrückten. Ein weiteres Handikap dieses Dachverbandes war zweifellos, daß angelernte und ungelernte Arbeiter nicht Mitglied in den angeschlossenen Facharbeitergewerkschaften werden konnten und deshalb ohne gewerkschaftlichen Schutz blieben. Als der AFL-Kongreß 1935 erneut das Industriegewerkschaftsprinzip ablehnte, spaltete sich der fortschrittlichere Teil ab und gründete den nicht nach Berufs-, sondern nach Industriezweigen gegliederten CIO. Innergewerkschaftliche und organisationspolitische Differenzen trugen also genauso zur gegensätzlichen Positionsbestimmung zwischen AFL und CIO bei, wie grundsätzliche politische Probleme. Um die programmatischen und organisatorischen Ziele verwirklichen zu können, hatten führende Funktionäre von CIO-Gewerkschaften die Unterstützung von Sozialisten und Kommunisten in Anspruch genommen, die sie früher heftig bekämpft hatten.

Am Ende des Zweiten Weltkrieges waren es vor allem aber innen- und gewerkschaftspolitische Faktoren, die die außenpolitische Haltung des CIO bestimmten. Während es der AFL nicht gelungen war, eine Mehrheit für ihre Pläne zur Rettung des Internationalen Gewerkschaftsbundes zu finden und sich darauf verlegte, ein eigenes Instrumentarium aufzubauen, um Einfluß auf die internationale Gewerkschaftspolitik und die Gewerkschaftsentwicklung in anderen Ländern zu nehmen, unterstützte der CIO bereitwillig die Initiative des britischen

Trades Union Congress (TUC), eine internationale Gewerkschaftskonferenz aller Nationen einzuberufen. In gleicher Weise erklärte der CIO, den Wiederaufbau der Gewerkschaften in Deutschland unterstützen zu wollen. Dies schien ihm, ebenso wie die Wiederbelebung in den anderen, vom Faschismus befreiten Ländern, die sicherste Garantie für eine Wiedergeburt der Demokratie und für die Weltsicherheit zu sein. Unter der Leitung einer „internationalen gewerkschaftlichen Aufsicht" sollten die Deutsche Arbeitsfront völlig und unwiderruflich liquidiert, das von den Nazis beschlagnahmte Vermögen und der Besitz den Gewerkschaften zurückgegeben und eine demokratische Gewerkschaftsbewegung so schnell wie möglich während der Besatzungszeit ins Leben gerufen werden.

Die eindeutigere Sprache des CIO machte auch die „andere Politik" deutlich, die aber keine besondere Gegenliebe bei der amerikanischen Militärregierung fand, und schon gar nicht bei den AFL-Vertretern in Westdeutschland und in Europa. Nach dem Kriege wurden dem CIO in den Mühlen des kalten Krieges die „radikalen" Ecken und Kanten gründlich abgeschliffen, und nach der „großen Kommunistenhatz" blieb ein CIO zurück, der sich von der AFL kaum mehr unterschied und von daher die Wiedervereinigung der beiden Dachverbände 1955 ermöglichte.

5.7 Die Vereinigung von AFL und CIO

Schon während des Zweiten Weltkrieges hatte sich in den USA eine innenpolitische Entwicklung angebahnt, die die Wiedervereinigung der beiden feindlichen Brüder andeutete. Die Führer der CIO schwammen ebenso wie die der AFL während des Krieges ganz oben auf der Welle des Patriotismus. Sie forderten von den Arbeitern Opfer „zum Wohle der Nation", während sich die amerikanischen Konzerne ungeniert ihrer Kriegsgewinne erfreuten. Nach dem Kriege machte sich auch der CIO daran, sich von der „roten Unterwanderung" und vom „Unamerikanismus" zu befreien. Elf Gewerkschaften wurden deswegen in den Jahren 1949/50 aus der CIO ausgeschlossen, und manche Gewerkschaften gingen in ihrem Eifer noch weiter, als ihnen 1947 durch den „Taft-Hartley-Act" gesetzlich vorgeschrieben worden war. Sie verboten

Kommunisten nicht nur, Funktionen in den Gewerkschaften zu übernehmen, sondern verbannten sie ganz aus ihren Reihen. Es blieb ein bürokratischer, basisunorientierter CIO zurück, der sich kaum mehr von der AFL unterschied. Am 5. Dezember 1955 trafen sich die Delegierten der beiden Dachorganisationen in New York, um das neue Zentrum der amerikanischen Gewerkschaftsbewegung zu beschließen mit dem Doppelnamen: American Federation of Labor – Congress of Industrial Organizations (AFL-CIO).

Gewerkschaftszentrum, aber nicht Führungsspitze

Wohl war mit diesem Zusammenschluß wieder eine gemeinsame Dachorganisation geschaffen, doch bieten die amerikanischen Gewerkschaften bis heute ein buntes Nebeneinander von Berufs- und Industriegewerkschaften mit den unterschiedlichsten Organisationsstrukturen, Praktiken und Traditionen. Die AFL-CIO ist wohl das Zentrum, jedoch nicht die Spitze der Gewerkschaften, denn alle Gewerkschaften sind weitgehend autonom und unterliegen nur in Ausnahmefällen den Weisungen der Federation. So wenn z. B. eine lokale Organisation auf den Gedanken kommen sollte, mit einer Gewerkschaft der sozialistischen Länder Kontakte herstellen zu wollen. Die AFL-CIO-Führung vertritt jedoch die angeschlossenen Gewerkschaften gegenüber den staatlichen und politischen Institutionen, leistet den Wahlkandidaten finanzielle und materielle Hilfe und repräsentiert die Mitgliedsverbände bei den internationalen Organisationen. Ihre innenpolitische Wirksamkeit hängt weitgehend von der „Gewerkschaftsfreundlichkeit" der jeweiligen Regierungspartei ab, und sie dürfte unter dem ehemaligen Gewerkschaftsvorsitzenden und gegenwärtigen US-Präsidenten Ronald Reagan nicht sehr groß geschrieben werden.

5.8 Streiks und „Abkühlungsphase"

Trotz all dieser Fragwürdigkeiten sind die USA dennoch das Land mit einer der streikfreudigsten Gewerkschaftsbewegungen. Kaum irgendwo werden Streiks so militant und so oft gegen den Willen der Gewerkschaftsführungen geführt wie in den USA. Die Streiks, ob offiziell oder „wild", finden meist etwas isoliert statt, weil die Tarifvertrags-Einheiten räumlich oft eng begrenzt sind, so daß das Feuer eingedämmt bleibt und Funken nicht überspringen auf andere oder gar mehrere Unternehmen. Das schon erwähnte „Taft-Hartley-Gesetz" kann außerdem gewerkschaftliche Streiks einschränken, denn es gibt dem Präsidenten die Vollmacht, bei Arbeitskämpfen, die die „nationale Sicherheit" und das „nationale Wohl" gefährden, eine 80tägige „Abkühlungsphase" zu verordnen. Der Streik der Piloten einer der amerikanischen Fluggesellschaften war es wohl zuletzt, bei dem Präsident Reagan diese Gefährdungen als gegeben ansah und die Streikenden einfach entlassen hat.

5.9 Der amerikanische Organisationsgrad

Gewerkschafter sind eine Minderheit in den USA wie in anderen kapitalistischen Ländern auch. Die Bildung von gewerkschaftlichen Vertretungen in den Betrieben ist gesetzlich dadurch erschwert, daß mindestens 30 Prozent der wahlberechtigten Arbeitnehmer eines Betriebes einer solchen Vertretung zustimmen müssen. Dabei ist es durchaus Übung, daß mehrere Gewerkschaften gegeneinander konkurrieren. Die durchzuführenden Wahlen werden von einer staatlichen Kontrollbehörde überwacht, die aber lediglich als erste Instanz tätig sein kann, so daß die Verfahren über das Ja oder Nein bei Ausschöpfung aller Revisionsmöglichkeiten bis hinauf zum Obersten Gerichtshof der USA betrieben werden können.

Doch wie auch hierzulande wird von den Unternehmern versucht, solche Auseinandersetzungen bereits auf der betrieblichen Ebene abzublocken. Da werden vom Management Briefe an alle Beschäftigten gesandt, in denen einerseits das Bild der „gemeinsamen Betriebsfamilie", vom „Alle-sitzen-in-einem- Boot" gezeichnet und andererseits von „Gefahren" berichtet wird, die gewerkschaftliche Organisierung mit sich bringe. Da werden kurz vor der Wahl Betriebsfeste und Betriebsversammlungen vom Unternehmen finanziert und wird manchem noch Schwankenden für die Zukunft „das Himmelreich auf Erden im Betrieb" versprochen. Politiker und Geistliche werden strapaziert, die in Reden, Predigten und selbst mit Telefonanrufen vor einem Sieg der Gewerkschaften warnen. Insoweit scheint Amerika von Europa gar nicht allzuweit entfernt zu sein.

5.10 Arbeitslosigkeit Problem Nr. 1

Von allen wirtschaftspolitischen Forderungen der AFL-CIO ragt eine heraus, die mit der des DGB vergleichbar ist. Sie lautet: Die Arbeitslosigkeit bleibt Problem Nr. 1 – Vollbeschäftigung bleibt Bedürfnis Nr. 1.

In der Kampagne für „Vollbeschäftigung" zeigt sich jedoch die Beschränktheit des wirtschaftspolitischen Programms der AFL-CIO, denn die anscheinend radikale Forderung nach der „Viertagewoche" mit je acht Stunden Arbeitszeit und ohne Lohneinbußen wird von manchen Gewerkschaftsführungen wohl gerne in den Verhandlungskatalog aufgenommen, jedoch meist nur, um sie dann bereitwillig gegen andere Zugeständnisse des Tarifvertragspartners einzutauschen. Ebenso wie der DGB fordert auch die AFL-CIO staatliche Maßnahmen zur Bekämpfung der Arbeitslosigkeit. Sind beide Gewerkschaftsbünde aber in der Lage, diese Forderung zu realisieren, ohne die Höhe der Rüstungshaushalte in Frage zu stellen und den zielgerichteten Abbau derselben aktiv zu fordern?

Bei mehr als zehn Millionen Arbeitslosen, der wachsenden Furcht vor Massenentlassungen in vielen Wirtschaftszweigen, bei unzureichenden Arbeitslosenhilfe- und Sozialgesetzen sowie massiven Kaufkrafteinbußen in den letzten Jahren sind die Gewerkschaften in den USA unter Druck und ihre Finanzbasis ins Schwanken geraten. Bei der zweitgrößten Organisation, der von der AFL-CIO unabhängigen Automobilarbeitergewerkschaft, die in besonders dramatischer Weise Opfer des Konjunkturzusammenbruches wurde (die Arbeitslosenquote in der Kraftfahrzeugindustrie liegt bei etwa 30 Prozent), geht es um den Fortbestand der Organisation. Ähnlich sieht die Situation bei der Gewerkschaft der Bergarbeiter aus.

Die AFL-CIO wird sich voraussichtlich dennoch mit hohen Arbeitslosenzahlen abfinden. Zwar nicht verbal, dazu sind die Forderungen der Basis nach mehr Arbeitsplätzen zu laut, so doch in der Praxis. Denn solange die Gewerkschaften nicht bereit sind, die Prinzipien der marktwirtschaftlichen Ordnung in Frage zu stellen, bleiben alle Forderungen einer konsequenten Interessenpolitik für die Arbeitnehmer im Gestrüpp kapitalistischer Widersprüche hängen.

5.11 „Big Boss" George Meany

Der Präsident und der Schatzmeister der AFL-CIO sind die maßgeblichsten Funktionäre des amerikanischen Dachverbandes. Der Präsident steht allen Führungsgremien vor und ist mit einer großen Machtfülle ausgestattet. Zwischen den Sitzungen des Exekutive Council (höchstes Organ zwischen den zweijährig stattfindenden Kongressen) ist er praktisch alleinverantwortlicher und alleinentscheidender Führer der AFL-CIO, der auch die nicht zu wählenden Funktionäre selbständig ernennt. Mehr als 40 Jahre bestimmte George Meanys Persönlichkeit, Eigenwilligkeit und Überzeugungskraft die amerikanische Gewerkschaftspolitik – nicht immer zu deren Nutzen. Bereits 1939 wurde er Schatzmeister und damit nach amerikanischen Prinzipien zweitwichtigster Funktionär der AFL. Dieses Amt, das mit dem Titel eines Vizepräsidenten belegt ist, hatte er bis 1952 inne, dann wurde Meany Präsident der AFL und nach dem Zusammenschluß mit der CIO im Jahre 1955 der erste Mann der AFL-CIO. Am 10. Januar 1980 starb der vielgelobte und vielgeschmähte „Eiserne Kanzler der Arbeit" im Alter von fast 86 Jahren, der 1915 nach einer Facharbeiterlehre Gewerkschaftsmitglied geworden war. Auf dem AFL-CIO-Kongreß 1979 erst hatte er sein Präsidentenamt an Lane Kirkland abgegeben, der bis zu diesem Zeitpunkt ebenfalls die wichtige Funktion des Schatzmeisters innehatte.

George Meany, der als Präsident auf Lebenszeit gewählt worden war und von seinen Kollegen mit „Mister Meany" angesprochen zu werden wünschte, beherrschte die AFL-CIO mit hartem Griff. Seine Auffassung über die Stellung und Rolle der amerikanischen Gewerkschaften faßte er einmal prägnant wie folgt zusammen: „Sie stehen als Kampforganisationen und Interessenverbände auf dem Boden des liberalen Kapitalismus, frei von sozialistischen oder anderen ideologischen Bindungen."

Dies war seine Grundhaltung, gepaart mit einer strikten antikommunistischen Auffassung und der Vorliebe für das Prinzip der Berufsgewerkschaften. Letzteres führte, wie schon erwähnt, zur Spaltung der amerikanischen Gewerkschaften und verhinderte die notwendige Reorganisation zu einheitlichen Industriegewerkschaften. George Meany war aber auch zweifellos der aktivste Betreiber jener Resolution des Zehnten

AFL-CIO-Kongresses im Jahre 1973, die sich mit den Ostkontakten europäischer Gewerkschaften befaßte. In der Resolution wurden die sowjetischen Gewerkschaften als „Arbeitsfronten", als „Agenturen der totalitären Diktatur" kritisiert und die Besuche westlicher Gewerkschaftsdelegationen in die UdSSR als „Wallfahrten" verurteilt. Eine solche Entwicklung war für die AFL-CIO unvereinbar mit den Grundsätzen des IBFG. Die amerikanische Dachorganisation bestand darauf, daß der Antikommunismus das oberste Prinzip des IBFG bleiben müsse. Die Tatsache, daß der IBFG zur Abwehr einer „einseitigen ideologischen Ausrichtung" entstanden war (so H. O. Vetter), wurde von der Mehrheit der europäischen Gewerkschaften allerdings nicht gleichgesetzt mit einem permanenten antikommunistischen Kampf als Selbstzweck, ohne Berücksichtigung vieler konstruktiver Aufgaben im Interesse internationaler Solidarität.

Meanys Eigensinn wollte aber auch nicht zur Kenntnis nehmen, daß zwischenzeitlich auch die US-Regierung ihre Außenpolitik verändert hatte und gegenüber der Sowjetunion und den mit ihr verbündeten Staaten ein entspannteres Verhältnis praktizierte. Nur die AFL-CIO unter Führung ihres konservativen und extremen Antikommunisten George Meany beharrte weiter auf einen schroffen Konfrontationskurs gegenüber den sozialistischen Staaten und versuchte, den IBFG und dessen Mitgliedsverbände vor ihren Karren zu spannen.

Einer der großen Gegenspieler von Meany war der frühere CIO-Präsident Walther Reuther, dessen Dachorganisation von 1945 bis 1949 dem Weltgewerkschaftsbund als Mitglied angehörte. Walther Reuther war zugleich Vorsitzender der zweitgrößten Einzelgewerkschaft der USA, der Union der Automobilarbeiter (UAW), die 1968 wegen erheblicher Differenzen über die Politik Meanys die AFL-CIO verließ. Die UAW stellte zugleich den Antrag auf eine Direktmitgliedschaft im IBFG, der natürlich von der AFL-CIO sofort und uneingeschränkt abgelehnt wurde. Damit hatte der Vorstand des IBFG den „Schwarzen Peter" in der Hand, der keine Möglichkeit sah, sich in innere Gewerkschaftsangelegenheiten eines Landes einzumischen und deshalb den „weisen" Beschluß faßte, zum Antrag der UAW nichts Weiteres zu unternehmen.

Im Februar 1969 teilte die Zentrale der AFL-CIO ohne Angabe von Gründen ihren Beschluß mit, aus dem IBFG mit Wirkung vom 28. Februar 1969 auszuscheiden. Der IBFG wurde durch diesen Austritt in seiner finanziellen Leistungsfähigkeit stark geschwächt; betroffen wurde davon insbesondere die gewerkschaftliche Aufbauarbeit in den Entwicklungsländern und in Lateinamerika. Alle Bemühungen zur Bereinigung der Angelegenheit, die in den nachfolgenden Jahren immer wieder und von vielen Seiten angestellt wurden, stießen auf die kalte Ablehnung seitens der AFL-CIO.

Den Austritt aus dem nach Meinung des AFL-CIO-Präsidenten allzu linken IBFG beurteilten Kritiker von ihm ironischerweise als die „bedeutendste Tat der letzten Jahre". Doch es sollte nicht die sein. 1977 verließ die US-Regierung mit Zustimmung und wohl auch auf Empfehlung der AFL-CIO die Internationale Arbeitsorganisation (IAO). Als offizieller Grund wurden „finanzielle Engpässe" angegeben. George Meany, der nicht gerade als Absolvent einer Diplomatenschule galt, sprach jedoch von der „Beherrschung der IAO durch kommunistische Funktionäre", deren Tätigkeit zu finanzieren die USA nicht bereit seien. Die Hoffnung blieb, daß nach einem Führungswechsel in der Spitze der AFL-CIO die Rückkehr in den IBFG und in die IAO wieder möglich werden könnte. Und so kam es dann auch. Trotz oder wegen des Wiederauflebens des kalten Krieges kehrten die USA 1980 wieder in die Internationale Arbeitsorganisation und die AFL-CIO 1981 in den Internationalen Bund Freier Gewerkschaften zurück. George Meany sollte keine Möglichkeit mehr haben, dies zu verhindern.

5.12 Eigenheiten des „großen Alten" der AFL-CIO

In den Jahren nach dem Ausscheiden des amerikanischen Dachverbandes aus dem IBFG entsandte der DGB mehrere Vorstandsdelegationen in die USA, die allerdings nicht mit Gegenbesuchen beantwortet wurden. Bei einer solchen Delegation lernte ich im Washingtoner Hauptquartier der AFL-CIO die dort residierenden zwei wichtigsten Männer persönlich kennen, den 80jährigen und schon damals legendären George Meany und seinen Stellvertreter Lane Kirkland. Vom

Büro des Schatzmeisters konnte man über eine Kirche hinweg direkt das „Weiße Haus" sehen – ein bemerkenswerter Blickwinkel. Bemerkenswert vielleicht auch deshalb, weil man uns im Zusammenhang damit erzählte, daß sowohl Meany als auch Kirkland irischer Abstammung seien und ebenso ihre engeren Mitarbeiter. Dieser „Meany-Clan" soll sich jeweils am Sonntagmorgen vor einem irischen Gotteshaus zum gemeinsamen Kirchgang getroffen haben. Allerdings vermag ich nicht zu behaupten, ob dies der Wahrheit entspricht oder nur ein guter Gag ist.

Eine andere Lesart für die direkte Blickverbindung ist die Tatsache, daß fast täglich Funktionäre der jeweiligen Fachabteilungen aus dem Hauptquartier auf dem „Capitol Hill" (dem Sitz des amerikanischen Kongresses) tätig sind, um schwebende Gesetzentwürfe mit einzelnen Abgeordneten zu besprechen oder um zu beobachten, wie die von den Gewerkschaften gestützten Abgeordneten sich bei Abstimmungen verhalten. Diese Kontrolle hatte z. B. ergeben, daß der damalige US-Präsident Henry Ford kein einziges Mal während seiner Abgeordnetenzeit für ein Gesetz stimmte, das von den Gewerkschaften für wünschenswert gehalten wurde. Ford wurde wohl auch deshalb bei seiner Präsidentschaftskandidatur nicht von den Gewerkschaften unterstützt.

Doch wieder zurück zu George Meany selbst. Am letzten Tag unseres Washington-Aufenthalts war die DGB-Vorstandsdelegation vom Vorstand der AFL-CIO zum Mittagessen eingeladen. Lane Kirkland hatte uns darüber informiert, daß möglicherweise Präsident Meany selbst erscheinen werde, aber es blieb ungewiß. Die Fotografen standen bereit, und dann kam er. Meany gab sich knurrig, fast abweisend. Wir waren uns aber, wegen der Differenzen insbesondere mit dem DGB, der Bedeutung seines Besuches durchaus bewußt. Es gab keine Erklärungen oder offizielle Reden, wir saßen nebeneinander am Tisch bei einem „schmalen Essen" und ohne alkoholische Getränke, reines Leitungswasser war das.

Für mich, der gerne ein gutes Bier trinkt, selbst wenn es in den USA in Lizenz gebraut wird, ein schrecklicher Tag. Für Meany, der sich zumindest an diesem Tag als nur sehr schwer zugänglich erwies, empfand ich wegen seiner jahrzehntelangen gewerkschaftlichen Tätigkeit doch einen gewissen Respekt, auch wenn ich seine Grundhaltung nur mit Verwunderung ob seiner politischen Naivität tolerieren konnte. Deshalb begriff ich auch, warum sich dieser äußerst konservative Mann seit der Machtübernahme von Fidel Castro in Kuba standhaft weigerte, Havanna-Zigarren zu rauchen. Als ich ihn aber beim Tischgespräch noch fragte, ob er denn nicht daran denke, seine Memoiren zu schreiben, nachdem er doch über Jahrzehnte hinweg amerikanische Gewerkschaftsgeschichte gestaltet hätte, antwortete der über 80jährige nur knurrend, für solche „Jugendtorheiten" habe er keine Zeit. Da verschlug es mir doch für längere Zeit die Sprache. Unmittelbar nach dem Essen verabschiedete sich Meany mit der kargen Entschuldigung, daß er einen Termin im „Weißen Haus" habe, um dem Präsidenten klarzumachen, wo nach seiner Meinung der Weg langgehen müßte.

Zweifellos hinterließ George Meany einen starken Eindruck, verbürgte sich in ihm doch ein langes Stück amerikanischer Gewerkschaftsgeschichte mit allen Merkmalen und Sonderheiten, die ich zwar nicht verstand, aber doch zu begreifen versuchte.

Anmerkung

Falls beim Lesen dieses Abschnitts über die USA-Gewerkschaften der Eindruck einer tendenziösen Darstellung entstanden sein sollte, ist darauf hinzuweisen, daß ich mich auf authentische Unterlagen stützte, soweit es sich nicht um eigene Erfahrungen oder Erlebnisse handelt. Im Gegensatz dazu meinte allerdings H. O. Vetter in seinem Buch „Notizen – Anmerkungen zur internationalen Politik" (Seite 110): „Die amerikanischen Gewerkschaften haben nach dem Zweiten Weltkrieg auch in Deutschland viel für den Neuaufbau der Gewerkschaften getan und dabei keineswegs versucht, den Deutschen eine Gewerkschaftsideologie aufzudrücken, die den amerikanischen Vorstellungen entsprochen hätte."

Eine solche Feststellung widerspricht den tatsächlichen Abläufen und Geschehnissen. H. O. Vetter übersieht vor allem aber die politische Einflußnahme der Militärregierungen auf die wirtschafts- und gesellschaftspolitische Ordnung der Bundesrepublik, die von Anfang an auf die Einbindung in das westliche Bündnis gerichtet war. Es sollte doch zumindest kritisch angemerkt werden, daß dadurch viele ursprüngliche und wesentliche gewerkschaftliche wie politische Forderungen durch die Besatzungsmächte annulliert wurden.

6. Gewerkschaften in der Sowjetunion

6.1 Historisches

Das Entstehen von Gewerkschaften in Rußland ist – im Vergleich zu anderen europäischen Ländern – eigentlich jüngeren Datums. Die Gründung der Gewerkschaft der Buchdrukker z. B. erfolgte in Petersburg (heute Leningrad) am 2. Juli 1905, fast 40 Jahre später als in Deutschland, in Moskau am 31. Oktober und in anderen Städten meistens im Sommer und Herbst des gleichen Jahres. Diese Entwicklung ist im engen Zusammenhang zu sehen mit der geschichtsträchtigen Auflehnung der Petersburger Arbeiter gegen das zaristische Regime am 22. Januar 1905 und der darauffolgenden Serie von Massenstreiks in den größeren Städten des Zarenreiches. Sie führten zum stärkeren Zusammenschluß, zur Gründung und zum Ausbau der Gewerkschaften. Die Herrscher des vorrevolutionären Rußlands griffen grausam gegen die Anführer und Teilnehmer der Streikbewegungen durch. Sie wurden entlassen, zur Zwangsarbeit verbannt und in den polizeilichen Kerkern schweren Folterungen ausgesetzt. Viele Gewerkschaften wurden verboten und mußten illegal wirken. Hierzulande ist es kaum bekannt, daß Rußland zu Beginn des 20. Jahrhunderts, was die Zahl der Streiks und ihrer Teilnehmer betraf, den ersten Platz in der Welt belegte. Als Beispiel möge der 12. August 1917 dienen, an dem allein in Moskau und Umgebung etwa 400 000 Arbeiter streikten.

Es hat nichts mit der persönlichen Gewerkschaftszugehörigkeit und ebensowenig mit falschem Berufsstolz des Verfassers zu tun, wenn hier festgehalten wird, daß die Buchdrucker zur Avantgarde in diesem revolutionären Kampf zählten, der den politischen Auffassungen der russischen Sozialdemokratie und gleichermaßen der sozialen Interessenlage der Arbeiter entsprach. In Moskau war der Generalstreik der Buchdrucker im Oktober 1905 der Ausgangspunkt jener Massenstreiks, die sich über das ganze Zarenreich ausdehnen sollten. In Petersburg waren sie es, die für die Verwirklichung der Pressefreiheit kämpften als es nach dem Oktober-Manifest galt, die auf dem Papier zugesagten Verfassungsfreiheiten durchzusetzen. Nach einem halben Jahr stürmischer gewerkschaftlicher Kämpfe errangen sie, unterschiedlich in den einzelnen Städten, in Verhandlungen mit den Zeitungs- und Druckereibesitzern z. B. folgende Erfolge:

● den allgemeinen neunstündigen Arbeitstag, anstelle des vorher üblichen zwölf- ja dreizehnstündigen Arbeitstages;

● die Abschaffung von Geldstrafen bei Fernbleiben von der Arbeit sowie eine bedeutende Erhöhung der damals noch üblichen Stücklöhne;

● die Verbesserung der Arbeitsräume, regelmäßige Lohnzahlung und die Zusicherung der Hälfte des üblichen Lohnes bei Krankheit bis zur Dauer von vier Monaten;

● und schließlich die volle Lohnzahlung für die Streiktage, die zu dieser Abmachung geführt hatten.

In einigen Städten wurden der Achtstundentag durchgesetzt, Lohnerhöhungen zwischen 10 und 40 Prozent sowie die Abschaffung von Überstunden. Allein damit nicht zufrieden, setzten sie den Kampf unter der sozialdemokratischen Programmparole um den generellen Achtstundentag fort. Außerdem war die völlige Neuorganisierung der ärztlichen Hilfe für die Gehilfen (die stark unter der weitverbreiteten Bleikrankheit litten), und zwar so, daß die Verwaltung der Krankenkassen ausschließlich den Arbeitern zugesichert, die Kosten aber den Unternehmern auferlegt werden sollten – eine weitere Grundsatzforderung. Sie sollte erst nach der Revolution von 1917 verwirklicht werden, als der gesamte Bereich der Sozialversicherung, des Arbeits- und Gesundheitsschutzes den Gewerkschaften zugeordnet wurde. In den damaligen Kämpfen aber wurden in rund 20 Punkten auch Fragen der Vertretung der Arbeiter und deren Rechte schon vertraglich vereinbart.

Die streitbare Rosa Luxemburg nahm dies zum Anlaß, über die zwei Methoden der Gewerkschaftspolitik nachzudenken. In ihren „Ausgewählten Reden und Schriften" (II. Band, Seiten 262 ff., Dietz Verlag, Berlin 1955) stellte sie in den Jahren 1906/07 folgende kritische, vergleichende Betrachtung zu einem im Jahre 1906 abgeschlossenen Tarifvertrag des Verbandes der Deutschen Buchdrucker (VdDB) an:

„Die Gewerkschaft der deutschen Buchdrucker gilt ja seit langer Zeit als ein Musterbeispiel der Macht und der Erfolge auf wirtschaftlichem Gebiet, die eine proletarische Organisation erreichen könne, wenn sie nur auf dem ‚positiven Boden‘ der ausschließlichen Gegenwartsinteressen der Arbeiter stehe und allen ‚revolutions-romantischen Lockungen‘ sorgfältig das Gehör verschließe. Der deutsche Buchdruckerverband ist auch in seiner Geschichte – von der Anerkennung jener bewußten Klausel, die ihm unter dem Sozialistengesetz aufoktroyiert war, bis zur jüngsten Tarifabmachung – die klassische Verkörperung jener Methode der Gewerkschaftspolitik, die Ruhe dem Kampf, Abmachung mit dem Kapital dem Konflikt, politische Neutralität einer offenen Bekenntnis zur sozialdemokratischen Partei vorzieht und voller Verachtung für ‚revolutionäre Schwärmerei‘ ihr Ideal in dem englischen Typus der Trade-Unions erblickt."

So ganz unrecht hatte Rosa Luxemburg nicht, denn dem VdDB stand damals die Gefahr ins Haus, wegen seiner „Tarifgemeinschaftspolitik" mit den Unternehmern, aus dem Allgemeinen Deutschen Gewerkschaftsbund ausgeschlossen zu werden.

Man kann zur Sowjetunion politisch stehen wie man will, Tatsache bleibt, daß die Arbeiter und Bauern sich mit der Oktober-Revolution 1917 aus ihrem Betteldasein, aus dem Despotismus und von der Willkür der herrschenden Schicht befreit haben und damit den Weg freimachten für eine Veränderung der bis dorthin bestehenden, fast noch feudalistischen Gesellschaftsordnung. Sicherlich hat die russische Revolution auch dazu beigetragen, trotz möglicher Fehler und Irrtümer, den Arbeiter aus seiner Trägheit zu erwecken und den Gedanken, daß er kein Recht auf Hoffnung habe, aus seinem Kopfe zu vertreiben. Auch wenn man sich von den Grundsätzen des Kommunismus distanziert, muß man doch zugeben, daß er wenigstens ablehnt, die soziale Ordnung anzuerkennen, die wir im allgemeinen als eine „natürliche" Ordnung ansehen, aus der es kein Entkommen gibt. Offensichtlich kann man die heutige Ordnung nur insoweit als „natürlich" bezeichnen, als sie von den geschichtlichen Kräften der Vergangenheit geformt worden ist. So hat z. B. nichts mehr bewiesen als das

Beispiel der Sowjetunion wie auch der anderen sozialistischen Staaten, daß die Überzeugung von der Notwendigkeit einer Massenarbeitslosigkeit innerhalb eines Wirtschaftssystems falsch ist. Nichts hat ebensosehr dazu beigetragen, das Vertrauen in die Philosophie des Laissez-faire in der ganzen Welt zu zerstören.

6.2 Die veränderte Stellung der sowjetischen Gewerkschaften

Marx und Engels hatten in ihrer Zeit wohl die Funktionen und Aufgaben der Gewerkschaften in einer bürgerlich-kapitalistischen Gesellschaft analysiert, sich aber keineswegs mit der Rolle der Gewerkschaften nach der Erringung der Macht beschäftigt. Sie vertraten gemeinsam die Auffassung, daß das Proletariat seit seiner Existenz zum Kampf für ein menschenwürdiges Dasein gezwungen ist. Als entscheidend sahen sie weniger das unmittelbare Resultat an – wie z. B. die Verhinderung von Lohnsenkungen, Lohnerhöhungen, Verbesserung der Arbeits- und Lebensbedingungen im Falle des Erfolges oder die Niederlage – als vielmehr das wachsende Klassenbewußtsein der Arbeiter. Nach Marx und Engels vollzieht der Arbeiter im gewerkschaftlichen Kampf seine politische Lostrennung vom Kapital und schafft sich mit den Gewerkschaften eine eigene Klassenorganisation, deren Ziel es ist, die Konkurrenz der Arbeiter untereinander aufzuheben, um dadurch zu einer geeinten Macht zu werden, die der Macht der herrschenden Klasse trotzen kann. Gleichzeitig sahen sie wohl die Notwendigkeit der Erringung der politischen Macht, doch für „die Zeit danach" vermittelten sie keine Theorie für die sich dann ergebenden Aufgaben der Gewerkschaften.

In einer ähnlichen Situation befand sich zunächst W. I. Lenin in der Zeit vor der Oktober-Revolution 1917. Er befaßte sich vor dieser Zeit in Wort und Schrift mit aktuellen Lohnfragen, Fragen des Streiks, Differenzen in der europäischen Arbeiterbewegung, Programmfragen usw. Lenin erarbeitete erst nach 1917, erstmals in der Geschichte der Arbeiterbewegung, den sozialistischen Bedingungen entsprechende Prinzipien über die Rolle der Gewerkschaften. So setzte er sich z. B. im Dezember 1920 vor einem größeren Gremium von Partei- und Gewerkschaftsfunktionären mit einer Broschüre Trotzkis

(„Über die Rolle und Aufgaben der Gewerkschaften") auseinander, in der nach seiner Meinung „eine Unmenge theroetischer Fehler und himmelschreiender Ungerechtigkeiten" zusammengetragen waren. Lenin skizzierte damals die veränderte Stellung der Gewerkschaften zusammengefaßt wie folgt:

„Einerseits sind die Gewerkschaften, die die Industriearbeiter in ihrer Gesamtheit erfassen und in die Reihen der Organisation einbeziehen, eine Organisation der machthabenden, regierenden Klasse, derjenigen Klasse, die den staatlichen Zwang ausübt. Aber das ist keine staatliche Organisation, das ist keine Organisation des Zwanges, das ist vielmehr eine erzieherische Organisation, eine Schule der Heranziehung, der Schulung, das ist eine Schule, eine Schule der Verwaltung, eine Schule der Wirtschaftsführung, eine Schule des Kommunismus ... Ihrem Platz nach stehen die Gewerkschaften zwischen der Partei und der Staatsmacht ... Andererseits sind die Gewerkschaften das ‚Reservoir' der Staatsmacht in der Übergangsperiode vom Kapitalismus zum Sozialismus."

Die von Lenin so beschriebenen „Schularten", die von den Gewerkschaften mit Leben zu erfüllen sind, sind Themen, mit denen sich die bürgerlichen Propagandisten allzu gerne beschäftigen, wenn zumeist auch nur mit Schlagworten. Besonders gerne wird die Aufgabe der Gewerkschaften als „Schule des Kommunismus" strapaziert, denn sie ist auf die Beeinflussung des Denkens ihrer Mitglieder und auf die Herausbildung eines „neuen kommunistischen Menschentyps" gerichtet. Ist dies aber unerlaubt oder gar verwerflich? Gehört es denn nicht zur ursächlichen Aufgabe jeder Partei und jeder Organisation, die Mitglieder von der jeweiligen Zielsetzung, von der Richtigkeit der eigenen Politik usw. zu überzeugen und sie zu motivieren, daß sie sich aktiv dafür einsetzen? Was tun denn hierzulande die „Kadertruppen der moralisch-geistigen Wende", die Albrechts, Blüms, Georges, Kohls, Lambsdorffs und Zimmermanns, die mit ihrem überzogenen Wirtschaftsoptimismus, mit ihren psychologischen Tricks, mit ihrer Technologie-Gläubigkeit, die „goldenen Eier" der 50er und 60er Jahre zurückzuholen versprechen? Oder was tun die „Dauerprediger der Marktwirtschaft", die hemmungslos die Massen- und Dauerarbeitslosigkeit akzeptieren und ihr ausschließliches Interesse nur auf mehr Profite und auf den gnadenlosen Konkurrenzkampf richten, der nach ihrer Ideologie zu den positiven Merkmalen einer „sozialen" Marktwirtschaft zählt. Man sollte den Stein nicht werfen, wenn man selbst im Glashaus sitzt!

Andererseits wird allzu gerne verschwiegen, daß die Aufgaben der Gewerkschaften als „Schule der Wirtschaftsführung und Verwaltung" bis zur Gegenwart zu einer umfassenden, mitwirkenden gesellschaftlichen Gestaltungsfunktion erweitert worden sind. Diese Gestaltungsfunktion kommt in einer Fülle unterschiedlicher Formen gewerkschaftlicher Mitwirkungs- und Mitbestimmungsfunktionen zum Ausdruck, wie bei der Festlegung und Verwirklichung konkreter Ziele und Rechtsnormen für den wirtschaftlichen wie auch den sozialpolitischen Bereich. Gerade im sozialpolitischen Bereich übernehmen die sowjetischen Gewerkschaften staatliche Verwaltungsfunktionen, indem sie die Sozialversicherung verwalten sowie die Sanatorien, Kurorte und das gesamte Erholungswesen betreuen.

Auf wirtschaftlichem und sozialpolitischem Gebiet, insbesondere in Bereichen des Arbeitsrechts, verfügen die sowjetischen Gewerkschaften über die alleinige oder mit anderen Institutionen gemeinsam getragene Kontrollfunktion, die sich vor allem auf die Einhaltung und Durchführung von arbeitsrechtlichen Normen und Vereinbarungen richtet. Die Wahrnehmung dieser Kontrollaufgaben, für die die betriebliche Ebene das entscheidende Tätigkeitsfeld darstellt, hängt aufs engste mit der in den letzten Jahrzehnten immer stärker betonten Aufgabe der Gewerkschaften zusammen, der Interessenvertretungsfunktion. Hierbei geht es um die Sicherung des kulturellen, materiellen und sozialen Wohlstandes der Gewerkschaftsmitglieder sowie um den Schutz ihrer Rechte.

Der sowjetische Staat hat in seiner Geschichte bisher kein einziges Gesetz erlassen, das die Tätigkeit der Gewerkschaften in irgendeiner Weise beschneiden würde. Dagegen gibt es ein Gesetz, demzufolge Amtspersonen für Handlungen, die die Gewerkschaften bei der Ausübung ihrer Funktionen behindern, zur Verantwortung gezogen werden können. Und wie sieht es damit in anderen Ländern aus?

6.3 Rechte der sowjetischen Gewerkschaften

Mit dem staatlichen Wahlgesetz wurde den Gewerkschaften das Recht eingeräumt, eigene Kandidaten für die Wahl in alle staatlichen Organe aufzustellen. Bei den Wahlen in die Sowjets treten sie in einem Einheitsblock mit der KPdSU auf; ihre Kandidaten werden auf Versammlungen der Kollektive in den Betrieben oder Stadtteilen nominiert. Die Gewerkschaften der UdSSR besitzen auch – als erste in der internationalen Gewerkschaftsbewegung – das Recht der Gesetzesinitiative. Dieses Recht beschränkt sich verständlicherweise auf den Zentralrat der Gewerkschaften der UdSSR (WZSPS) gegenüber dem Obersten Sowjet und auf die Gewerkschaftsräte der Sowjetrepubliken.

Darüber hinaus legt die Arbeitsgesetzgebung fest, daß die Gewerkschaften gemäß ihren Satzungen handeln, daß sie keiner Registrierung durch Staatsorgane und ihre innergewerkschaftlichen Beziehungen keiner staatlichen Rechtsregelung unterliegen. Demgegenüber legt allerdings die Verfassung der UdSSR die führende Rolle der KPdSU fest, deren Führungsrolle meist in der Präambel der Satzungen der Gewerkschaften wiederholt und betont wird.

Zu den kritischen Anmerkungen, die gegenüber der Funktion der Gewerkschaften in den sozialistischen Ländern allgemein erhoben werden, gehört die Frage des Streiks – nach westlichem Muster müßte man eigentlich dann auch die Frage nach der Aussperrung hinzufügen. Es wurde in den historischen Betrachtungen bereits auf die Häufigkeit und den zahlenmäßigen Umfang von Streiks im zaristischen Rußland hingewiesen, doch gibt es seitdem solche nicht mehr, obwohl sie niemals und von niemandem verboten wurden. Dies ist natürlich kein Beweis dafür, daß es seit 1917 keinerlei Differenzen mehr zwischen Betriebsleitungen und Gewerkschaften gegeben hätte. Selbstverständlich hat sie es gegeben, und auch Direktoren wurden auf Verlangen der Gewerkschaften abberufen, doch die Differenzen konnten meist auf betrieblicher Ebene durch die entsprechenden Schlichtungsinstanzen gelöst werden. Dabei spielt sicher die Einheit politischer Auffassungen zwischen Betriebsleitungen und Betriebsgewerkschaftsleitungen eine nicht unwesentliche Rolle. Ebenso ist es politisch äußerst fragwürdig, ob die Praktiken der Konfliktaustragung in kapitalistischen Produktionsverhältnissen einfach auf grundlegend veränderte Ordnungen übertragen werden können.

6.4 Gewerkschaftliche Sozialpolitik

Wie schon erwähnt, sind alle sowjetischen Gewerkschaften auf dem Gebiet der Aufsicht über die Einhaltung der Arbeitsgesetzgebung und der Anwendung des Arbeits- und Gesundheitsschutzes mit weitgehenden Rechten ausgestattet. Wollte man einen Vergleich zu bundesdeutschen Verhältnissen ziehen, könnte man sagen, daß die Gewerkschaften der UdSSR die Funktionen der Berufsgenossenschaften wie auch der Gewerbeaufsichtsämter wahrnehmen. Sicherheitsingenieure der Gewerkschaften sind ebenso selbstverständlich wie die Einrichtung von Betriebsärzten oder -kliniken, Reihenuntersuchungen der Belegschaften oder die wissenschaftliche Prüfung von negativen Auswirkungen bei den Arbeitsbedingungen, wie z. B. bei der Arbeit an Bildschirmgeräten.

Ebenfalls wurde bereits erwähnt, daß die Sozialversicherung der UdSSR von den Gewerkschaften verwaltet wird. Von den Arbeitnehmern brauchen dazu keine direkten Beiträge entrichtet zu werden; die Mittel für die Sozialversicherung werden aus einem „gesellschaftlichen Fonds" bereitgestellt, der von den Arbeitnehmern erarbeitet ist und über den der Staat verfügt. Im System der sowjetischen Sozialversicherung wird das Recht auf Erholung, materielle Sicherstellung im Krankheitsfall, bei Arbeitsunfähigkeit sowie beim Verlust des Ernährers der Familie gewährleistet. Diese Rechte gelten bereits seit 1933.

Über die Verwendung des gesellschaftlichen Fonds der staatlichen Sozialversicherung, der aus vielen Milliarden Rubeln besteht, bestimmen im Grunde die Gewerkschaften. So wurden z. B. im Jahre 1980, nach bekanntgegebenen Zahlen, 35,296 Milliarden Rubel (ein Rubel ist etwa 3,20 DM) zur Verfügung gestellt, die sich wie folgt aufteilten: 1,440 Milliarden für Kuraufenthalte, 8,847 Milliarden für Beihilfen und 24,885 Milliarden für Renten. Die Tatsache, daß die Verwaltung der Sozialversicherung den Gewerkschaften übertragen worden ist, bedeutet allerdings keineswegs, daß sie den staatlichen Charakter verloren hätte. Sie wird auf Kosten des Staates verwirklicht, die dem Staat zugeordneten finanziellen Mittel bilden einen Teil des Staatshaushaltes, der nicht verschmolzen werden kann mit dem Beitragsaufkommen der Gewerkschaften.

Die Gesamtverwaltung der Sozialversicherung wird vom Zentralrat der sowjetischen Gewerkschaften ausgeübt. Alle Angelegenheiten, die die einzelnen Wirtschaftszweige angehen, z. B. spezielle Berufskrankheiten, werden von den Zentralkomitees der Einzelgewerkschaften entschieden. Ärzte analysieren die Ursachen der Krankheiten und Unfälle im Betrieb, verlangen von den jeweils zuständigen Ministerien gesundheitsfördernde Maßnahmen, empfehlen Kuraufenthalte und tragen zum Ausbau von prophylaktsichen Sanatorien oder Polikliniken bei, die sich zum Teil im Besitz von Betrieben befinden.

6.5 Gewerkschaften und Produktionssteigerungen

Ein weiterer kritischer Punkt in der Diskussion um die Rolle der Gewerkschaften in den sozialistischen Ländern ist das Engagement der Gewerkschaften im Betrieb wie auf der nationalen Ebene zur Steigerung der Produktionsleistungen. Vorweg sei dazu festgestellt, daß ich bei vielen Betriebsbesichtigungen, vorrangig in Betrieben der Zeitungs-, Zeitschriften- und Buchherstellung, trotz der Anwendung von Leistungsnormen weder höhere Arbeitstempos noch eine größere Leistungsintensität als im europäischen Schnitt feststellen konnte. Doch gibt dies nicht die Antwort auf das sogenannte „Antreiber- oder Stachanow-System" in den sowjetischen Betrieben. Aber auch die Bestimmungen der Arbeitsgesetzgebung, nach denen „Arbeiter und Angestellte an der Leitung der Produktion teilnehmen, und zwar durch die Gewerkschaften und andere gesellschaftliche Organisationen in Vollversammlungen, Produktionsberatungen" usw., vermitteln dem Außenstehenden keinen genügenden Einblick in die betrieblichen Abläufe.

Auszugehen ist von der Tatsache, daß in jedem sowjetischen Betrieb sowohl jährlich Produktionspläne als auch Betriebskollektivverträge beraten und abgeschlossen werden, die letztlich eingebettet sind in die Zielsetzung der jeweiligen „Fünfjahrespläne". Es wäre wirtschaftlich wie politisch unsinnig, würde man die von den staatlichen Planungsorganen und den zuständigen Ministerien erarbeiteten Planvorgaben für die wichtigsten Wachstumsziffern, wie Umfang der zu realisierenden Produktion, Lohn- und Gehaltsanteile usw., einfach den Betrieben aufstülpen, ohne deren tatsächliche Leistungsfähigkeiten zu kennen, die ja von vielen Faktoren abhängig ist. Der eigentliche Vorgang ist, am Beispiel dargestellt, folgender:

Fünf oder sechs Druckereibetriebe in Leningrad bzw. der Leningrader Region mit vollkommen unterschiedlicher Produktion, mit einigen tausend Beschäftigten, unterstehen einem Generaldirektor, der für die Wirtschaftlichkeit der Betriebe als auch für die Produktionsergebnisse dem Ministerium gegenüber verantwortlich ist. Die Geschäftsleitung eines jeden einzelnen Betriebes ist jährlich verpflichtet, einen Plan vorzulegen, der von der Betriebsgewerkschaftsleitung (BGL) in Abteilungs- und Vollversammlungen diskutiert und meist mit einem „Gegenplan" beantwortet wird. In diese Pläne werden beispielsweise folgende Vorschläge aufgenommen:

● Entwürfe der Kollektivverträge mit Aufgaben zur sozialen, gesundheitlichen und kulturellen Betreuung der Betriebsangehörigen;

● Einrichtung von Kindergärten oder die Zurverfügungstellung von Ferien- oder Urlaubsplätzen für schulpflichtige Kinder oder für Erwachsene;

● Investitionen für neue Maschinen, für die Einführung neuer Techniken und Rationalisierung, Fragen der Umschulung sowie der weiterbildenden Qualifizierung;

● Verbrauch von Rohstoffen oder Materialien und Regelung der Zulieferung;

● finanzielle Mittel zur Stimulierung für gewissenhafte Arbeit oder für das, was man hierzulande „betriebliches Vorschlagswesen" nennt.

Alle diese Fragen und Probleme finden nach den entsprechenden Beratungen Eingang im Jahreswirtschaftsplan des

Betriebes, der von den betrieblichen Vertragspartnern letztendlich gemeinsam vertreten und unterschrieben wird. Die Einzelpläne der Betriebe werden dann, vom Generaldirektor zusammengefaßt, an das Ministerium weitergeleitet. Werden von diesem Änderungen oder Ergänzungen gewünscht, gehen die Pläne auf dem gleichen Weg zurück und werden erneut geprüft, beraten und beschlossen.

Es ist also ein Zusammenwirken von der betrieblichen zur ministeriellen Ebene und umgekehrt, das erst die Erarbeitung von Wirtschaftsplänen für zusammengeführte Betriebe, Regionen oder für die gesamte UdSSR ermöglicht. Ein solches Vorgehen, das hier nur beispielhaft an Betrieben eines Industriezweiges geschildert werden konnte, ist unbedingt erforderlich für die Gestaltung des Gesamtwirtschaftsplanes, der ja auch den Bau von Wohngebieten, Schulen, Straßen, Verkehrswegen, die Lebensmittel- und Energieversorgung, die Forschung usw. miteinschließen muß.

Die Lehre vom „Erst mehr produzieren, um dann mehr kaufen und besser leben zu können" – ist also unterschiedlichen Gesellschaftsordnungen weniger wesensfremd, als allgemein angenommen wird. Dennoch können die grundsätzlichen Unterschiede nicht übersehen werden.

6.6 Begegnungen, Erfahrungen und Grundsätze

Im November 1966 entsandte der Bundesvorstand des DGB seine erste Delegation in die UdSSR. Sie war zusammengesetzt aus zwei Mitgliedern des Geschäftsführenden Bundesvorstandes, zwei Gewerkschaftsvorsitzenden und zwei Redakteuren von Gewerkschaftszeitungen, einer davon war Eugen Stotz, der damalige Redakteur von „druck und papier". Dieser nahm die Verbindung zur sowjetischen Kulturarbeitergewerkschaft auf, zu der auch die polygraphische (Druck-)Industrie gehört, und er ließ bei dem Gespräch erkennen, daß eine Einladung der Kulturarbeitergewerkschaft seitens der IG Druck und Papier angenommen werden würde. Im August 1967 war es dann so weit; die erste Delegation dieser Gewerkschaft reiste in einer hochrangigen Besetzung – der erste Vorsitzende, Heinrich Bruns, und der zweite Vorsitzende, Werner

Schmidt, mit Eugen Stotz als weiterem Mitglied des Geschäftsführenden Hauptvorstandes – in die Sowjetunion. Der Gegenbesuch erfolgte schon im April 1968 unter der Leitung des Vorsitzenden der sowjetischen Kulturarbeitergewerkschaft, Michail Paschkow.

Die Kulturarbeitergewerkschaft der UdSSR hat 2,5 Millionen Mitglieder und umfaßt den gesamten Bereich Presse, Radio und Fernsehen, Theater, Musik, Museen, Zirkusse, Schriftsteller und Journalisten sowie die polygraphische Industrie. Organisationspolitisch gehören Journalisten und Schriftsteller zu dieser Gewerkschaft, außerdem sind sie zur Vertretung ihrer besonderen Interessen noch Mitglied im jeweiligen Berufsverband.

Ein knappes Jahr nach meiner Wahl zum Vorsitzenden der IG Druck und Papier besuchte ich zum erstenmal im August 1969 mit einer siebenköpfigen Delegation die Sowjetunion. Unser Gewerkschaftstag hatte die Fortsetzung und den Ausbau der Kontakte mit den Gewerkschaften in den sozialistischen Ländern, trotz des „Prager Frühlings" im Oktober 1968, beschlossen.

Auf einer annähernd 5000 Kilometer langen Reise mit Bahn und Flugzeug, die uns von Moskau über Kiew, Jalta, nach Leningrad und wieder zurück nach Moskau führte, sollten wir Gelegenheit haben, alles das in der Praxis zu sehen und zu erleben, was wir vorher in langen Gesprächen und Diskussionen über die Tätigkeit der sowjetischen Gewerkschaften gehört hatten. Wir hatten die Möglichkeit, vier polygraphische Betriebe unterschiedlichster Art zu besichtigen, darunter den Zentralbetrieb der „Prawda" in Moskau mit insgesamt mehr als 10 000 Beschäftigten. Eine uns unbekannte Größenordnung für einen Zeitungs- und Zeitschriftenbetrieb, in dem ich einige Jahre später in einer Abteilungs-Betriebsversammlung vor fast 1000 Zuhörern über die aktuellen Probleme der deutschen Gewerkschaften gesprochen habe. Ein anderer Betrieb mit 800 Beschäftigten ist spezialisiert auf die Herstellung von mehrfarbigen Reproduktionen und Kunstdrucken. Der dritte Betrieb, eine „kleine Buchfabrik", beschäftigt 830 Menschen fast ausschließlich mit der Produktion von Büchern. Die Spezialisierung der Betriebe auf ein schmales Auftragsprogramm ist vorherrschend. Ihre jeweilige Größenordnung ist bestimmt von den Aufträgen, die vom zuständigen Ministerium vergeben werden. Dabei werden unter Berücksichtigung der technischen Ausrüstung und der sozialen Aufwendungen, die von den Betriebsgewerkschaftsleitungen gefordert werden, die Plannormen festgelegt. Alle Erträge, die über die Norm hinaus oder zu billigeren Kosten erzielt werden, stehen dem Betrieb zur freien Verfügung. Bei der Verwendung dieser Erträge haben Betriebsdirektion und Betriebsgewerkschaftsleitung die gleichen Rechte. Dies ist im wesentlichen das Kernstück des „neuen ökonomischen Systems", das mit Erfolg seit einigen Jahren angewandt wird. In der polygraphischen Industrie wird dieses System zu über 90 Prozent mit Erfolg praktiziert. Der Anreiz zur Mehrleistung ist groß, denn alles, was an Überschüssen erwirtschaftet wird, wird hauptsächlich in Form von Prämien oder kostenlosen Sozialeinrichtungen an die Belegschaft ausgeschüttet.

In Kiew, der Hauptstadt der Ukraine, besuchten wir ein Druckereikombinat mit annähernd 3000 Beschäftigten. Die Hälfte davon sind Frauen – ein Prozentsatz, der im allgemeinen noch höher liegt. Die wichtigsten Aufträge: Zeitungen (darunter die Regionalausgaben von „Prawda" und „Istwestija"), 41 periodische Zeitschriften mit einer Gesamtauflage von 15 Millionen Exemplaren, 90 Millionen Postkarten jährlich sowie 12 Millionen Kalender. Von der staatlichen Plankommission ist ein Jahresergebnis von 15 Millionen Rubel festgelegt. Dieser Ertrag wird an den Staat abgeführt. Damit sind gleichzeitig sämtliche Steuern und Sozialversicherungsbeiträge abgegolten, sowohl für den Betrieb als auch für die Beschäftigten. Tatsächlicher Ertrag war in diesem Jahr die Summe von 18,5 Millionen Rubel. Es standen also dem Betrieb 3,5 Millionen Rubel für Investitionen und Reparaturen, für Prämien und vielfältige Sozialleistungen zur freien Verfügung.

Hierzu muß angemerkt werden, daß zu den üblichen Sozialleistungen der Betriebe Kindergärten, Kinderkrippen, Ferienheime, Kliniken, Prophylaktorien und Sportplätze gehören, zum Teil auch Wohnungen und „Pionierlager". Darüber hinaus können die Betriebe je nach Finanzlage und Bedarf für ihre Beschäftigten Ferienplätze in staatlichen Erholungsheimen kaufen. Es ist üblich, daß für Ferienaufenthalte Zuschüsse zwischen 70 und 100 Prozent gewährt werden. Entscheidend ist, daß für all diese Sozialleistungen die BGL allein zuständig ist. In dem erwähnten Druckereikombinat gibt es vier

Kindergärten mit einer Gesamtkapazität, die für alle Kinder der Belegschaft ausreicht. Die Kinder werden dort zu geringen Kosten untergebracht, verpflegt und von geschulten pädagogischen Kräften betreut. Außerdem unterhält die Druckerei ein eigenes Urlaubsheim sowie Wochenendhäuser am Dnjepr. Hinzu kommen ein Pionierlager für Jugendliche zwischen sieben und 15 Jahren, ein Prophylaktorium mit 100 Betten und einige Wohnhäuser. Weitere moderne Wohnblocks für 120 Familien befanden sich zur Zeit unseres Besuchs im Bau.

Nicht zuletzt ist die BGL maßgeblich beteiligt an der Festlegung der Löhne und der Prämien. Man sagte uns, daß der Durchschnittslohn aller Beschäftigten in dieser Kiewer Druckerei bei 130 Rubel liegt. Die gesetzlich festgelegte Untergrenze lag 1969 übrigens bei 60 Rubel. Die Hilfskräfte verdienten im Schnitt an die 100 Rubel, qualifizierte Fachkräfte lagen zwischen 150 und 200 Rubel, wobei hinzugefügt werden muß, daß der Anteil der Frauen in den Fachberufen ungewöhnlich hoch ist. Während der Betriebsbesichtigung überprüften wir diese Angaben durch willkürliche Befragung einzelner Arbeiter in den verschiedenen Abteilungen und bekamen freimütig die bestätigende Antwort. Ob bei den genannten Beträgen die üblichen Prämien schon enthalten sind oder nicht, blieb offen. Nach einem komplizierten System beträgt zum Beispiel der Prämiensatz bei einer 5prozentigen Übererfüllung der Norm für die ganze Abteilung 20 Prozent, bei einer 11prozentigen Mehrleistung bereits 30 Prozent. In einem weiteren Druckereibetrieb, den wir in Leningrad besuchten, wurden uns ebenfalls Prämiensätze zwischen 30 und 40 Prozent genannt. Hinzu kommen Zusatzprämien aus dem Betriebsgewinn, die zweimal jährlich ausgeschüttet werden. Diese Gewinnquoten fallen in den Betrieben natürlich unterschiedlich an, im genannten Betrieb bekam jeder Arbeiter zweimal 90 Rubel.

6.7 Der gewerkschaftliche Organisationsaufbau

Die breite Basis der gewerkschaftlichen Organisation wird deutlich an den mehr als 600 000 gewerkschaftlichen Grundorganisationen, die in den Betrieben, auf den landwirtschaftlichen Gütern, in den Büros, Verwaltungen, Hochschulen und anderen Ausbildungsstätten bestehen. Diese Grundorganisationen gehören der jeweiligen Einzelgewerkschaft an, die unseren Industriegewerkschaften gleichzustellen sind. Davon gibt es in der UdSSR rund 25. Die Einzelgewerkschaften sind zusammengefaßt im Zentralrat der sowjetischen Gewerkschaften, der vornehmlich in wirtschaftspolitischen Fragen ein gewichtiges Wort mitzureden hat. Von jeder Einzelgewerkschaft bestehen Komitees auf örtlicher und bezirklicher Ebene sowie Gebiets- und Republikkomitees. An der Spitze der einzelnen Gewerkschaften steht jeweils das Zentralkomitee.

Die Mitgliedschaft in der Gewerkschaft ist freiwillig. Freilich erwachsen dem Gewerkschaftsmitglied entscheidende Vorteile z. B. durch die Vergabe von Ferienplätzen, weshalb ein Organisationsgrad von fast 100 Prozent nicht weiter verwunderlich ist. Der Beitrag entspricht einem Prozent des Einkommens, von diesem Betrag bleiben 70 Prozent in der Grundorganisation und die restlichen 30 Prozent werden an den Zentralrat der sowjetischen Gewerkschaften abgeführt. Dieser wiederum finanziert die Zentralkomitees und die weiteren Untergliederungen der Einzelgewerkschaften sowie die Gebiets- und Republikkomitees, als auch zahlreiche ständige Kommissionen und Fachabteilungen.

Über die Rolle der sowjetischen Gewerkschaften – die an anderer Stelle bereits erwähnt ist – hat Willi Baumann, Landesbezirksvorsitzender in Bayern, als Delegationsmitglied nach Rückkehr von der Reise in einem Bericht für „druck und papier" (Nr. 17 vom 25. August 1969) folgendes geschrieben:

„Über die Rolle der Gewerkschaften in kommunistischen Staaten bestehen im Westen weithin falsche Vorstellungen. Dies ist in einem Satz das Fazit, das man ziehen muß, wenn man unvoreingenommen die Arbeit der sowjetischen Gewerkschaften aus eigenem Anschein kennenlernt. Hierzulande wird gerne der bekannte Ausspruch von Lenin zitiert, wonach die Gewerkschaften als Transmissionsriemen der Partei zu wirken hätten. Wer aus dieser Formel den Schluß zieht, daß die Gewerkschaften ohne eigene Entscheidungsbefugnis nur Parteibeschlüsse vollziehen, der muß sich eines besseren belehren lassen. Tatsache ist, daß die Gewerkschaften in der Sowjetunion mit ihren annähernd 90 Millionen Mitgliedern zu den mächtigsten und einflußreichsten Organisationen des Landes zählen."

6.8 Deutsch-sowjetischer Referentenaustausch

Nach dem regelmäßigen Austausch von zentralen und regionalen sowie Frauen- und Jugenddelegationen vereinbarten wir im Oktober 1974 einen Referentenaustausch zwischen den beiden Gewerkschaften. Bereits im März des darauffolgenden Jahres referierte ein Mitglied des Zentralkomitees der Kulturarbeitergewerkschaft der UdSSR in Veranstaltungen der IG Druck und Papier, in mehreren Städten der Bundesrepublik über die sowjetischen Gewerkschaften unter besonderer Berücksichtigung der Aufgaben der Kulturarbeitergewerkschaft. Vom 25. August bis zum 3. September 1975 reiste ich dann über Moskau nach Sibirien, um unter anderem in Nowosibirsk, Irkutsk und Bratsk in Gewerkschafts- und Betriebsversammlungen Vorträge über die Gewerkschaften in der Bundesrepublik, insbesondere über die IG Druck und Papier zu halten. Mit diesem Referentenaustausch wurde der Rahmen der gegenseitigen Delegationsbesuche erheblich ausgeweitet und Informationen über die Arbeits- und Lebensbedingungen der Menschen beider Länder wesentlich breiter gestreut und vertieft. Zur gleichen Zeit besuchte im übrigen eine Studiendelegation unseres Bezirks Ulm die Städte Taschkent und Samarkand in Usbekistan.

Ich aber sollte ein Teilgebiet der Russischen Sozialistischen Föderativen Sowjetrepublik (RSFSR) kennenlernen, das als ein „Land der Superlative" bezeichnet wird. Es ist so groß wie die USA oder ganz Europa. Auf der Gesamtfläche von 10 Millionen Quadratkilometern leben nur rund 20 Millionen Menschen, also zwei pro Quadratkilometer. Und doch befinden sich in Sibirien 90 Prozent aller sowjetischen Bodenschätze, es ist aber auch eine Kornkammer und zugleich unvorstellbar reich an Erdöl, Erdgas, Kohle und Wasserkraftreserven. Die Zukunft Sibiriens beruht auf dem stürmischen Tempo seiner Erschließung, das für dieses Land so bezeichnend ist. Während nämlich der Umfang der Industrieproduktion in der UdSSR in den Jahren seit der Oktoberrevolution 1917 insgesamt um das 99fache stieg, erhöhte sich im gleichen Zeitraum die industrielle Produktion in Ostsibirien um das 242fache und in Westsibirien gar um das 869fache.

Meine erste Station war Nowosibirsk, die heimliche Hauptstadt Sibiriens, die kaum mehr als 85 Jahre alt und heute ein großes Industriezentrum mit 1,5 Millionen Einwohnern ist. Dort befindet sich die sibirische Filiale der „Akademie der Wissenschaften der UdSSR". Im naheliegenden Akademiestädtchen „Akademgorodok" arbeiten in 47 Instituten rund 3000 Wissenschaftler in den Hauptrichtungen: Kernphysik und Genetik, Mathematik und Kybernetik, Astronomie und Geologie, Archäologie und Ethnographie. Die wissenschaftlich-technische Bibliothek hat einen Buchbestand von 10 Millionen Bänden, und nicht zu vergessen das Akademische Theater für Oper und Ballett, das als „Bolschoi-Theater Sibiriens" sehr bekannt ist.

In Ostsibirien feierte 1975 die über 225 000 Einwohner zählende Stadt Bratsk (Brat = Bruder) gerade ihren 20. Geburtstag. Eine junge und lebensfrohe Stadt; haben doch zwei Drittel der Einwohner noch nicht das 30. Lebensjahr überschritten. In der Nähe der Stadt liegt an den Ufern des 1850 Kilometer langen Flusses Angara ein Wasserkraftwerk mit einer Gesamtleistung von etwa 15 Millionen Kilowatt und einer durchschnittlichen jährlichen Stromerzeugung von 70 Milliarden Kilowattstunden – etwa ein Drittel des gesamten sowjetischen Strombedarfs werden dort erzeugt.

Die dritte Stadt, die ich in Sibirien besuchte, war die 300 Jahre alte Stadt Irkutsk, nach der 1825 der russische Zar die Dekabristen – wegen ihrer Teilnahme am Aufstand gegen die Monarchie – verbannt hatte. Das vorrevolutionäre Irkutsk muß eine kontrastreiche Stadt gewesen sein, denn noch heute erkennt man die Überreste von prunkvollen Villen der zaristischen fürstlichen Geldsäcke und eines „Instituts für adlige Jungfrauen". Das Irkutsk der Gegenwart ist dagegen eine Industriestadt mit fast einer halben Million Einwohner. 1975 waren die Wahrzeichen dieser Stadt die Turmkräne für den Bau eines neuen Wohnviertels für 100 000 Menschen, die elektrisch gesteuerte Bagger für die Gold- und Diamanten-Gewinnungsindustrie, Ausrüstungen für die Eisen- und NE-Metallurgie wie auch andere Maschinen herstellen. Etwa 60 Kilometer von der Stadt entfernt liegt der fischreiche Baikal-

See, der ein Fünftel des ganzen Süßwassers der Erde in sich birgt – 670 Kilometer lang, 73,5 Kilometer breit und mit einer Tiefe von 1741 Metern der tiefste See der Erde.

In einer Gegend, die im Jahr durchschnittlich nur 84 frostfreie Tage hat, können keine „verweichlichten" Menschen leben. Die „Sibirjaken" sind harte, urwüchsige, doch auch fröhliche Menschen, deren Gastfreundschaft noch weit über die sprichwörtliche russische hinausgeht. Sie sind jedoch auch sehr hilfsbereite Menschen, denn sie wissen, daß jeder auf den anderen angewiesen ist. Der Winter ist hart und lang, doch die Menschen dort sagen, daß 45 Grad Kälte in Sibirien leichter zu ertragen sind als 15 Grad in Moskau, weil es eine trockene Kälte ist.

Diesen besonderen Bedingungen wurde auch tarifpolitisch Rechnung getragen. Die Bewohner Sibiriens brauchen mehr Fett in der Nahrung, wärmere Kleidung und Stiefel, mehr Heizung usw. Diese Belastungen finden im Lohn ihren Niederschlag. Auf den Grundlohn werden je nach Ort, Art und Umständen der Tätigkeit Zuschläge bezahlt, so z. B. in Bratsk für Industrietätigkeit 40 und für Dienstleistungen 30 Prozent. Nördlich des Polarkreises können bis zu 100 Prozent an Zuschlägen erreicht werden. Darüber hinaus gibt es zusätzliche Urlaubstage. Jeder, der in Sibirien arbeitet, hat jeweils nach drei Jahren Anspruch auf eine kostenlose Urlaubsreise (gleich, ob per Bahn, Schiff oder Flugzeug) nach jedem Ort in der Sowjetunion, wo auch immer er seinen Urlaub verbringen möchte.

Es war notwendig, dieses wirtschaftliche, soziale und kulturelle Umfeld vorweg zu beschreiben, um dem Leser begreiflich zu machen, daß ich in einer für mich vollkommen „neuen Welt" meine Referate zu halten hatte. Auf der Tausende von Kilometern langen Reise in die Welt der Taiga, der 53 000 Flüsse und mehr als einer Million Seen, in die Welt der sibirischen Nerze, Zobel, Marder und des Polarfuchses, begleitete mich die Kollegin Ludmilla Alexejawa, die stellvertretende Vorsitzende des Zentralkomitees der Kulturarbeitergewerkschaft – und das sollte seine Bedeutung haben.

Aufmerksam und stutzig wurde ich zum erstenmal beim Besuch der grafischen Fachschule in Nowosibirsk, die sowohl für die Nachwuchsausbildung als auch für die Höherqualifizierung von Hilfs- und Facharbeitern zuständig ist. Der Direktor der Schule, der Stellvertreter, weit mehr als die Hälfte der Lehrkräfte, die Mehrheit der Betriebsgewerkschaftsleitung wie auch der Parteisekretär waren weiblichen Geschlechts. Als ich dies beim Gespräch anmerkte und hinzufügte, daß bei uns im Lande die Frauen keineswegs in einer solchen Massierung Leitungsfunktionen innehätten, war das Erstaunen auf der anderen Seite – für sie war dies etwas Selbstverständliches, das schon mit mehr als Gleichberechtigung im üblichen europäischen Sinne zu tun hat. Meine anfängliche Überraschung sollte jedoch in Erstaunen umschlagen, als ich den Versammlungssaal der Fachschule zu meinem ersten Auftritt betrat. Ich stand vor etwa 250 Frauen und rund 40 Männern, die sich in einer bemitleidenswerten Minderheit befanden. Eine ganze Anzahl von Frauen wurde mir persönlich vorgestellt; Frauen, die als Arbeitsgruppen-Leiterinnen in den Betrieben tätig waren und sich weiterqualifizierten, Maschinensetzerinnen, die zu Perforatoren-Tasterinnen umgeschult wurden oder Abteilungsleiterinnen, die sich zum Ingenieurstudium für Polygraphie vorbereiteten, Hilfsarbeiterinnen, die die Facharbeiterprüfung ablegten usw. usf.

Mein Referat, von dem ich nur ein paar Anfangs- und Schlußabsätze in deutscher Sprache vortrug und das dann insgesamt in Russisch übersetzt wurde, fand große Aufmerksamkeit und viel Beifall. Die Zusammensetzung der Versammlung bestimmte schließlich auch die anschließende Diskussion und Fragenbeantwortung. Ich mußte schon meinen ganzen Grips zusammennehmen, um die gestellten Fragen über Mutterschutz, Mutterschaftsgeld, Mutterschaftsurlaub usw. sachgerecht beantworten zu können. Es wurde mir ganz schön warm dabei, denn ich kann nicht behaupten, daß ich ein „Mutterschaftsexperte" bin. Aber auch das Interesse an den Arbeits- und Lebensbedingungen, an Urlaubsfragen und Mietkosten, an der Sozialversicherung und zum Steuerwesen war außerordentlich groß. Selbst in diesem fernen und weiten Land fand ich wiederum bestätigt, was mich bei früheren Aufenthalten in der Sowjetunion schon immer beeindruckt hatte, nämlich, daß bei den russischen Menschen ein intensives Bildungsstreben besteht und sie über unser Land meistens sehr viel mehr Wissen besitzen als wir über das ihre. Angesichts der 20,6 Millionen toten sowjetischen Bürger, davon 7 Millionen Zivilisten und 700 000 ausgerottete Juden als Bilanz des Zweiten Weltkrieges, waren die Fragen nach der Erhaltung des Friedens und was die deutschen Gewerkschaften dazu tun verständlich und bohrend zugleich. Man verspürte geradezu die tiefe Sorge dieser Frauen und Mütter aus ihren Worten, daß sich ein solch grauenhaftes Geschehen oder ein noch schlimmeres nochmals wiederholen könnte. Mit Worten allein ist da nicht zu antworten, man muß Gefühle zeigen und überzeugen, daß man selbst bereit ist, alles zu tun, um die Wiederholung zu verhindern.

Das hier beispielhaft Geschilderte wiederholte sich mehr oder weniger in allen betrieblichen und gewerkschaftlichen Veranstaltungen. Bei mir verstärkte sich immer mehr der Eindruck, daß Sibirien sich fest in Händen des weiblichen Geschlechts befindet. Bleiben wir also noch eine Weile dort, um auch die Menschen ein bißchen besser kennenzulernen mit ihrer Heiterkeit, mit ihrer Heimatliebe und, ja, mit ihrer Melancholie.

Eine Fahrt von Irkutsk zum 60 Kilometer entfernt liegenden Baikal-See mit seinem köstlich schmeckenden Omul-Fisch (den es nur in diesem Gewässer gibt) gehört zum festen Bestandteil eines jeden Reiseprogramms. Sechs Kolleginnen, der Fahrer, der Dolmetscher und ich, fuhren im Kleinbus, und zwei weitere Kollegen begleiteten uns im Pkw, so daß in diesem Fall wenigstens das „Gleichgewicht" in etwa hergestellt war. Zuerst besuchten wir das eigens für die Erforschung des Baikal-Sees und für die Reinhaltung seines Wassers errichtete Forschungsinstitut, um dann anschließend vom kristallklaren Wasser des Sees zu trinken. Es bedeutet, daß man wieder einmal zurückkehren wird.

Schon auf der Hinfahrt dachte ich mir, was die wohl alles in diesem Bus transportieren, weil es immer irgendwo klapperte. Auf der Rückfahrt, als wir plötzlich mitten in die Taiga hineinfuhren, um eine Pause einzulegen, der Bus entladen und ein Holzfeuer angezündet wurde, entdeckte ich es: Meine Begleitmannschaft hatte in überreichlichem Maße für Essen und Trinken gesorgt. Mit dem langsam hereinbrechenden Sommerabend stimmten die Frauen und Männer Lieder ihrer Heimat an, von der Taiga, vom Baikal-See, von der Weite und Schönheit ihres Landes. Heiter und schwermütig zugleich. Ich schämte mich nicht meiner Tränen über soviel Freundschaftsgefühl, das mir entgegengebracht wurde. Auf Wiedersehen Sibirien – do swidanja!

Rund zehn Stunden Rückflug von Nowosibirsk nach Moskau, mit einer Zeitverschiebung von etwa acht Stunden. Die nächste Versammlung stand an im Zentralbetrieb der „Prawda", die ich schon an anderer Stelle erwähnte. Der Referentenaustausch fand in den folgenden Jahren seine Fortsetzung und unsere österreichische Brudergewerkschaft schloß sich diesem Beispiel an, das zur Fortentwicklung sinnvoller Beziehungen zwischen Gewerkschaften verschiedener Länder beigetragen hat.

6.9 Pressefreiheit in Ost und West?

Zwei oder drei Jahre später wurde mir vom Vorsitzenden der sowjetischen Kulturarbeitergewerkschaft ein Seminar für Journalisten bei Presse und Rundfunk angeboten. Darüber war ich selbst etwas erstaunt, denn es war sicher auch politisch ein heikles Thema. Als ich meine Vorstellungen dazu entwickelte, wonach z. B. in einem solchen Seminar nicht nur Fragen des Pressewesens oder der Journalistenausbildung behandelt werden könnten, sondern zwangsläufig die Frage der Pressefreiheit in den sozialistischen Ländern zur Sprache kommen würde, fand der Vorsitzende dies als etwas ganz Selbstverständliches. Das erste Journalisten-Seminar, an dem sowohl Kollegen der Deutschen Journalisten Union in der IG Druck und Papier (DJU) als auch der Rundfunk-, Film- und Fernseh-Union (RFFU) teilnahmen, fand in Moskau statt. Es war, wie gesagt, der erste Versuch, und gewisse Anlaufschwierigkeiten konnten nicht ausbleiben.

An anderer Stelle verwies ich bereits darauf, daß eine Veränderung der Gesellschaftsordnung zwangsläufig zu anderen Strukturen führt, die insbesondere natürlich auch den Bereich der Massenmedien berühren bzw. verändern. Andererseits wird aber auch von unseren heimischen Journalisten der Charakter unserer Medien noch nicht vollständig begriffen, die schon Ferdinand Lassalle als „bürgerliche Zeitungsmache" massiv kritisierte und zumindest der Presse vorwarf, „die öffentliche Aufgabe des Journalismus, sein Wächteramt, durch die Bindung an den Anzeigenteil korrumpiert zu haben". Aber auch die öffentlich-rechtlichen Rundfunk- und Fernsehanstalten befinden sich ja in einer bestimmten Abhängigkeit von den privaten Werbeträgern usw., außerdem sind dort ebenso die Journalisten einem immer stärker werdenden politischen Druck ausgesetzt, ganz abgesehen von den „neuen Medien", die sich zumindest teilweise in privater Hand befinden.

Es galt also, eine gemeinsame Plattform zu finden, die nicht zur kritiklosen Übereinstimmung führen sollte, aber doch zum gegenseitigen Beachten der unterschiedlichen politischen Gegebenheiten. Unabhängig von kritisch geführten Diskussionen im Seminar, fand die Journalisten-Ausbildung an den einschlägigen Universitäten der Sowjetunion doch allgemeine Zustimmung. Auch das Pressewesen selbst, das aus einer Vielzahl von Zeitungen und Zeitschriften besteht, kann keineswegs als uniformiert oder als total ausgerichtet angesehen werden.

Nachdem zwischenzeitlich das vierte Journalisten-Seminar, wechselweise in der Bundesrepublik und in der UdSSR, durchgeführt wurde, hat man beispielsweise folgenden begehbaren Weg für sachliche Gespräche gefunden: Für vorher bestimmte Themenbereiche aus Politik und Wirtschaft werden in beiden Ländern vergleichbare Nachrichtenmeldungen oder Kommentare gesammelt, um dann gemeinsam über Form und Inhalte der Berichterstattung zu diskutieren. Da mögen sich Sprachschwierigkeiten oder unterschiedliche Beurteilungen ergeben, dennoch wurde ein weiterer Schritt zum gegenseitigen Erfahrungsaustausch und zur Verständigung gefunden – in einem gewiß nicht ganz problemfreien Bereich. Aber wenn man will, gibt es auch immer einen Weg.

6.10 Persönliche Erkenntnisse

Während meiner 15jährigen Amtszeit als Gewerkschaftsvorsitzender hatte ich, mit Ausnahme von Rumänien, alle grafischen Gewerkschaften der sozialistischen Länder besucht und, soweit es meine Zeit erlaubte, mit deren Delegationen in der Bundesrepublik immer wieder Gespräche geführt. Dies war natürlich im gleichen Maße bei den gegenseitigen Beziehungen mit den Gewerkschaften der westlichen Länder der Fall. Zur Vorbereitung solcher Reisen versuchte ich mich über die wirtschaftlichen, politischen und gewerkschaftlichen Verhältnisse der jeweiligen Länder ausreichend zu informieren, um möglichst sachkundige Gespräche und Diskussionen führen und Fragen stellen zu können. Ich erinnere mich, daß wir bei unserem ersten Besuch in der UdSSR im Moskauer Gewerkschaftshotel „Sputnik" an einem Abend bis in die ersten Morgenstunden des darauffolgenden Tages im Hotelzimmer des sowjetischen Vorsitzenden verbrachten, um uns über technische Ausstattung der Betriebe, die Formen der Berufsausbildung, die Arbeitsweise der betrieblichen Gewerkschaftsleitungen, das betriebliche Schiedswesen usw. zu unterrichten – bevor wir Betriebe besuchten.

Zum gleichen Zeitpunkt fand in Moskau die „Polygrafmasch", eine Messe für Druckmaschinen, statt, und wir wurden darüber informiert, daß alle bundesdeutschen Maschinen und Geräte direkt vom Ausstellungsstand weg gekauft und nicht mehr zurücktransportiert werden mußten. Wir erkannten, wie wichtig Devisenfragen für die sozialistischen Länder sind und ebenso, daß die bundesdeutschen Unternehmungen ohne jegliche politischen Hemmungen ihre Geschäfte mit den sozialistischen Ländern abwickelten. Warum sollten dann die Gewerkschaften nicht wenigstens vernünftige Beziehungen mit den Organisationen der Arbeitnehmer in diesen Ländern pflegen? Wieviel Arbeitsplätze würden z. B. beim Mannesmann-Konzern vernichtet werden, wenn die Sowjetunion das große Röhrengeschäft nicht mehr mit dieser Firma, sondern mit einer japanischen tätigen würde?

Nicht die Fragen der großen Politik standen im Vordergrund unserer ersten Kontakte, sondern berufsbezogene Probleme – wie das unter Buchdruckern schon von je her der Fall war. Dies erleichterte uns in den späteren Jahren auch die Diskussion schwieriger politischer Fragen, denn was in der internationalen Politik gilt, nämlich die Schaffung gegenseitigen Vertrauens, gilt gleichermaßen für die Gewerkschaften. Die Achtung der Souveränität der einzelnen Organisationen setzt ein hohes Maß an gegenseitiger Toleranz voraus, und dazu gehört vor allem auch die Achtung vor der politischen Überzeugung des anderen. Wer diese Prinzipien achtet und ohne Vorurteil die Entwicklung anderer Länder beurteilt, wird sicher auch eines Tages dort als Kollegin oder Kollege beachtet und geachtet werden.

7. Entwicklungen und Gewerkschaften in Polen

Im Jahre 1870 streikten in Lwow erstmals die polnischen Drucker. Das gab den Anstoß zur Gründung einer Druckergewerkschaft. Hundert Jahre danach gab die polnische Post aus diesem Anlaß eine Sonderbriefmarke heraus, die in einer Auflage von sechs Millionen Exemplaren von der staatlichen Wertpapierdruckerei in Warschau im mehrfarbigen Offsetdruck hergestellt wurde. Wiedergegeben ist der Holzschnitt einer alten Druckerei. Hundert Jahre auch nach dem ersten polnischen Druckerstreik wurde dem damaligen Vorsitzenden der IG Druck und Papier der Bundesrepublik Deutschland in einer festlichen Zeremonie, am 20. Mai 1970, mit der Legitimation Nr. 1 die Medaille zum 100jährigen Jubiläum der Druckergewerkschaft in Krakau überreicht. Welche Entwicklung war dem vorausgegangen?

Einzelne der 16 damals im Deutschen Gewerkschaftsbund zusammengeschlossenen Gewerkschaften hatten bereits Ende der 50er Jahre versucht, nach und nach Kontakte zu allen osteuropäischen Gewerkschaften zu knüpfen, darunter auch zu den polnischen. Ausgenommen sollte zu jener Zeit allerdings der Freie Deutsche Gewerkschaftsbund (FDGB) der DDR bleiben.

Positiv und eindeutig erklärte sich der 8. Ordentliche Gewerkschaftstag der IG Druck und Papier im Jahre 1968 zu der zwischenzeitlich eingetretenen Entwicklung, der in einer „Entschließung zur Politik des Friedens" u. a. wie folgt an die Bundesregierung appellierte:

„... im Rahmen von Gewaltverzichtserklärungen gegenüber den am Zweiten Weltkrieg beteiligten Mächten die Bereitschaft zu bekunden, die bestehenden Grenzen anzuerkennen und das Münchner Abkommen von 1938 zur Oder-Neiße-Linie als von Anfang an für null und nichtig zu erklären."

Aus der jüngeren deutschen Geschichte zog der Gewerkschaftstag die Lehre, daß das deutsche Volk verpflichtet ist,

Frieden und Entspannung in aller Welt zu fördern. Diese Verpflichtung wurde vom Gewerkschaftstag „für alle Handlungen der IG Druck und Papier und ihrer Mitglieder als verbindlich erklärt".

In einem weiteren Beschluß des Gewerkschaftstages 1968 wurde eindeutig zum Ausdruck gebracht:

„Ein klärendes Wort der Bundesregierung zur Oder-Neiße-Linie wäre bestens geeignet, die Normalisierung der Verhältnisse zur Volksrepublik Polen zu fördern. Die Landsmannschaften müssen ihre utopischen Anspruchsforderungen fallenlassen, wenn sie von unserem Volk den Vorwurf des Revanchismus abwenden wollen."

Diese Beschlüsse wurden in der politischen Überzeugung gefaßt, daß die Beziehungen des deutschen Volkes zum polnischen und umgekehrt einerseits noch immer von den Greueln des Zweiten Weltkrieges überschattet waren, andererseits aber die Diskussion um die Normalisierung der Beziehungen zu Polen allzu nationalistisch von den Sprechern der Vertriebenenverbände und Landsmannschaften in der Bundesrepublik geführt wurde. Demgegenüber standen die Beratungsergebnisse der Alliierten von Jalta (5. Februar 1945) sowie die Beschlüsse der Potsdamer Konferenz vom 17. Juli 1945. Die letztgenannte Konferenz der Alliierten hatte gegen die Einwände Winston Churchills festgestellt, daß „die Gebiete östlich der Oder und Lausitzer Neiße bis zur endgültigen Festlegung der Westgrenze Polens unter polnischer Administration stehen."

Am 30. Mai 1949 wurde die Deutsche Demokratische Republik als souveräner Staat proklamiert, nach knapp einem Jahr (am 6. Juni 1950) vereinbarten die DDR und Polen die vertragliche Anerkennung der Oder-Neiße-Linie als Friedensgrenze zwischen Polen und der DDR. In der „Chronik des 20. Jahrhunderts" (Westermann-Verlag, Seite 740) heißt es dazu: „In einer Sondererklärung des Bundestages wird der DDR das Recht abgesprochen solche Verträge zu schließen. Der Präsident der Konsultativversammlung des Europarates, Henri Spaak, erklärt am 13. Juni 1950, wenn die Bundesrepublik erst einmal Mitglied des Europarates sei, werde man sie auch in der Forderung nach den deutschen Ostgebieten unterstützen."

Im Frühjahr 1970, 25 Jahre nach Beendigung des Zweiten Weltkrieges, war es bei den bundesdeutschen Gewerkschaften hoch an der Zeit, die Beziehungen zu den polnischen Gewerkschaften auf eine Basis zu stellen, die zum einen die „neue Ost-Politik" der sozial-liberalen Koalition unterstützen, zum anderen zur Völkerverständigung und damit zur Friedenssicherung beitragen sollte. Anfang April 1970 reiste die erste DGB-Delegation nach Polen. Dies wurde offenbar möglich unter dem Eindruck der Bundestagswahlen im September 1969, denn die Polen verzichteten nach dem Machtwechsel in Bonn entgegen ihrer früheren Haltung auf die Anerkennung der Oder-Neiße-Grenze als Voraussetzung für offizielle Gewerkschaftskontakte. Von deutscher Gewerkschaftsseite war die Anerkennung bis dorthin mit der lapidaren Begründung abgelehnt worden, für völkerrechtliche Erklärungen seien allein die Regierungen zuständig. Wie oft hat man später selbst gegen derartige Grundsätze verstoßen?

Als erste Einzelgewerkschaft im DGB hatte die IG Druck und Papier eine offizielle Einladung vom Hauptvorstand der polnischen Gewerkschaft für die polygraphische Industrie erhalten, die angenommen wurde. Aus Rücksicht auf eine Delegation des DGB-Bundesvorstandes, der ebenfalls eine Einladung aus Warschau erhalten hatte, wurde der Besuch unserer fünfköpfigen Delegation in Polen für die Zeit vom 24. bis 31. Mai 1970 terminiert. Die 1000 Kilometer lange Reise, die uns von Warschau über Krakau, Auschwitz, Kattowitz, Oppeln, Breslau und Lodz wieder nach Warschau zurückführte, legten wir in einem Volkswagenbus der polnischen Druckergewerkschaft zurück.

Auschwitz mit dem Nebenlager Birkenau, bekannt als eines der fürchterlichsten Konzentrationslager, erinnerte uns wiederum an die nazistischen Greueltaten, denn dort kamen nicht weniger als vier Millionen Menschen aus allen von den Nazis besetzten Ländern ums Leben. Nicht von der Schuld der Deutschen war bei unseren Gesprächen die Rede, sondern nur die Greueltaten der SS und der Gestapo wurden angeprangert. Andererseits wurde z. B. die politisch einwandfreie Vergangenheit des damaligen Bundespräsidenten Dr. Gustav Heinemann und die von Willy Brandt von polnischer

Seite gewürdigt. Nicht Haß verspürten wir, wohl aber eine tiefempfundene Gastfreundschaft, die es uns etwas erleichterte, die Schwere eines solchen ersten Erlebens besser zu ertragen, Betroffenheit und Betretenheit zu überwinden. Wir erlebten die große Tradition der Kollegialität und Solidarität, der Völkerfreundschaft und des beständigen Friedenswillens der Arbeiterbewegung, die bei den Buchdruckern stets besonders ausgeprägt war und für die wir auf polnischem Boden wieder eine neue Ermutigung fanden.

Kurz vor der Beendigung der Reise fand noch eine Aussprache mit Loga-Sowinski, dem damaligen Vorsitzenden des Zentralrates der polnischen Gewerkschaften statt, der als zweitwichtigster Mann Polens und Vertrauter Gomulkas galt. Auf Revanchisten und Faschisten angesprochen, erwiderten wir, daß „ihre Schar zwar klein, ihr Geschrei dafür um so lauter sei". Mit großer Zustimmung wurde ein Beschluß des Gewerkschaftstages der IG Druck und Papier aufgenommen, der NPD-Mitglieder zwangsläufig zum Ausschluß aus der Organisation führt.

Am Vormittag unseres letzten Aufenthaltstages vereinbarten wir schließlich ein Kommuniqué über unseren Besuch sowie über unsere Beratungsergebnisse. Nach der üblichen namentlichen Aufzählung der Zusammensetzung unserer Delegation und der von polnischer Seite an den Gesprächen beteiligten Vorstandsmitglieder sowie der Stationen der Reise, formulierten wir die politischen Inhalte. Zusammengefaßt bringen diese in vier Punkten folgendes zum Ausdruck (der volle Wortlaut des Kommuniqués ist im Anhang abgedruckt):

1. Beide Delegationen haben beschlossen, in der Zukunft Arbeitskontakte zu entwickeln mit dem Ziel, Erfahrungen in verschiedenen Bereichen der gewerkschaftlichen Tätigkeit auszutauschen.

2. Während der Gespräche wurde auch die Frage der multilateralen Zusammenarbeit der Gewerkschaften in Europa besprochen. Beide Delegationen haben die Notwendigkeit einer solchen Zusammenarbeit und Annäherung zwischen den Gewerkschaftsorganisationen anerkannt, unabhängig von ihrer nationalen Angehörigkeit.

   Deshalb sprechen sich beide Delegationen für die Einberufung einer europäischen Konferenz der Gewerkschaften aus.

3. Beide Delegationen stellen fest, daß die Sicherung des dauerhaften Friedens un die Sicherheit auf dem europäischen Kontinent in einem wohlverstandenen Interesse aller Völker und Werktätigen in Europa liegt.

Davon ausgehend, erklärt die Delegation der IG Druck und Papier, daß aufgrund einer Resolution ihres Außerordentlichen Gewerkschaftstages 1969 die Bundesregierung aufgefordert wird:

● Die Ergebnisse des Zweiten Weltkrieges anzuerkennen;

● die Integrität aller europäischen Staaten in ihren gegenwärtigen Grenzen und besonders die Unantastbarkeit der Westgrenze Polens an Oder und Neiße als endgültig anzuerkennen.

4. Die Bundesregierung wird weiterhin aufgefordert, ihre Beziehungen zur Deutschen Demokratischen Republik zu normalisieren.

Der gemeinsam erarbeitete und formulierte Text des Kommuniqués fand die uneingeschränkte Zustimmung der beiden Seiten einschließlich der zwei deutschen Vorstands- und Delegationsmitglieder, die im ehemaligen Schlesien geboren wurden und nach dem Zweiten Weltkrieg in ihre Heimat nicht mehr zurückkehren konnten. Überdies hatten die dort eingenommenen politischen Positionen ihre eindeutige Grundlage in den bereits erwähnten Beschlüssen des Gewerkschaftstages 1968 und insbesondere in den Resolutionen 2 und 3 des Außerordentlichen Gewerkschaftstages der IG Druck und Papier im Oktober 1969 in Koblenz (siehe Anhang). Wenig verständlich war es deshalb für uns, daß die Veröffentlichung der getroffenen Vereinbarung noch vor unserer Rückkehr soviel Wirbel in der Presse- und Gewerkschaftslandschaft der Bundesrepublik auslöste. „Bild am Sonntag" startete schon zu jener Zeit ihren äußerst „rechtslastigen Erstschlag" gegen mich, und andere bürgerliche Presseerzeugnisse folgten – wie gewohnt – bis heute.

Zu erwarten war die Empörung der Vertriebenen und ihrer Landsmannschaften. Zwei Beispiele mögen davon Zeugnis ablegen:

1. Der seinerzeitige CDU-MdB und Präsident der schlesischen Landesversammlung, Clemens Riedel, meinte in einer Rede: Viele Polenreisende unterlägen dem gefährlichen Irrtum, Atmosphäre mit Substanz zu verwechseln. Es sei zu bezweifeln, daß es den „Wallfahrern nach Warschau" möglich sei, sich in einem auf wenige Tage beschränkten Besuch die notwendige Sachkenntnis zu verschaffen. So entgehe vielen Delegationen und Einzelpersönlichkeiten, daß unter der polnischen Bevölkerung tiefe Besorgnis bestehe, die durch eine Anerkennung der Oder-Neiße-Linie noch verstärkt werde.

2. Ein Kaufmann und Wirtschaftssachverständiger a. D. aus Frankfurt sandte eine Postkarte, auf deren Rückseite in roter Farbe aufgestempelt war: „Freiheit für Ost-Deutschland! Freiheit für Mittel-Deutschland! Deutschland frei von fremder Knechtschaft!" Und auf einem aufgeklebten gelben Etikett stand gedruckt die fordernde Frage: „Wann räumen die Polen Ost-Deutschland?!"

Solche und ähnliche Zeitgenossen gab es zu dieser Zeit sicher viele – wieviele mag es heute noch davon geben?

Doch auch beim DGB-Bundesvorstand herrschte nicht gerade eitel Freude über die Veröffentlichung des Kommuniqués. Dessen Unmut richtete sich vor allem gegen die ausgesprochene Forderung nach Einberufung einer Konferenz der europäischen Gewerkschaften, die ebenfalls ihre Grundlage in der Resolution 2 des Außerordentlichen Gewerkschaftstages 1969 hatte. Ebenso hatte der vorher stattgefundene Gewerkschaftstag der IG Chemie – Papier – Keramik bereits die Auffassung zum Ausdruck gebracht, daß „eine solche Konferenz dem Frieden außerordentlich nützlich sein könnte".

Demgegenüber hatte der Geschäftsführende Bundesvorstand des DGB bei seinem ersten Spitzenbesuch in Warschau Anfang April sowie Mitte April in Bulgarien die dort ebenfalls vorgetragenen Wünsche nach einer europäischen Gewerkschaftskonferenz zwar nicht grundsätzlich zurückgewiesen, aber zwei Voraussetzungen für erforderlich gehalten: Die Schaffung eines geeigneten Klimas für eine solche Konferenz durch vorherige Entwicklung zweiseitiger Kontakte von Staat zu Staat sowie eine Regionalkonferenz der in der Internationalen Arbeitsorganisation in Genf bereits zusammenarbeitenden europäischen Gewerkschaften des Weltgewerkschaftsbundes (WGB) und des Internationalen Bundes Freier Gewerkschaften (IBFG). Der DGB befürchtete, daß ohne eine gründliche Vorbereitung eine europäische Gewerkschaftskonferenz scheitern könnte, zumal die osteuropäische Gewerkschaftskonzeption eines solchen Treffens „von der rein politischen Zielsetzung einer gemeinschaftlichen Arbeitnehmer-Aktion zur Friedenssicherung" ausginge.

Die Gewerkschaftsbünde des IBFG können aber aber Entspannungspolitik nicht einleiten, wenn sie nur einer entsprechenden Regierungspolitik Flankierungshilfen geben. Allerdings sollte auch dieser Vorschlag, eine europäische Gewerkschaftskonferenz durchzuführen, noch viele Hindernisse zu überwinden haben.

Über 25 Jahre nach Beendigung des Zweiten Weltkrieges sollte es auch dauern, bis es endlich der sozial-liberalen Koalition gelang, sowohl die internationalen wie auch die nationalen Spannungen zu überwinden, die bis dorthin einer Annäherung mit Polen entgegenstanden. Am 7. Dezember 1970 wurde in der Hauptstadt Polens der „Warschauer Vertrag" von Bundeskanzler Willy Brandt und Bundesaußenminister Walter Scheel unterzeichnet. Beide Partner stellten im Vertrag fest: Die Oder-Neiße-Linie ist die westliche Staatsgrenze Polens, deren Unverletzlichkeit bekräftigt wurde. Darüber hinaus wurde die gegenseitige Verpflichtung zu uneingeschränkter Achtung der territorialen Integrität festgeschrieben sowie auf Gebietsansprüche verzichtet.

Keineswegs soll mit dieser Erinnerung die Feststellung verbunden werden, daß die Vertragsunterzeichnung durch das Vorgehen der IG Druck und Papier erst möglich gewesen sei; aber aktiv unterstützt haben wir diesen Weg und diese Politik schon. Wie sagte beim Abschluß unserer Polenreise doch gleich der Vorsitzende des Zentralrates der polnischen Gewerkschaften, Loga-Sowinski: „Man darf nicht alles allein den Diplomaten überlassen."

Fast noch mehr Aufsehen als die Unterzeichnung des Vertrages hatte in der ganzen Welt eine Geste des Bundeskanzlers bei einem Besuch im ehemaligen Warschauer Ghetto erregt: Willy Brandt kniete am Mahnmal für die Opfer des National-sozialismus nieder.

Der außenpolitische Erfolg, den die polnische Regierung mit der Vertragsunterzeichnung errungen hatte, wurde von den blutigen Unruhen in den Hintergrund gedrängt, die sich an der schlechten Versorgungslage und an drastischen Preiserhö-hungen entzündet hatten. Am 14. Dezember 1970 begann auf der Danziger Lenin-Werft eine Streikbewegung, die auf ande-re Städte in Nordpolen übergriff und die schließlich zum Sturz der gesamten polnischen Führungsspitze führte.

7.1 Freundschaft mit Polen

Im Oktober 1970 führte uns der Weg zum zweitenmal nach Polen, um mit weiteren Vorstandsmitgliedern von grafischen Gewerkschaften westlicher Länder als Beobachter an der „Dritten Konferenz des Ständigen Konsultativkomitees der Gewerkschaften der grafischen Industrie" (SKGGI) in War-schau teilzunehmen. Es handelt sich dabei um eine Verbin-dung von grafischen Gewerkschaften vorwiegend aus soziali-stischen Ländern, doch sind auch solche vertreten, deren Or-ganisationen keiner Internationale direkt angegliedert sind, wie z. B. in Japan, in Südamerika oder zum Teil die in Ent-wicklungsländern. Die konsultative Form einer derartigen Konferenz führt im wesentlichen zu Situationsberichten aus den verschiedenen Teilnehmerländern, die in entsprechenden Entschließungen oder Resolutionen einmünden. Der dabei zu gewinnende Gesamtüberblick gestaltet sich wegen der inter-nationaleren Zusammensetzung umfangreicher, als dies im ei-genen Internationalen Berufssekretariat möglich ist.

Bedeutsam sind vor allem die vielfältigen Gesprächsmöglich-keiten und Begegnungen am Rande einer solchen Konferenz mit Kollegen anderer Gewerkschaften, die man im Leben noch nie gesehen hatte. Ich erinnere mich an einen Funktio-när der norwegischen Gewerkschaft, der uns in seinem Hotel-zimmer zu einem gemütlichen Umtrunk eingeladen hatte. Als wir uns auch politisch etwas näher kamen, erfuhren wir von ihm, daß er mit jungen Jahren ins KZ Buchenwald eingelie-fert worden war und dort viele Jahre verbringen mußte. Damals hatte er geschworen, niemals in seinem Leben wieder Deutsch zu sprechen oder mit Deutschen zu verkehren. An jenem Abend wurde eine neue Freundschaft mit einem sozialdemokratischen norwegischen Kollegen geschlossen, die von bleibendem Bestand sein sollte. Einige Jahre später wurde er Vorsitzender seiner Organisation und Mitglied des Exekutivkomitees unserer Internationale. Als er im Mai 1983 aus Altersgründen seine Funktionen niederlegte und ich ihm als Präsident der IGF bei seiner Verabschiedung in Oslo mit einer ihn würdigenden Rede ein Erinnerungsgeschenk überreichte, standen uns beiden Tränen in den Augen.

Eine andere Erinnerung aus dieser Zeit. In jenen Tagen des Oktober 1970 feierte die Sekretärin Krystyna (Sekretärin und Geschäftsführendes Vorstandsmitglied) vom Zwiazek Zawodowy Pracownikow, der grafischen Gewerkschaft Polens, nach 24 Uhr ihren Geburtstag. Teilnehmer der Konsultativkonferenz aus allen Ländern erwarteten gespannt diesen Zeitpunkt; vorher wurde im Blumenladen des Warschauer Hauptbahnhofs das Geburtstagsangebinde besorgt, und alle gratulierten ihr in herzlichster Weise. Krystyna, die mittlerweile ebenfalls aus der hauptamtlichen Tätigkeit geschieden ist, war ein prachtvoller Mensch und über all die Jahre hinweg ein zuverlässiger Partner. Noch heute gehen offizielle und persönliche Päckchen seitens der IG Druck und Papier an ihre Adresse. Eine Freundschaft, die alle Wirren überstand.

In den nachfolgenden Jahren wurden, im Sinne des Kommuniqués vom Mai 1970, regelmäßig beiderseitige Arbeitskontakte mit kleineren Delegationen durchgeführt. Die letzte polnische Delegation besuchte im September 1979 die Bundesrepublik. Funktionäre und Vorsitzende wechselten oder schieden altershalber aus, an den gegenseitig vertrauensvollen Beziehungen hatte sich nichts geändert. Noch im Dezember 1980 erhielten wir aus Polen die offizielle Mitteilung, daß am 12. und 13. Oktober 1980 der XXV. Delegiertenkongreß stattgefunden hatte, der ein neues Statut verabschiedet, den Vorstand gewählt und der Organisation den neuen Namen: „Unabhängige selbstverwaltete Gewerkschaft der Druckereiarbeiter der Volksrepublik Polen" gegeben hatte.

Als mit der Verkündung des Ausnahmezustandes am 13. Dezember 1981 die „Solidarnosc" verboten und auch die „Unabhängigen selbstverwalteten Gewerkschaften" aufgelöst wurden, entrüsteten sich in den westlichen Ländern ausgerechnet jene Kräfte am meisten, die im eigenen Land am ehesten bereit sind, die Gewerkschaftsrechte mit Füßen zu treten und diese mit Gesetzen einzuschränken. Volkspolen feindlich gesinnte Kreise heizten die Spannungen unter der polnischen Bevölkerung mit bürgerlichen Parolen weiter an, in der Hoffnung, vielleicht doch noch die politische Entwicklung in der Volksrepublik Polen umdrehen zu können.

Im Oktober 1982 schuf der Sejm (das polnische Parlament) mit einem Gesetz die rechtliche Grundlage zur Neubelebung der Gewerkschaftsbewegung. Es sah vor, beginnend auf Betriebsebene, schrittweise die Strukturen der neuen Gewerkschaften herauszubilden. Begonnen wurde damit am 1. Januar 1983, und es formierten sich alsbald die ersten betrieblichen Initiativ- bzw. Gründungskomitees. Die Aufgaben der Gewerkschaften beschränkten sich zunächst ausschließlich auf die Lösung dringender sozialer Probleme, wie Hilfe bei der Wohnraumbeschaffung, Gewährung finanzieller Zuschüsse für bedürftige Familien und vor allem auf Maßnahmen zur Verbesserung der Arbeitsbedingungen. Eine große Rolle spielt, wie in den anderen sozialistischen Ländern, die gerechte Verteilung der Urlaubs- und Kurplätze in den gewerkschaftseigenen Ferienheimen und Sanatorien. Ursprünglich war vorgesehen, daß die lediglich auf Betriebsebene organisierten Gewerkschaften ein Jahr lang in dieser Form existieren sollten, doch bereits im Mai 1983 entstand die erste überbetriebliche Vereinigung – die Föderation der Betriebsgewerkschaften der Hüttenwerker. Bis Anfang März 1984 waren 82 solche landesweiten Branchengewerkschaften von Industriezweigen und Wirtschaftsbereichen registriert. Im Sommer sollen von den 11 Millionen Beschäftigten in Polen bereits 4,5 Millionen Mitglied der neuen Gewerkschaften geworden sein.

Im März 1984 bot sich mir die Gelegenheit, ein mehrstündiges Gespräch mit dem gewählten Vorsitzenden der neugegründeten „Unabhängigen Branchengewerkschaft für die polygraphische Industrie" (Zwiazek Zawodowy Pracownikòw Przemyslu Poligraficznego Polskiej Rzeczypolitey Ludowej), Leszek Brojanowski, zu führen. Er berichtete mir, daß seine Gewerkschaft als erste den Registrierungsantrag gestellt hatte und als vierte auf Landesebene zugelassen wurde. Vor dem Verbot der „Solidarnosc" bzw. der Auflösung der alten Branchengewerkschaften setzte sich die grafische Gewerkschaft etwa zu 60 Prozent aus Mitgliedern der Branchengewerkschaft und zu etwa 40 Prozent aus Mitgliedern der „Solidarnosc" zusammen. Beim Gründungskongreß der neuen Gewerkschaft stellten die ehemaligen „Solidarnosc"-Vertreter den Antrag auf Gründung einer pluralistischen Gewerkschaftsbewegung innerhalb eines Industriezweiges. Dieser Antrag wurde jedoch nach vielstündigen, grundsätzlichen Diskussionen mehrheitlich abgelehnt: „Die Gewerkschaftseinheit stand im Vordergrund der Beratungen", faßte der Vorsitzende seine Betrachtungen vom Gründungskongreß zusammen.

Der Vorstand der polygrafischen Gewerkschaft besteht aus 13 Mitgliedern, sieben davon sind Vertreter der alten Branchengewerkschaft und sechs gehörten der ehemaligen „Solidarnosc" an. Mein Gesprächspartner kritisierte offen und freimütig das Fehlverhalten der Führungsschicht der alten Gewerkschaftsbewegung, die sich allzuleicht den Beschlüssen der Polnischen Vereinigten Arbeiterpartei (PVAP) unterworfen hatte und die Interessen der Arbeiterschaft vernachlässigte. Ebenso schonungslos setzte er sich mit den Fehlern der früheren polnischen Regierung auseinander, die wohl glaubte, mit der zunehmenden Aufnahme westlicher Bankkredite die Industrialisierung des Landes schneller und reibungslos verwirklichen zu können.

Dies sollte sich als Trugschluß erweisen, denn der Agrarstaat Polen kann heute seine Bevölkerung nicht mehr ausreichend mit Lebensmitteln versorgen, weil er einen Großteil seiner landwirtschaftlichen Produkte exportieren muß, um die fälligen Zinsraten in Millionenhöhe begleichen zu können. Devisenknappheit, Lebensmittelmarken, Kaufbeschränkungen bei Benzin usw. sind einerseits die Folgen einer verfehlten Politik, andererseits sind bei breiten Schichten der Bevölkerung ausreichende Geldmittel vorhanden, die aber mangels Angebot nicht in Kaufkraft umgewandelt werden können. Zwar leisten die sozialistischen Staaten Hilfe zur Versorgung, insbesondere die DDR, doch wird vor allem Polen selbst seine eigene Wirtschaftskraft entwickeln müssen, um nach Jahren wieder aus dieser Misere herauszukommen.

Natürlich sprachen wir miteinander über Lech Walesa, über seine Anhänglichkeit zur Kirche oder über seine Abhängigkeit von ihr. Beide Begriffe haben ihre bestimmte Berechtigung, denn sie sind kaum voneinander zu trennen. Als ich meinem Gesprächspartner sagte, ich hätte den Eindruck, daß Lech Walesa von der katholischen Kirche fallengelassen worden sei, antwortete er mir:

„Die polnische katholische Kirche hat in ihrer fast zweitausendjährigen Geschichte viele politische Erfahrungen gesammelt und selbst immer wieder Politik gemacht. Als sie erkannte, daß mit Lech Walesa und der ‚Solidarnosc‘ eine politische Systemveränderung nicht herbeigeführt werden kann, hat sie sich zurückgezogen, um sich erneut mit dem Stärkeren, dem Staat, zu arrangieren. Stellte sich die Kirche zunächst mit an die Spitze des Widerstands, so wechselte sie in letzter Zeit über zu Mahnungen, Aufrufen zur Besonnenheit und zur Ruhe. Ja, Walesas Bedeutung wurde mit dem Sinneswandel der Kirche zurückgedrängt. Das gleiche vollzog sich mit seinen engsten persönlichen Beratern aus den Reihen der Intellektuellenorganisation KOR, die anfangs unmittelbar an der Führung der ‚Solidarnosc‘ beteiligt waren, sich dann aber zurückzogen, um ihre Tätigkeit vorrangig auf die Bildungsarbeit zu beschränken.“

Wir kamen in unserem Gespräch wieder auf die Weiterentwicklung der Gewerkschaften zurück und er berichtete, daß das Organisationsverhältnis gegenüber früheren Jahren zwar noch geringer sei, aber doch schon in den Druckereien des Landes über 60 betriebliche Gewerkschaftskomitees bestehen, die recht gut arbeiteten. Die weitere Fortentwicklung beurteilte er recht zuversichtlich, wobei immer wieder die unbedingte Notwendigkeit der gewerkschaftlichen Einheit betont wurde. Unter anderem wurde ich auch darüber informiert, daß sich zwischenzeitlich auch ein Kollegium der Vorsitzenden gesamtpolnischer Gewerkschaftsorganisationen konstituiert hat, dessen Aufgabe es ist, die Tätigkeit der Föderationen und Landesverbände besser zu koordinieren. Dieses Kollegium delegiert Vertreter in gesellschaftliche Gremien und knüpft auch wieder Kontakte zu ausländischen Gewerkschaften. Eine Delegation dieses Kollegiums besuchte als erstes Land die DDR, wo sie mit dem FDGB eine engere Zusammenarbeit und gegenseitigen Erfahrungsaustausch vereinbarte. Als erstes Ergebnis des Besuches kann auch vermerkt werden, daß 1984 jeweils 40 000 Gewerkschafter der DDR und Polens in Ferienheimen des Nachbarlandes ihren Urlaub verbringen; 1985 soll die Zahl auf 50 000 erhöht werden.

Mit Leszek Brojanowski hatte ich einen zielbewußten und intelligenten Vorsitzenden der neuen polnischen Gewerkschaftsgeneration kennengelernt, der mich sehr beeindruckte. Bei der Verabschiedung bekannte er sich sehr nachdrücklich zur friedenspolitischen Aufgabe der internationalen Gewerkschaftsbewegung und sprach die Hoffnung aus, daß es doch auch bald wieder zu Kontakten zwischen den bundesdeutschen und den neuen polnischen Gewerkschaften kommen möge; die Zeit sei reif dafür.

7.2 Ein Diskussionsbeitrag, der nie gehalten wurde

Kolleginnen und Kollegen,

ich habe mich zu Wort gemeldet, um in der Diskussion über den vorliegenden Polen-Antrag einige Gesichtspunkte einzubringen, die bei solchen Debatten oft übersehen oder vernachlässigt werden. Ich hoffe, daß das Harmoniegefühl dieser Konferenz nicht allzu sehr strapaziert wird, wenn ich vorweg zu Protokoll gebe, daß ich dem Polen-Antrag nicht zustimmen werde.

Ich kann nicht meine Solidarität mit einer Organisation erklären,

● die vom Katholizismus beherrscht und politisch geführt wird;

● zu deren Freunden solch glühende Verteidiger der gewerkschaftlichen Freiheiten wie die Herren Reagan, Weinberger und der Rest der weltweiten Reaktion gehören;

● deren Hauptziel der Kampf gegen das sozialistische Volkspolen ist;

● und, wie „Solidarnosc"-Vertreter in einer Diskussion gesagt haben, die Errichtung einer marktwirtschaftlichen Ordnung, mit all ihren Konsequenzen, in Polen beabsichtigen.

Im Antrag heißt es, daß bei kontroversen weltpolitischen Fragen die Ursachen der Probleme zu benennen sind. Aber der Antrag geht noch nicht einmal mit einem Halbsatz auf die Ursachen der Probleme in Polen ein. Ich möchte im Lichte dieses Anspruchs, den die Antragsteller erheben, etwas zu Polen sagen.

Es gibt für mich keinen Zweifel, daß die eigentlichen Ursachen der tiefen ökonomischen, gesellschaftlichen, politischen und moralischen Krise in Volkspolen in einer fehlerhaften Politik und Praxis der früheren politischen Führungen dieses Landes liegen. Es waren Führungen, die leichtsinnig mit den Problemen des Aufbaus der sozialistischen Gesellschaft umgegangen sind. Es waren Führungen, die der Bewußtseinsentwicklung der Menschen, zumal bei einer weit verbreiteten tiefen Religiosität, zu keiner Zeit die gebührende Aufmerksamkeit geschenkt haben. Es waren Führungen, die geglaubt haben, sie könnten die Geschichte beschleunigen, sie könnten ganze Etappen der Entwicklung überspringen.

Es war diese Strategie der beschleunigten Entwicklung Polens, die sich über die objektiven und subjektiven Möglichkeiten des Landes hinweggesetzt und im Endeffekt Polen in seine tiefste Krise getrieben hat. Diese Strategie der früheren politischen Führungen lief auf gigantische Unternehmungen mit großem ökonomischen Volumen hinaus. Das hat Unsummen für Investitionen verschlungen und Polen finanziell, technologisch und ökonomisch immer abhängiger gemacht. Und diese Verschuldungspolitik wurde zu einem wesentlichen Krisenfaktor.

Die Kehrseite dieser Politik war, daß die Modernisierung des übrigen Produktionspotentials völlig vernachlässigt wurde. Das Transportwesen, der Energiesektor, die Landwirtschaft und insbesondere die Landmaschinenindustrie wurden vernachlässigt, was zur entscheidenden Ursache für die Schwierigkeiten in der Versorgung mit Nahrungsmitteln wurde. So konnte sich keine kontinuierliche ökonomische Entwicklung in Polen vollziehen. Ab Ende der 70er Jahre zeigte das Nationaleinkommen eine fallende Tendenz.

Das war dann auch der Boden, auf dem „Solidarnosc" und andere antisozialistische Kräfte groß werden konnten; sie sind ein Produkt der Fehler und Deformationen der früheren Führungen Volkspolens. Und das muß auch über die damaligen Gewerkschaften gesagt werden: Entweder hatten sie keine realen Einflußmöglichkeiten auf die vorangetriebene Entwicklung oder ihre vorhandenen Einflußmöglichkeiten wurden von deren Führungen nicht im Interesse der polnischen Arbieterklasse genutzt. Genutzt haben aber die antisozialistischen Kräfte die Gunst der Stunde. Und „Solidarnosc" ist ihr Kristallisationspunkt geworden, auch gefördert und gestützt von konservativen Kräften des Westens.

Polen muß jetzt wieder aus diesem Schlamassel herauskommen. Die wirtschaftliche Lage verbessert sich, aber der Dialog mit allen gesellschaftlichen Kräften wird immer wieder gestört. Es hat sich gezeigt, daß „Solidarnosc", hinter deren Führung sich nach meiner Überzeugung antisozialistische Kräfte verbergen, zur Zeit keinen produktiven Beitrag zur Konsolidierung Polens leistet.

Am vergangenen Samstag (15. Oktober 1983) würdigte die „Frankfurter Allgemeine Zeitung" in einem ganzseitigen Artikel Lech Walesa. Die FAZ analysierte die Person und die Sache, für die Walesa steht, und kommt zu dem Ergebnis, daß es sich bei „Solidarnosc" um eine politische Bewegung handelt, die als Gewerkschaft firmiert wurde. Und dann wird der Kampf zwischen der gemäßigten und der radikalen, ich würde sagen, extremistischen Richtung der „Solidarnosc" dargestellt. Ein Kampf, den Walesa verloren hatte, nachdem er immer wieder versuchte, das gefährliche Eskalieren des Konflikts zu verhindern. Und die FAZ fragt, ob die Ereignisse damals vielleicht doch einen ganz anderen Verlauf genommen hätten, wenn sich Lech Walesa und die Gemäßigten in der „Solidarnosc" durchgesetzt hätten. Welcher Kurs wäre das gewesen? Die FAZ schreibt hierzu:

„Der Kurs wäre gemäßigter gewesen, aber dabei keineswegs kompromißlerisch, wäre mehr auf der Schiene ‚Gewerkschaft' geblieben, eher unterhalb der Reizschwelle der anderen Seite, es wäre langsamer vorangegangen in einem langen Marsch mit Konsolidierungsphasen, die der Gegenseite zwar eher Gelegenheit gegeben hätte, sich zum Zurückdrängen zu formieren, vielleicht aber auch, Besorgnisse abzubauen, sich in einen sich einspielenden Modus vivendi, ja, eine gewisse Kooperation einzuleben. Vielleicht wäre es dann nicht zur staatsstreichartigen Verhängung des Kriegsrechts am 12. Dezember 1981 gekommen."

Ich meine, wenn man hier Anträge zur Solidarnosc beschließen will, dann muß man schon etwas differenzierter argumentieren und die tatsächlichen Abläufe in die Betrachtungen einbeziehen. Man muß wissen, über was man abstimmt und mit wem man sich solidarisiert.

Was mich betrifft, so kann und will ich nicht meine Solidarität mit politischen Kräften zum Ausdruck bringen, die die Krise der polnischen Gesellschaft zum Kampf gegen den Sozialismus mißbrauchen wollen. Das wäre von einem Sozialisten meiner Prägung weiß Gott etwas zuviel verlangt. Es steht für mich aber ebenfalls fest, daß die Rebellion der Arbeiter in Polen nicht unbegründet war. Und es steht für mich fest, daß in total festgefahrenen Situationen auch in einer sozialistischen Gesellschaft die Arbeiter zum Mittel des Streiks greifen müssen.

Und noch eine letzte Bemerkung. Es gibt sicherlich politische Fragen, die in einer Einheitsgewerkschaft immer kontrovers bleiben. Aber gerade deshalb muß man in solchen Fragen etwas pfleglich miteinander umgehen, und gerade deshalb kommt es auch darauf an, daß solche Fragen nicht zum politischen Kampf gegeneinander hochstilisiert werden. Solche Fragen, meist weltpolitischer Art, dürfen nicht zum Zerwürfnis zwischen den unterschiedlichen politischen Strömungen in der Einheitsgewerkschaft führen. Denn unsere unmittelbare Realität ist die Arbeitswelt in der Bundesrepublik Deutschland. Wir sollten darauf achten, daß wir nicht einer politischen Strategie aufsitzen, die etwas ganz anderes bezwecken will. Denn es gibt Kräfte, die nach dem alten chinesischen Sprichwort verfahren: „Setze dich auf den Berg und schaue dem Kampf der Tiger im Tale zu."

8. Apartheid in Südafrika

8.1 Geschichtliches und Politisches

Der ehemalige Premierminister und spätere Staatspräsident von Südafrika, John Vorster, beschrieb seine rassistische Ideologie 1942 als „Christlichen Nationalismus, der ein Verbündeter des Nationalsozialismus ist. Man mag dieses antidemokratische Prinzip Diktatur nennen. In Italien heißt es Faschismus, in Deutschland Nationalsozialismus und in Südafrika eben Christlicher Nationalismus." Etwas „demokratischer" drückte sich der damalige Premier in einer Parlamentsdebatte am 24. April 1968 über die Rechte der Mehrheit der schwarzen Bevölkerung aus, als er sagte: „Wir brauchen sie, weil sie für uns arbeiten. Aber die Tatsache, daß sie für uns arbeiten, kann Nicht-Weiße niemals berechtigen, politisches Recht zu beanspruchen. Weder jetzt noch in der Zukunft!"

In ihrer Ausgabe vom 24. Dezember 1982 erklärte die maßgebende, den Unternehmern nahestehende Wirtschaftszeitung „Financial Mail" den schwarzen südafrikanischen Arbeiter zum „Mann des Jahres". Und dies, obwohl Millionen von Schwarzen täglich gegen einen erschreckenden Mangel an menschenwürdigen Wohnungen und angemessenen Versorgungseinrichtungen kämpfen müssen. Ihr Leben wird von immer strengeren Aufenthaltskontrollgesetzen beherrscht, die Familien auseinanderreißen und die Schwarzen in ihrem eigenen Land zu Fremden werden lassen. Gesetzliche und andere Maßnahmen sind weiterhin gewaltige Hindernisse gegen ihren beruflichen Aufstieg am Arbeitsplatz. Ihre oft mageren Einkommen werden durch die Inflation immer weiter ausgehöhlt, und die massenhaften Entlassungen sind Beweis für ihre fehlende Arbeitsplatzsicherheit.

Anfang Juni 1984 besuchte der gegenwärtige Premier, P. W. Botha, u. a. Portugal, Großbritannien und die Bundesrepublik. Botha wurde von der bürgerlichen Presse als ein „Reformer der Apartheid" gelobt und gilt in den Augen seiner Gefolgsleute als wahrer Friedenspolitiker, der sie aus dem Lager des Rassismus herausführen werde. Dabei ist keine innigere Verbindung eines südafrikanischen Politikers zu jenem System der Apartheid vorstellbar, das die UNO zum „Verbrechen gegen die Menschlichkeit" erklärt hat, als die des P. W. Botha.

1948 gewann die bis heute regierende National-Partei erstmals die Parlamentswahlen, und seit dieser Zeit wurde Botha ins Kapstädter Parlament gewählt. Damit war er ununterbrochen am Ausbau des Apartheid-Systems beteiligt und mitverantwortlich für die ungezählten Verbrechen, die um dessen Erhaltung willen begangen wurden. Seit 1966 amtierte er als Verteidigungsminister und hatte als solcher wesentlichen Anteil am 1975 erfolgten Überfall auf die Volksrepublik Angola.

Daß Botha dennoch das Image eines „flexiblen" Politikers verliehen bekam, hat mit dem Charakter des internen Machtkampfes zu tun, der ihn 1978 an die Regierungsspitze brachte. Mit ihm übernahm faktisch das Militär die Macht anstelle der bibelfesten burischen Erzkonservativen vom Schlage seines Vorgängers Vorster, die nicht zu begreifen vermochten, daß um des Machterhalts willen Konzessionen notwendig waren. Unter dem Stichwort „totale Strategie" setzten Botha und seine ebenfalls aus dem Militärapparat kommenden Vertrauten eine Politik in Szene, welche die weiße Herrschaft effektivieren, die Kräfte aller gesellschaftlichen Bereiche auf deren Erhalt konzentrieren sollte. Kernstück dieses Prozesses ist Südafrikas neue Verfassung, die eine Art Präsidialdiktatur installieren und Südafrikas Schwarze für alle Zeiten von den Bürger- und Menschenrechten ausschließen soll, während einzelne Gruppen, wie die Inder und Mischlinge, durch billige Zugeständnisse geködert werden sollen.

Die hier skizzierte zeitgeraffte Schilderung der geschichtlichen und politischen Entwicklung in Südafrika kann nicht darüber hinwegtäuschen, daß die Apartheid-Politik kein neues Phänomen ist, sondern so alt wie Südafrika selbst. Apartheid ist ein umfassendes System politischer Unterdrückung und Ausbeutung der schwarzen Bevölkerung, die mehr als 80 Prozent der Bevölkerung beträgt. Apartheid wurde, ebenso wie die „Herrenvolk"-Theorien und -Politik, als Verbrechen gegen die Menschlichkeit von der UNO verurteilt. Allerdings ist die 1973 verabschiedete Konvention über die „Verfolgung und Bestrafung des Apartheid-Verbrechens", die von der UNO-Vollversammlung 1976 ratifiziert wurde, weitgehendst wirkungslos geblieben. Während das Apartheid-Regime behauptet, es führe Reformen durch, verfeinert und verstärkt es vielmehr das System, damit die weiße Minderheit, die einen der höchsten Lebensstandards der Welt genießt, die Apartheid-Politik auch in Zukunft aufrechterhalten kann,

● wendet es Polizeiterror, willkürliche Staatsmacht und ungerechte Rassengesetze an;

● verweigert es der schwarzen Mehrheit in Südafrika und dem Volk von Namibia jegliche bedeutende Rolle in der Regierung ihrer Länder;

● verursacht es Armut, Hunger, Krankheit, Unwissenheit und frühen Tod für das Volk;

● hält es weiterhin Namibia illegal besetzt – in Verletzung des Völkerrechts und unter Mißachtung von UNO-Beschlüssen.

Aber die rassistische Minderheitsregierung war und ist nur fähig zu überleben, weil sie politisch, wirtschaftlich, finanziell, technologisch und militärisch von den USA und ihren Verbündeten unterstützt wird.

8.2 Investitionen in Apartheid

Die Investitionen in Südafrika können nicht außerhalb des sozialen und politischen Gesamtrahmens des Landes gesehen werden. Tatsächlich zeigen viele Beispiele, daß Konzerne in Südafrika wegen der Apartheid investieren und nicht trotz der Apartheid. Die Unternehmen nutzen die Apartheid-Gesetze, um die legitimen Forderungen der Arbeitnehmer zu durchkreuzen. Die Paßgesetze, das Landverteilungsgesetz (group areas act) und alle sonstigen Bestimmungen, Regeln und Gesetze, die den schwarzen Arbeitnehmer praktisch zu einem staatenlosen Wanderarbeitnehmer in seinem eigenen Land machen, werden von diesen Unternehmen voll ausgenutzt. Von mehr als 3000 investierenden Gesellschaften haben etwa nur 20 Kollektivvereinbarungen mit schwarzen Gewerkschaften unterzeichnet – und dies nur nach energischen Gewerkschaftsaktionen innerhalb Südafrikas, die durch internationalen Druck noch gefördert werden mußten.

Von den Auslandsinvestitionen in Südafrika entfallen 80 Prozent auf fünf Länder: Großbritannien, die USA, die Bundesrepublik Deutschland, die Schweiz und Frankreich. Auf Großbritannien entfallen etwa 40 Prozent oder mehr als 10 Milliarden US-Dollar, auf die USA 20 Prozent, auf die Bundesrepublik Deutschland 10 Prozent, auf die Schweiz und auf Frankreich jeweils etwa 5 Prozent. Einer vom IBFG erstellten Liste ist zu entnehmen, daß in den Jahren von 1978 bis 1981 die größte Investitionszunahme von multinationalen Gesellschaften mit Töchtern in Südafrika für die Schweiz (438 Prozent), Bundesrepublik Deutschland (119 Prozent), Frankreich (74 Prozent) und die USA (66 Prozent) registriert wurde. Insgesamt befinden sich zwei Drittel der Auslandsinvestitionen in Südafrika in europäischer Hand; 20 Prozent entfallen auf die USA und 15 Prozent auf die übrigen Länder der Welt.

Die Bundesrepublik Deutschland ist eine der stärksten Stützen des Apartheid-Systems:

● Sie ist das einzige Land der Welt, das ein Kulturabkommen mit Südafrika unterhält, in dessen Rahmen u. a. militärisch-nukleare, wirtschaftliche und wissenschaftliche Zusammenarbeit abgewickelt wird.

● Sie ist der bedeutendste Vermittler von Krediten für Südafrika, der zweitwichtigste Handelspartner und drittgrößte Investor.

● Durch ein Steuerabkommen können bundesdeutsche Firmen wegen der politischen und gewerkschaftlichen Unterdrückung sowie der Hungerlöhne in Südafrika Riesenprofite machen.

● Der Transfer von Technologie und Geräten hat wesentlich dazu beigetragen, daß das Apartheid-Regime heute über eine eigene Atombombe verfügt.

● Konventionelle Militärlieferungen an die südafrikanische Armee umfassen u. a. UNIMOG-Militärlastwagen von

Daimler-Benz und Milan-Panzerabwehrraketen von Messerschmitt-Bölkow-Blohm.

Die bundesdeutsche Regierung und die multinationalen Konzerne unterstützen damit, entgegen dem Grundgesetz, die rassistischen Interessen der südafrikanischen Regierung, die in den letzten Jahren das Wirtschaftswachstum zum Hauptziel in Wirtschaft und Politik erklärt hat. Gemäß dem Regierungsprogramm für Wirtschaftsentwicklung 1978/79 ist eine starke und lebensfähige Wirtschaft eine der besten Waffen Südafrikas „gegen den koordinierten Angriff, der gegen das Land von außerhalb seiner Grenzen an der politischen, wirtschaftlichen, militärischen und psychologischen Front geführt wird". In völliger Übereinstimmung mit diesen Zielsetzungen hat zum Beispiel die Bundesvereinigung der Deutschen Arbeitgeberverbände (BDA) bei der 68. Tagung der Internationalen Arbeitskonferenz der IAO im Apartheid-Ausschuß ganz klar erklärt, daß „sie den Versuch, das gemeinsame Ziel durch Sanktionen in Form von Wirtschaftsblockaden, Investitions- oder Lieferstopps usw. zu erreichen, nicht für den richtigen und erfolgversprechenden Weg hält" (!).

Im September 1977 wurde von den Außenministern der EG-Mitgliedsstaaten ein „Verhaltenskodex" für Tochtergesellschaften europäischer Unternehmen verabschiedet. Dieser schlug den Unternehmen in unverbindlicher Weise vor, auf den Gebieten der innerbetrieblichen Beziehungen, der Wanderarbeitnehmer, der Löhne, Lohnsysteme und Aufstiegsmöglichkeiten schwarzer Arbeiter, der freiwilligen Sozialleistungen und der Beseitigung der Rassentrennung am Arbeitsplatz ein bestimmtes vorbildliches Verhalten zu zeigen und darüber jährlich zu berichten. Einen ähnlichen Kodex gab es bereits vor den EG-Regeln für Großbritannien und Kanada; später produzierten dann die südafrikanischen Unternehmerverbände noch ihren eigenen Kodex, um zu beweisen, daß die „ausländische Hilfe" gar nicht notwendig war.

Die einzelnen „Verhaltenskodexe" haben sich als weitgehend unwirksam erwiesen, nachdem eine Bestrafung bei Nichterfüllung natürlich nicht vorgesehen ist. Vom IBFG wurde die Schlußfolgerung gezogen, daß freiwillige „Verhaltenskodexe" für die Tätigkeit transnationaler Gesellschaften nicht zu einer Änderung bzw. zum Ende der Apartheid in Südafrika führen werden. Die Apartheid-Politik ist schließlich im rechtlichen und verfassungsmäßigen System des Landes tief verankert, und außerdem brauchen die unabhängigen schwarzen Gewerkschaften für ihr Wachstum und ihre Anerkennung keine Verhaltenskodexe. Wie die ausländischen Gesellschaften ihre Berichterstattungsverpflichtung wahrnehmen, zeigt folgende Aufstellung:

Land	Gesellschaften mit Investitionen oder Interessen in Südafrika	Zahl der berichterstattenden Gesellschaften
Großbritannien	874	127
Bundesrepublik Deutschland	296	47
Niederlande	171	15
Frankreich	202	12
Italien	28	2
Dänemark	16	2
Belgien	73	3
USA	894	124

Quelle: IBFG-Veröffentlichung – Stand 1981

8.3 Gewerkschaftsbewegung in Südafrika

Das Anwachsen der Gewerkschaftsbewegung in Südafrika hat sich während der letzten Jahre fortgesetzt, und dies trotz oder wegen des durch die wirtschaftliche Rezession ausglösten Arbeitskräfteüberschusses. Zum ersten Mal hat die Zahl der Gewerkschaftmitglieder eine Million überschritten, wobei der Anstoß in starkem Maße von den schwarzen Arbeitern ausging:

Mitglieder in registrierten Gewerkschaften	= 1 055 000
Mitglieder in nichtregistrierten Gewerkschaften	= 100 000

Die geschätzte rassische Zusammensetzung:

Weiße	= 468 000
Mischlinge und Asiaten	= 327 000
Schwarze	= 360 000

insgesamt	1 155 000

Registrierte Gewerkschaften für	Anzahl
Weiße	77
Mischlinge oder Asiaten	51
Schwarze	23
Gemischte Mitgliedschaft	49
insgesamt	200

Diese offiziell in Südafrika veröffentlichten Angaben zu einer nach Rassen differenzierten Registrierung machen deutlich, daß die Rassenmerkmale – entgegen den Behauptungen der Regierung – noch nicht aus dem Arbeitsministerium entfernt sind. Die Registrierungsbeamten, die berechtigt sind, von den Gewerkschaften unbegrenzte Auskünfte zu fordern, können bei irgendwelchen Einwänden,

a) die Eintragung bzw. Registrierung verweigern;

b) die Gewerkschaft für das Gebiet und die Interessen eintragen, für die sie den Antrag gestellt hat, oder

c) sie für begrenztere Interessen oder ein begrenzteres Gebiet registrieren, als von der Gewerkschaft beantragt wurde.

Das Wort „Interessen" wird in diesem Zusammenhang offensichtlich für Rassenmerkmale benutzt und ist zugleich ein Begriff, mit dem eine rassendiskriminierende Sprache in der Gesetzgebung vermieden werden soll.

Die Gewerkschaften müssen in ihrem Antrag auf die „Interessen" Bezug nehmen, für die sie eingetragen werden wollen, d. h., sie müssen dabei Rassenbegriffe verwenden. Das einschlägige Gesetz wird deshalb weiter in rassentrennender Weise angewandt, und die Registrierung ist deshalb weiterhin rassisch ausgerichtet. Außerdem ist es den Gewerkschaften erlaubt, nach Rassen getrennte Abteilungen zu haben, wovon vorrangig weiße Gewerkschaften Gebrauch gemacht haben. Durch die Registrierung übt die Regierung Südafrikas weiterhin beträchtlichen Einfluß auf die Gewerkschaften aus, nimmt den Rassismus der registrierten Gewerkschaften – die bestimmte Rassengruppen ausschließen, unbesehen hin und zwingt die Gewerkschaften durch die den Regierungsbeamten verliehenen Befugnisse zur Rassentrennung. Dadurch werden die Verhandlungsrechte einer Gewerkschaft auf nur eine Rassengruppe beschränkt, was gegen die Vereinigungsfreiheit verstößt.

Die südafrikanische Gewerkschaftsbewegung teilt sich gewissermaßen in fünf „Bünde" auf, deren Mitgliederzahlen von der IAO geschätzt wurden:

1. SACOL = South African Confederation of Labour (Südafrikanischer Bund der Arbeit), der Dachverband des extremen rechten Flügels, der 13 Gewerkschaften mit 118 000 nur weißen Mitgliedern vertritt. Die Mitgliederzahlen sind in den letzten fünf Jahren beträchtlich gesunken, weshalb sich der Bund zur Aufhebung der in seinen Statuten enthaltenen Klausel entschlossen hat, nach der er sich, wenn die Mitgliederzahl unter 100 000 fällt, auflösen muß.

2. TUCSA = Trade Union Council of South Africa (Gewerkschaftsrat Südafrikas) mit 57 Gewerkschaften, die 430 000 Mitglieder vertreten. Es ist der Dachverband von überwiegend gemischtrassischen Gewerkschaften des gemäßigten konservativen Flügels. Ihre Mitglieder können verschiedener Rasse sein, oder es werden besondere Gruppierungen getrennt nach Rassen gebildet. Zu verzeichnen ist eine wachsende Anzahl von Schwarzen, was auf die „Closed-Shop"-Vereinbarungen mit TUCSA-Gewerkschaften zurückzuführen ist. Die Schwarzen wurden so gezwungen, bestimmten Gewerkschaften beizutreten, was in den meisten Fällen zu Wahlbeschränkungen für die schwarzen Mitglieder führte.

3. FOSATU = Federation of South African Trade Unions (Verband südafrikanischer Gewerkschaften) mit zehn Gewerkschaften und 100 000 Mitgliedern. Die Mitglieder, die gemischt, aber vor allem Schwarze sind, kommen überwiegend aus der verarbeitenden Industrie und waren in den letzten Jahren sehr stark von Entlassungen betroffen.

4. CUSA = Council of Unions of South Africa (Rat der Gewerkschaften Südafrikas) mit zehn Gewerkschaften und 85 000 Mitgliedern, die vor allem aus dem Fertigungs- und

Transportsektor kommen und in der Mehrzahl Schwarze sind. Auch die CUSA-Gewerkschaften sind von Entlassungen betroffen, und die Dachorganisation hat den angeschlossenen Gewerkschaften bei der Bewältigung dieses Problems ihre Hilfe angeboten.

5. 45 000 Arbeitnehmer werden von ungefähr 135 Gewerkschaften vertreten, die keinem der vorgenannten Dachverbände angeschlossen sind und registrierte und nichtregistrierte Gewerkschaften verschiedener rassischer Zusammensetzung mit einschließen; davon einige etablierte und auch neu entstandene, die weit über alle Zweige der Wirtschaft verstreut sind.

Die neuen und insbesondere schwarzen Gewerkschaften bemühen sich um gewerkschaftliche Einheit und eine annehmbare sowie praktikable Struktur. Nach einem Treffen der Gewerkschaften im Juni 1982 wurde allerdings festgestellt, daß die Bildung eines Gewerkschaftsbundes zur Vertretung aller anwesenden Gewerkschaften noch nicht möglich sei, dennoch wollten bestimmte tragende Kräfte ihre Bemühungen um die Einheit fortsetzen. Zwei Fragen haben das Streben nach einem Zusammenschluß bisher verhindert: das Problem der Registrierung und das der Teilnahme an den Industrieräten.

Die Industrieräte sind ein offiziell anerkannter Rahmen für Verhandlungen zwischen den eingetragenen Unternehmerverbänden und den registrierten Gewerkschaften, die sich in ihrem Zuständigkeitsbereich um Vereinbarungen über Arbeitsbedingungen bemühen. Seit langem sind sie aber dazu benutzt worden, die Diskriminierung von Schwarzen zu verstärken und Weiße vor dem Wettbewerb durch schwarze Arbeitskräfte zu schützen. Als Folge davon haben sich die Führungen dieser Gewerkschaften vom Betrieb und von ihren Mitgliedern – also von ihrer Basis – entfernt und sich mehr mit den bürokratischen Industrieräten identifiziert, die nichts anderes sind als hauptamtliche Agenten für Beschwerden von Arbeitnehmern, zur Beseitigung von Gewerkschaftsvertretungen im Betrieb und zur Verhinderung gewerkschaftlicher Tätigkeit am Arbeitsplatz. Die weißen Arbeitnehmer entwickelten sich somit zu einer außerordentlich geschützten Gruppe, die sich eher auf das Industrieräte-System stützt als auf ihre Gewerkschaften. Aufgrund ihrer Exklusivität und langen Tradition der Diskriminierung und des Protektionismus muß die Unparteilichkeit dieser Räte in Frage gestellt werden, denn eine große Anzahl arbeitet für die Unternehmerverbände, und der Vorsitzende des Unternehmerverbandes ist zumeist zugleich der Sekretär des Industrierates.

Die weitere Zunahme von Arbeitsstreitigkeiten und Streiks hat die repressiven Maßnahmen des Staates gegen Arbeitnehmer und Gewerkschaften verstärkt. Den nichtregistrierten Gewerkschaften wurden immer neue gesetzliche Beschränkungen auferlegt, um zu verhindern, daß sie sich umfassender mit den Problemen der Schwarzen beschäftigen. Immer wieder wird die Sicherheitsgesetzgebung gegen Gewerkschaftsführer angewandt und versucht, durch den Einsatz von Polizei und mit Verhaftungen die Arbeitnehmer einzuschüchtern. In der Zeit zwischen April 1981 und April 1982 sind mindestens 347 Gewerkschafter verhaftet worden. Fast alle wurden bis zu 13 Monaten in Einzelhaft gehalten; die meisten wurden jedoch überhaupt nicht angeklagt und weder ihre Verhaftung noch ihre spätere Freilassung wurde begründet.

Dr. Neil Agett von der Gewerkschaft der Arbeiter in der Nahrungsmittel- und Konservenindustrie, der zu denen gehörte, die nicht angeklagt wurden, ist in der Haft gestorben, nachdem er durch die Sicherheitspolizei gefoltert worden war. Nach Ansicht des Richters war „sein Tod auf Selbstmord durch Erhängen" zurückzuführen; die Polizei wurde von jeder Schuld freigesprochen. Alan Fine von der Gewerkschaft der Arbeiter im Vertrieb, der zu den Angeklagten gehörte, wurde der Konspiration angeklagt mit der Begründung „die Aufrechterhaltung von Recht und Ordnung in Südafrika in Gefahr zu bringen" und die „Ziele der afrikanischen Befreiungsbewegung" (Afrikanischer Nationalkongreß = ANC) unterstützt zu haben. Während seines Prozesses, der mit Freispruch endete, wurde von einem Zeugen der Sicherheitspolizei bestätigt, daß Gewerkschafter weiterhin genau überwacht werden.

Die Regierung Südafrikas erklärte dazu, daß die Inhaftierung bestimmter Gewerkschaftsführer keine Maßnahme gegen die Gewerkschaftsbewegung sei, sondern „im Interesse der staatlichen Sicherheit" liege, und der Arbeitsminister versicherte, daß sein Ministerium an den Verhaftungen nicht beteiligt gewesen sei. Dies bestätigt den Eindruck einer Politik, die einerseits darauf ausgerichtet ist, ein Bild des Wandels und der positiven Einstellung zu den Arbeitsbeziehungen zu vermitteln, während andererseits drakonische Polizeimaßnahmen benutzt werden, um die Entwicklung der Gewerkschaftsbewegung immer wieder einzuschränken. Beispiele für eine solche Haltung der Regierung gibt es in Äußerungen des Premiers P. W. Botha, der in einem Gespräch mit der Zeitschrift „Business Week" die Verhaftung der Gewerkschafter verteidigte und erklärte, die Regierung erkenne das Recht der Arbeitnehmer an, sich zu organisieren und über Arbeitsbedingungen zu beraten, daß aber jede unangemessene politische Tätigkeit der Gewerkschaften untersagt sei. Kurz darauf sagte der stellvertretende Informationsminister in einer Rede auf einer Konferenz von Führungskräften der in Südafrika arbeitenden Konzerne der USA, daß die ausländischen Gesellschaften ihre schwarzen Gewerkschaften von „politischen Elementen befreien" sollten; die Gesellschaften wären dafür verantwortlich, diejenigen zu isolieren, die die Gewerkschaftsarbeit für politische Ziele einsetzten und daß andernfalls die Polizei gerufen werden müßte.

8.4 Apartheid-Politik der Gewerkschaften

Die südafrikanische grafische Gewerkschaft „South African Typographical Union" (SATU), die zu den Gründungsmitgliedern der Internationalen Grafischen Federation gehört und dem gemischt-rassigen Gewerkschaftsbund TUCSA angeschlossen ist, hat 1982 in Übereinstimmung mit dem einschlägigen Ministerium ihre Statuten geändert. Diese sehen jetzt innerhalb der Mitgliedschaft drei verschiedene Klassen vor und zwar ist die Klasse A ausschließlich für Weiße reserviert, die Klasse B für Mischlinge und die Klasse C erfaßt die schwarzen Mitglieder. Die SATU hat außerdem eine Unterteilung nach Berufen vorgenommen und zwar in folgende vier Stufen:

Stufe I = Facharbeiter und Handwerker, welche überwiegend Weiße sind;
Stufe II = angelernte Arbeiter;
Stufe III und IV sind ungelernte Arbeiter und Hilfskräfte.

Die Statuten halten zudem fest, daß bei jeder innerorganisatorischen Abstimmung das Stimmenverhältnis der Stufe-II-Mitglieder nur die Hälfte, dasjenige der Stufen III und IV lediglich ein Viertel des Stimmgewichts der Mitglieder der Stufe I beträgt. Diese Regelung wird begründet mit der notwendigen gewerkschaftlichen Kontrolle, die unabhängig von der Rassenzugehörigkeit die Facharbeiter- und Handwerksberufe absichern solle. Offensichtlich handelt es sich dabei dennoch um eine Diskriminierung der Rassen, wie die nachfolgende zahlenmäßige Zusammensetzung der SATU-Mitglieder beweist:

		Weiße	Farbige	Asiaten	Schwarze
Stufe I	=	7 439	1 102	500	18
Stufe II	=	3 420	5 620	2 392	2 552
Stufe III	=	618	1 536	240	1 292
Stufe IV	=	6	5 801	1 736	11 162
Total:		11 483	14 059	4 868	15 024
Prozent:		25,3	30,9	10,7	33,1

Stand vom August 1983.

Daraus wird ersichtlich, daß das ungleiche Stimmengewicht bei Abstimmungen oder Wahlen im Grunde genommen zur Machterhaltung der weißen Mitglieder dient. Man kann diese Sonderheiten keineswegs als eine Extravaganz der südafrikanischen Druckergewerkschaft ansehen, denn sie geschehen innerhalb des Gewerkschaftsbundes TUCSA, der gerade in der Rassenpolitik eine sehr wechselhafte Geschichte zu verzeichnen hat.

TUCSA hielt den Beschluß, schwarze Gewerkschaften nicht aufzunehmen, zunächst von 1954 bis 1962 durch. Bei den gemischt-rassischen Gewerkschaften mit farbigen und indischen Mitgliedern empfahl TUCSA die von der Regierung zugelassene interne Rassentrennung mit der Maßgabe, daß der Vorstand jeweils weiß zu sein hatte. Die wachsende Militanz und vor allem auch das zahlenmäßige Anwachsen von schwarzen Arbeitern in der verarbeitenden Industrie, ließ die Besorgnis groß werden, daß sich die schwarze Gewerkschaftsbewegung „subversiven Elementen" – das heißt, der auf Machtwechsel drängenden politischen Befreiungsbewegung (African National Congress ANC) – öffnen würde, so daß es besser wäre, eine verantwortungsbewußte schwarze Gewerkschaftsbewegung unter der weißen Führung von TUCSA zu begünstigen. Die von Facharbeitern und Handwerkern beherrschten weißen Gewerkschaften fürchteten, daß gerade in Grenzindustrien die Arbeitsplatzvorrechte und die Lohnvorsprünge der Weißen unterlaufen würden. Aus diesen Gründen entschied sich TUCSA auf dem Jahreskongreß 1962, unter der Führung der Gewerkschaft der Kesselschmiede, schwarze Gewerkschaften wieder zuzulassen.

1967 wurde TUCSA frontal vom Arbeitsministerium angegriffen, nachdem der Gewerkschaftsbund nach dem Ausschluß Südafrikas aus der IAO den Antrag auf einen Beobachterstatus stellte, und sich außerdem gegen einen von der Regierung vorgeschlagenen Lohnstopp wandte. Dieser Regierungsvorstoß reichte aus, um das Thema der Mitgliedschaft schwarzer Gewerkschaften auf die Tagesordnung des Gewerkschaftstages 1967 zu bringen. Die South African Typographical Union und die Gewerkschaft der Elektriker beantragten den Ausschluß der schwarzen Gewerkschaften und setzten eine Resolution mit 41 gegen 13 Stimmen durch, daß auf der nächsten ordentlichen Jahresversammlung der Ausschluß vollzogen werden sollte. Auf dieser Jahresversammlung, auf der nach Mitgliederzahlen und nicht nach der Anzahl der Einzelgewerkschaften abgestimmt wurde, drehte sich trotz des verschärften Regierungsdrucks die Mehrheit um: 123 566 Mitglieder stimmten durch ihre Repräsentanten für die Mitgliedschaft schwarzer Gewerkschaften, 32 871 wollten diese ausschließen. Die Gewerkschaft der Elektriker verließ TUCSA sofort; andere Gewerkschaften, unter ihnen SATU und die Gewerkschaften der Schweißer und Transportarbeiter drohten den Austritt an. Die Regierung drohte TUCSA, daß die Registrierung widerrrufen würde.

1972 wurde beschlossen, daß TUCSA-Gewerkschaften schwarze „Parallelgewerkschaften" unter weißer Führung gründen sollten. Erst 1974 folgte dann der unvermeidliche Schritt, schwarze Gewerkschaften erneut als Mitglieder zuzulassen. Mittlerweile war aber das Vertrauen der neuen schwarzen Gewerkschaften in eine derartig von Taktik, Rassismus der weißen Gewerkschafter und vom Opportunismus geschüttelten Organisation – die gegenüber dem südafrikanischen Staat nicht konfliktfähig sein wollte und konnte – zutiefst erschüttert. Der moralische Kredit war durch die Verweigerung der Solidarität verspielt worden. Die Entscheidung „Parallelgewerkschaften" zu gründen, wurde von den TUCSA-Gewerkschaften auch nur sehr zögernd umgesetzt, in der Regel erst in den späten 70er Jahren, als die schwarze Gewerkschaftsbewegung von selbst erstarkte.

Die South African Typographical Union unterhielt überraschenderweise in der Druckindustrie keine eigene Parallelgewerkschaft, sondern war eine der ersten weißen Gewerkschaften, die eine Integration der Schwarzen befürwortete. Doch wurde diese Haltung eher aus taktischen als aus prinzipiellen Überlegungen eingenommen, denn die schwarzen Arbeiter sollten vor dem Einfluß einer „schädlichen und unpatriotischen" Führung bewahrt bleiben.

Wie wechselhaft die politische Entwicklung des Trade Union Council of South Africa verlief, vermittelte Ende September 1983 der Verlauf der Jahreskonferenz, die als „überwältigender Sieg des rechten Flügels" von TUCSA beschrieben wurde. Sie verwarf gegen eine große Minderheit die Vorschläge der Gewerkschaft der Kesselschmiede, daß der TUCSA seine Richtung überdenken und damit seine Beziehungen mit den neuentstandenen Gewerkschaften verbessern sollte. Die Gewerkschaft der Kesselschmiede, mit 54 000 Mitgliedern die größte gemischt-rassische Gewerkschaft Südafrikas, und zwei weitere Gewerkschaften des Lebensmittelsektors traten kurz nach der Konferenz wegen des Rechtsrucks des TUCSA aus und betonten in ihrem Austrittsschreiben: „Wir glauben, daß wir der wichtigen Sache der Gewerkschaftseinheit in diesem Stadium am besten außerhalb des TUCSA dienen können."

Es gab viele Hinweise darauf, daß TUCSA-Gewerkschaften Bündnisse mit den Unternehmern abschließen, um die neue schwarze Gewerkschaftsbewegung an ihrer Entwicklung zu hindern. Die zunehmende Zahl der schwarzen Mitglieder des TUCSA (fast ein Drittel seiner Gesamtstärke) ist hauptsächlich durch die Anwendung des Closed-shop durch seine Mitgliedsgewerkschaften erzielt worden. Diese Praktik hat dazu geführt, daß die TUCSA-Gewerkschaften über zahlreiche widerwillige Mitglieder verfügen. Zum Beispiel ist einer der Gründe für die relativ kleine Zahl der beitragszahlenden Mitglieder der „Media Workers Association of South Africa" (MWASA) – eine schwarze Journalistenorganisation, die der Internationalen Journalisten-Föderation angeschlossen ist, aber keinem südafrikanischen Dachverband – in der Tatsache zu suchen, daß die dem TUCSA angehörende SATU in der Zeitungsindustrie eilig Verträge über gewerkschaftspflichtige Betriebe abgeschlossen hat, was dazu führte, daß MWASA-Mitglieder zweifache Beiträge bezahlen müssen, wenn sie der Gewerkschaft ihrer Wahl angehören wollen. Die MWASA ist in den letzten 18 Monaten dazu übergegangen, alle Arbeiter und Angestellten der Zeitungsbetriebe in ihre Reihen aufzunehmen.

Gegenwärtig wird geprüft, ob die South African Typographical Union wegen ihrer Apartheid-Politik noch weiterhin Mitglied der Internationalen Grafischen Föderation bleiben kann.

8.5 Grand apartheid und Staatsangehörigkeit

Der Ausdruck „grand apartheid" (große Apartheid) bezieht sich auf die Unterteilung Südafrikas in schwarze und weiße Gebiete sowie auf die den Schwarzen auferlegten Kontrollen zur Einschränkung ihrer Bewegungsfreiheit. „Petty apartheid" (kleine Apartheid) bezieht sich auf die Rassentrennung im Bereich von örtlichen Einrichtungen und Dienstleistungen. Die „große Apartheid" nahm nach einem Gesetz von 1936 klarere Formen an, als zehn festumschriebene, aber keine einheitliche Fläche bildende Reservate für Schwarze entstanden und als „Bantustans" bekannt wurden, wobei jedes dieser Gebiete als „Homeland" (Heimatland) einer der unter den Schwarzen in Südafrika bestehenden Stammesgruppe bezeichnet wurde. Die folgende Übersicht gibt die Einwohnerzahlen und die Gebietsgröße der einzelnen „Homelands" an:

„Homeland"	Einwohner	Größe in km²
Bophuthatsawana	2 323 650	44 109
Ciskei	677 820	9 000
Gazankula	514 280	7 730
KaNgwane	161 160	3 000
KwaNdebele	156 380	1 970
KwaZulu	3 400 000	32 130

Lebowa	1 700 000	24 540
QwaQwa	157 620	620
Transkei	2 323 650	43 798
Venda	315 545	7 410

Stand: Volkszählung 1980 – IBFG-Statistik

Diese „Stammes- und Landverteilung" war im wesentlichen ein Erfolg der südafrikanischen Regierung, aber nicht im geringen Ausmaß wurde er durch Brutalität und Gewalt unterstützt, die zu einer ständigen Begleiterscheinung bei der Umsiedlung von Menschen aus ländlichen wie städtischen Gebieten wurden, ebenso wie massenhafte Verhaftungen und Inhaftierungen, die kennzeichnend für die Zuzugskontrollen und zwangsweise Rücksiedelung von Arbeitslosen aus den Städten in die „Homelands" wurden.

Die „Homelands" sind ein bedeutender Faktor bei der Kontrolle der Gewerkschaften durch die südafrikanischen Behörden. Das Gesetz über die Arbeitnehmerbeziehungen (Labour Relations Act) aus dem Jahre 1956 wurde zwischenzeitlich geändert und verbietet jetzt die Einrichtung von Gewerkschaftsorganisationen in selbstregierten und „unabhängigen Homelands" durch südafrikanische Gewerkschaften, wodurch ihr Aktionsbereich eingeengt wird. Hinzu kommt, daß die „Homelands" als ausländische Lieferanten von Wanderarbeitern und Pendlern an einen anderen „souveränen Staat" willkommene Abschiebeplätze darstellen, wohin Gewerkschafter und streikende Arbeiter von den Behörden zurückgeschickt werden können – so wie es bei einer großen Zahl von streikenden Berg- und Werftarbeitern der Fall war. Die Haltung z. B. der Transkei zu den Gewerkschaften wird in der Erklärung deutlich, daß sie als „unerwünscht", ja sogar als „schädlich für ein Entwicklungsland" bezeichnet werden.

Während also die südafrikanischen Gewerkschaften keinerlei Einfluß in den „Homelands" haben, wurde im „souveränen" Namibia fast die gesamte Führung der südwestafrikanischen Befreiungsorganisation SWAPO zu Pfingsten 1984 in Windhuk durch die Sicherheitspolizei verhaftet, die direkt der Kontrolle des südafrikanischen Polizeihauptquartiers in Pretoria untersteht.

Die Frage der Staatsangehörigkeit ist ein weiterer Kernpunkt der modernen Apartheid-Politik, derzufolge alle Schwarzen, unabhängig davon, wo sie in Südafrika leben oder arbeiten, Bürger eines der zehn „Homelands" sind. Die Zugehörigkeit wird durch die jeweils gesprochene Sprache bestimmt. Das Gesetz gilt für alle Schwarzen, unabhängig davon, wo sie geboren wurden, ob sie in weißen Gebieten ansässig sind oder waren, ob sie irgendetwas über das ihnen zugewiesene „Homeland" wissen, ob Angehörige von ihnen dort leben oder sie sonstige familiäre Bindungen dorthin haben. Bürger „unabhängiger Homelands" verlieren das Anrecht auf einen südafrikanischen Paß, und da die „Homelands" nicht international anerkannt sind, werden auch ihre Reisedokumente nicht anerkannt; dies wiederum bedeutet eine erhebliche Beeinträchtigung für diejenigen Bewohner, die zur Weiterbildung oder aus gewerkschaftlichen Gründen ins Ausland reisen wollen.

Schlußbemerkung

Am 13. Juni 1984 lief im Zweiten Programm des bundesdeutschen Fernsehens eine Sendung mit dem Titel: „Südafrika auf dem Weg zum Frieden." Ein Titel, der die tatsächliche Situation in Südafrika nicht nur verfälscht, sondern die Lage der Menschen dort direkt verhöhnt. Nur ein weiteres Beispiel dafür wie in den Medien politische Themen manipuliert, ja direkt in das Gegenteil umgedreht werden. Während fast täglich umfangreiche Meldungen über Entwicklungen in Polen verbreitet werden, wird das verhüllende „Tuch des Totschweigens" über die menschenverachtenden rassistischen, faschistischen und militaristischen Diktaturen in Südafrika, in der Türkei, in Chile, Argentinien oder Brasilien gehängt. Überall, wo die multinationalen Gesellschaften mit Riesenprofiten rechnen, wo Menschen tausendfach geschunden, gefoltert, verhaftet und ermordet werden sowie eines qualvollen Hungers sterben, dominiert das alte Sprichwort: „Geld stinkt nicht." Das Gewissen wird höchstens damit beruhigt, daß man zu Geldspenden aufruft mit dem Appell, den „Hunger in Afrika" bekämpfen zu wollen, derweil auch in diesen Ländern die Rüstungsausgaben ins Unermeßliche steigen.

Deshalb muß jede Kollaboration mit dem Apartheid-Staat beendet werden, damit die Völker in Südafrika und Namibia ihre demokratischen Forderungen verwirklichen und ihre Länder in Unabhängigkeit, in Frieden und Selbstbestimmung aufbauen und entwickeln können. Für die internationale Gewerkschaftsbewegung heißt das: aktive Solidarität mit den neuen schwarzen Gewerkschaften, mit den politischen Befreiungsbewegungen zu üben und Mittel und Wege zu finden zum Abbruch jeglicher Verbindungen zum Apartheid-Staat Südafrika!

ANHANG

Lane Kirkland als AFL-CIO-Präsident

Die nachfolgenden Aufzeichnungen sind Ausschnitte aus einer Rede und von Interviews mit Lane Kirkland, die einer Sendung des Zweiten Deutschen Fernsehens im Januar 1984 entnommen sind.

Redeauszug: Soweit wir das absehen können, hat diese Regierung (Reagan) höchstens einen langsamen Abgang in den Sonnenuntergang zu bieten, wie in einem alten Film. Ihr Zukunftsbild ist nur Nostalgie für eine Vergangenheit, die es niemals gegeben hat. Müssen wir uns auch noch den zweiten Teil dieses Streifens ansehen, während das Kino um uns herum zusammenbricht und die Eintrittskarten immer teurer werden?

Sprecher: Elegante Rhetorik in der eleganten Umgebung eines teuren Kongreßhotels. Und auch die Delegierten lassen manchmal vergessen, daß hier Arbeiterführer und nicht Manager tagen. Auf der Suche nach neuen Mitgliedern haben sich die Gewerkschaften gewandelt. Ideologische Klassenkämpfer waren die amerikanischen Gewerkschaften allerdings nie. Lange konnten sie sich unbesorgt in ihren Erfolgen sonnen, die sie in 100 Jahren erkämpft haben. Ein Urlaub unter Palmen wurde für immer mehr Arbeiter möglich. Mit immer mehr Lohn, mit immer mehr Freizeit und mit immer mehr Sicherheit stiegen sie in den Mittelstand auf. Der Zuwachs schien programmiert. Wenn die Gewerkschaften heute die Belastbarkeit prüfen wollen, werden sie durch die Angst in den eigenen Reihen geschwächt. Die Mitglieder fürchten um ihre Jobs, zwischen Führung und Basis wird der Graben immer tiefer.

Der Machtwechsel ist das dringendste Ziel für Lane Kirkland, hier im Hauptquartier des Gewerkschaftsbundes in Washington. Nur einen Steinwurf weit vom „Weißen Haus" entfernt, aber um Welten getrennt, denn für Kirkland ist diese Regierung die gewerkschaftsfeindlichste des Jahrhunderts. Aber kann nicht Ronald Reagan wieder auf die Stimmen der Arbeiter hoffen, bei steigender Arbeitslosigkeit und sinkendem Wachstum?

Kirkland: Wir haben aber auch ein enormes Haushaltsdefizit. Darüber gibt es verschiedene Ansichten, aber niemand hat bisher behauptet, ein solches Defizit sei etwas Gutes. Die Kredite drohen wieder knapp zu werden, die Zinsen werden weiter steigen, das könnte zu einem neuen wirtschaftlichen Zusammenbruch führen. Diese Gefahren hinter dem Aufschwung machen mich sehr besorgt.

Sprecher: Aber sehen das auch Ihre Mitglieder so klar?

Kirkland: Unsere Mitglieder sind sehr wach und sie haben ein gutes Gedächtnis. Auch wenn sie wieder Arbeit haben, vergessen sie nicht, wer sie so lange arbeitslos gemacht hat, warum ihre Ersparnisse aufgezehrt sind, warum manche ihr Haus verkaufen mußten, die Ausbildung ihrer Kinder vernachlässigt oder ihre Gesundheit verloren haben. Sie werden sich sicher an die Schuldigen erinnern.

Sprecher: Zur Festigung der Solidarität zeigt das gewerkschaftliche Fernsehen auch Bilder aus der Geschichte. Zum Beispiel vom größten Streik der Automobilarbeiter 1936 in Detroit, dem Wendepunkt der Unions-Geschichte. Vielen Arbeitern ist sie nicht mehr bekannt; Erkämpftes längst selbstverständlich. Als das Werk von Soldaten geräumt werden sollte, riß der populäre Gewerkschaftsführer John Louis das Hemd auf und rief: „Diese Brust soll die erste Kugel treffen." Mit den Streikenden solidarisierte sich eine ganze Stadt. Sie wollte die Firma zwingen, ein neues Gesetz anzuerkennen, das Recht der Arbeiter, sich zu organisieren. Nach 44 Tagen lenkte das Unternehmen ein. Mit dem „New Deal", dem neuen Sozialgesetz Franklin Roosevelts, wandelte sich die militante Dauerkonfrontation zwischen Kapital und Arbeit zumeist in ein stabiles Kooperationsverhältnis. Sind die Gewerkschaften auch heute noch stark genug für eine solche Machtprobe? Bei Millionen von Arbeitslosen ist der Streik keine scharfe Waffe mehr; aber gleich Lohnverzicht?

Kirkland: In einer solchen Rezession sind Tarifverhandlungen schwierig und komplex. Die wirtschaftliche Situation einiger Unternehmen oder gar ganzer Industrien ist verzweifelt, das ist gar nicht zu bestreiten. In solchen Fällen haben die jeweiligen Gewerkschaften und die Arbeitnehmer ihre Verantwortung anerkannt und entsprechend gehandelt.

Sprecher: Nur in der Selbstdarstellung der Gewerkschaften ist von Stillhalten oder Zurückhaltung nichts zu spüren. Dynamisch wird der einstige Siegeszug in der alten Basisindustrie noch einmal nachgezeichnet. Nach dem Strukturwandel soll er nun in den neuen dominierenden Wirtschaftszweigen wiederholt werden: Dienstleistung, Elektronik, neue Technologien. Bisher ist es allerdings kaum gelungen, hier Fuß zu fassen. Warum ist Amerikas Gewerkschaftsbewegung immer noch die kleinste aller Industrienationen?

Kirkland: Es ist ein großes und vielfältiges Land mit einer kontinentalen Wirtschaft. Deutschland, Skandinavien und die anderen europäischen Länder sind ungefähr so groß wie manche unserer kleineren Staaten. Wenn man sie vergleicht, dann haben wir Gebiete mit ebensoviel oder sogar mehr Mitgliedern als die größten Industrienationen Europas. Und wir haben auch Staaten, besonders im Süden, wo wir so dünn organisiert sind wie im übrigen Teil der europäischen Mittelmeerländer. Das Organisieren von neuen Mitgliedern wird von vielen Faktoren beeinflußt. Vom politischen Klima, von der Rechtsprechung, von der öffentlichen Meinung in einer Gemeinde, von der Geschichte einer Region; wir müssen uns mit unterschiedlichen Mitteln diesen Problemen stellen. Neuland für die Gewerkschaften ist noch diese Industrie, die neue Technik, die auch in diesen Video-Spielen steckt. Volksausgaben des Computer-Wunders. Ein Spaß für alle, aber für viele in einer aufstrebenden Pionierindustrie. Und dann kam ein neuer Schlag. Über Nacht wurde die Video-Industrie nach Fernost verlegt. Außerdem werden immer mehr Arbeitsplätze exportiert, nach Mexiko oder Fernost.

Sprecher: Haben sich die Gewerkschaften für die Präsidentenwahl zuviel vorgenommen? Denn vor zwei Jahren war ihre Popularität auf einen nie dagewesenen Tiefpunkt gesunken. Damit ist ihr politischer Einfluß ausgerechnet zu jenem Zeitpunkt geschwächt, wo viele Gewerkschafter eine politische Lösung, also einen neuen Präsidenten, als ihre beste Hoffnung ansehen. Ist es da für Walter Mondale nicht eher eine Bürde als ein Segen, der Kandidat der Gewerkschaften, Frauen- und Lehrerverbände zu sein?

In einer Gewerkschaftsversammlung äußerte sich Mondale in der üblichen übertriebenen Wahlkampf-Rhetorik des Landes wie folgt: „Ich bitte euch heute um eure Hilfe; Amerika hat alles, nur nicht den richtigen Präsidenten!" – Sollte die AFL-CIO auch diesmal wieder auf den falschen Kandidaten gesetzt haben?

Entschließungen

Vom außerordentlichen Gewerkschaftstag der IG Druck und Papier (22. bis 25. Oktober 1969 in Koblenz) wurden u. a. die beiden folgenden Entschließungen angenommen:

Sicherung des Friedens (E 2)

Der Außerordentliche Gewerkschaftstag der Industriegewerkschaft Druck und Papier begrüßt das Angebot der Vorsitzenden der Gewerkschaftsbünde der Sowjetunion, Polens, Rumäniens, der DDR, Bulgariens, Ungarns und der ČSSR, sich unter Respektierung verschiedener Auffassungen über Staat und Gesellschaft zu einer Beratung über die Sicherung des Friedens in Europa und der Welt zusammenzufinden.

Wir fordern den Deutschen Gewerkschaftsbund auf, sich in den internationalen Gremien für die Verwirklichung einer solchen Konferenz einzusetzen.

Zur Regierungsneubildung (E 3)

Der Außerordentliche Gewerkschaftstag der Industriegewerkschaft Druck und Papier in Koblenz begrüßt den Regierungswechsel in Bonn und die Wahl Willy Brandts zum Kanzler der Bundesrepublik Deutschland.

Die Delegierten der Industriegewerkschaft Druck und Papier erwarten von der Regierung realistische Initiativen zur Sicherung des Friedens in der Welt, zur Entspannung in Europa durch Beteiligung an einer europäischen Sicherheitskonferenz und zur Aussöhnung mit den Völkern Osteuropas. Dazu gehört: Die Anerkennung der Oder-Neiße-Grenze, die Erklärung der Nichtigkeit des Münchner Abkommens, die Normalisierung der Beziehungen zur DDR und die Unterzeichnung des Atomwaffensperrvertrages.

Der Außerordentliche Gewerkschaftstag fordert Bundestag und Bundesregierung auf, in der Innenpolitik einen Weg einzuschlagen, tiefgreifende gesellschaftliche Reformen zu verwirklichen. Die Arbeitnehmer erwarten dabei eine Politik, die ihren berechtigten Interessen besser und umfassender Rechnung trägt als die Politik der letzten zwanzig Jahre. Dabei gilt es, die vielen unerledigten Probleme auf dem Gebiete der Gesellschaftspolitik, insbesondere der Einkommens-, Vermögens- und Bildungspolitik sowie im Bereich der sozialen Sicherheit so zu lösen, daß dem Verfassungsauftrag nach Verwirklichung eines sozialen Rechtsstaates entsprochen wird. Die ungerechte Herrschaftsstruktur in der Wirtschaft muß beseitigt werden.

Wir fordern die Ausdehnung der paritätischen Mitbestimmung auf alle Großunternehmen der Wirtschaft; Verwirklichung der Mitbestimmungsrechte der Betriebs- und Personalräte durch Verbesserung des Betriebsverfassungs- bzw. Personalvertretungsgesetzes sowie Mitbestimmung der Gewerkschaften im gesamtwirtschaftlichen Bereich.

Die Voraussetzung der Konzertierten Aktion und unsere Beteiligung daran wird davon abhängen, ob die neue Regierung nunmehr endlich mit Nachdruck die Soziale Symmetrie zu verwirklichen gedenkt.

Kommuniqué

über den Besuch einer Delegation der Industriegewerkschaft Druck und Papier in der Volksrepublik Polen

In den Tagen vom 24. bis 31. Mai 1970 weilte in der VR Polen auf Einladung des Hauptvorstandes der Gewerkschaft Polygraphie die Delegation des Hauptvorstandes der Gewerkschaft Druck und Papier der BRD in folgender Zusammensetzung:

1. Leonhard Mahlein, erster Vorsitzender

2. Herbert Schwiedel, zweiter Vorsitzender

3. Heinz Müller, Sekretär des Hauptvorstandes

4. Gerhard Haut, Beisitzer des Hauptvorstandes

5. Fritz Gent, Landesvorsitzender von Nordrhein-Westfalen

Während des Aufenthaltes in Polen hat sich die Delegation mit Gewerkschaftern in den Betrieben getroffen und machte sich mit der Tätigkeit der Gewerkschaftsorganisationen der Polygraphie in Warszawa, Krakow, Katowice, Opole und Wroclaw bekannt.

Nach der Besichtigung des ehemaligen Konzentrationslagers in Auschwitz-Birkenau hat die Delegation einen Kranz am Denkmal der Opfer des Hitler-Faschismus niedergelegt. Während des Aufenthaltes in Warszawa führte die Delegation der westdeutschen Gewerkschafter Gespräche mit der Leitung des Hauptvorstandes der polnischen Gewerkschaft Polygraphie in folgender Zusammensetzung:

1. Jerzy Cichónski, Vorsitzender

2. Krystyna Broszkiewicz, Sekretär des Hauptvorstandes

3. Józef Kupiec, Sekretär des Hauptvorstandes

Während der Gespräche hat man sich gegenseitig über aktuelle Probleme der Tätigkeit beider Gewerkschaften informiert mit besonderer Berücksichtigung der sozialen Fragen, der Selbstverwaltung in den Betrieben, der Arbeitssicherheit und -hygiene, der beruflichen Qualifikation und des technischen Fortschritts.

Beide Delegationen haben beschlossen, in der Zukunft Arbeitskontakte zu entwickeln mit dem Ziel, Erfahrungen in verschiedenen Bereichen der gewerkschaftlichen Tätigkeit auszutauschen.

Während der Gespräche wurde auch die Frage der multilateralen Zusammenarbeit der Gewerkschaften in Europa besprochen. Beide Delegationen haben die Notwendigkeit einer solchen Zusammenarbeit und Annäherung zwischen den Gewerkschaftsorganisationen anerkannt, unabhängig von ihrer nationalen Angehörigkeit.

Deshalb sprechen sich beide Delegationen für die Einberufung einer europäischen Konferenz der Gewerkschaften aus.

Beide Delegationen stellen fest, daß die Sicherung des dauerhaften Friedens und die Sicherheit auf dem europäischen Kontinent in einem wohlverstandenen Interesse aller Völker und Werktätigen in Europa liegt.

Davon ausgehend, erklärt die Delegation der IG Druck und Papier, daß aufgrund einer Resolution ihres Außerordentlichen Gewerkschaftstages 1969 die Bundesregierung aufgefordert wird:

die Ergebnisse des Zweiten Weltkrieges anzuerkennen,

die Integrität aller europäischen Staaten in ihren gegenwärtigen Grenzen und besonders die Unantastbarkeit der Westgrenze Polens an Oder und Neiße als endgültig anzuerkennen.

Die Bundesregierung wird weiterhin aufgefordert, ihre Beziehungen zur Deutschen Demokratischen Republik zu normalisieren.

Während des Aufenthaltes in Polen hat die Delegation der IG Druck und Papier eine Einladung an den Hauptvorstand der Gewerkschaft Polygraphie zum Gegenbesuch in der Bundesrepublik ausgesprochen. Die Einladung wurde angenommen.

Tätigkeitsbericht der IGF

Auf dem 12. Kongreß der Internationalen Grafischen Föderation (IGF)
vom 11. bis 13. Oktober 1982 in Paris gab Leonhard Mahlein als Präsi-
dent der IGF die mündliche Ergänzung des Tätigkeitsberichtes für den
Zeitraum von 1979 bis 1981. Daraus hier ein längerer Auszug.

I.

In meinen Ausführungen zur Eröffnung unseres Kongresses habe ich
bereits anzudeuten versucht, daß wir uns mit unserem 12. IGF-Kongreß in einer äußerst spannungsgeladenen Zeit befinden, die an die
nationalen Gewerkschaften wie an die internationale Gewerkschaftsbewegung große Anforderungen stellt. Denn wir stehen alle miteinander vor den gleichen Problemen:
- Mit 13 Millionen offiziellen Arbeitslosen haben wir es gegenwärtig
  in Westeuropa zu tun, und es besteht die Befürchtung, daß es bis
  1985 mehr als 18 Millionen werden könnten;
- allerdings kommen zu diesen offiziellen Arbeitslosenzahlen – nach
  Ansicht des Europäischen Gewerkschaftsbundes – noch 2 Millionen „versteckte" Erwerbslose hinzu;
- während in den Ländern der Europäischen Gemeinschaft eine
  durchschnittliche Arbeitslosenquote von 8,2 Prozent zu verzeichnen ist, liegt sie in den USA bereits zwischen 10 und 11 Prozent;
  wobei auch dort die Zahl mit den „versteckten" Arbeitslosen noch
  höher liegen dürfte.

Angesichts der wachsenden Massen- und Dauerarbeitslosigkeit wenden wir uns dagegen, daß die konservative Philosophie von der Ver-
harmlosung in allen Ländern gleichermaßen betrieben wird. Was wir
erleben, ist nicht nur ein konjunktureller Zwischenfall, sondern es
sind tiefgreifende strukturelle Veränderungen mit weitgehenden Wirkungen auf die arbeitenden Menschen. Wir wenden uns auch gegen
die immer massiver werdenden Versuche, den technischen Wandel zu
forcieren und die daraus entstehenden negativen sozialen und
menschlichen Konsequenzen dieses Prozesses zu tabuisieren.

Wir stehen in einem Jahrzehnt, in dem die Nachfrage nach Arbeit
wächst. Gleichzeitig aber wird das Angebot an Arbeit durch die Verbindung von technologischen und arbeitsorganisatorischen Rationali-
sierungsmaßnahmen negativ beeinflußt. Experten rechnen damit, daß

die Zahl der z. B. in der Bundesrepublik installierten Industrieroboter von derzeit 1200 schon bis 1986 auf 25 000 bis 30 000 Roboter steigen wird und daß Mikroelektronik und elektronische Datenverarbeitung insbesondere den Dienstleistungssektor ergreifen werden. In der Sowjetunion sollen 1980 bereits 7000 Industrieroboter im Einsatz gewesen sein; bis 1985 soll diese Zahl um ein Vielfaches übertroffen werden.

Was früher unter Rationalisierung und Ökonomisierung von Produktionsanlagen verstanden wurde, ist heute insofern überholt, als die Konstruktion von Industrierobotern nicht nur menschliche Arbeitskraft erleichtert, sondern im wachsenden Maße auch überflüssig macht. Der von vielen erhoffte und erwünschte große Investitionsboom könnte sich letztlich als eine erfolgreiche „Job-Vernichtungsaktion" erweisen.

Mit der sprunghaften Entfaltung der Mikroelektronik haben sich außerdem neue Möglichkeiten ergeben, Verhalten und Bewußtsein der Menschen zu kontrollieren und zu steuern. Aber dies ist nur die eine Seite der Verfeinerung mikroelektronischer Technologien. Die andere Seite ist, daß die „Verdatung" von Verhaltens- und Bewußtseinsmerkmalen der Menschen – von denen die Betroffenen ja meistens überhaupt nichts wissen – den mächtigen Gruppen der Gesellschaft ein Verfügungsmonopol über Menschen verschafft, wie es bisher in der Geschichte undenkbar gewesen ist. Rationalisierung und Produktion von Arbeitslosigkeit sind unter den gegebenen gesellschaftlichen Bedingungen zum erstenmal in der Geschichte der industriellen Entwicklung gleichbedeutend geworden. Die daraus entstehenden Konflikte sind nicht mit „Gesundbeterei" aus der Welt zu schaffen. Sie werden zum Inhalt der sozialen und politischen Auseinandersetzungen der 80er Jahre, und die Gewerkschaften werden im Mittelpunkt dieser Konflikte stehen. Dabei dürfen wir keinen Augenblick übersehen, wie stark die konservative Welle reformfeindlicher Gegenbewegungen heute auf die inneren Verhältnisse, auf die öffentliche Meinung und auf die sozialen Auseinandersetzungen einzuwirken versucht.

Was heute in den Industrieländern unter der Überschrift „Thatcherismus" und vom einflußreichen Amerikaner Milton Friedmann diskutiert und praktiziert wird, läuft auf drei Ziele hinaus:

1. Auf die Verpflichtung der Regierungen zur Wiederherstellung der Vollbeschäftigung zu verzichten, weil dies kein vorrangiges Ziel der Wirtschaftspolitik mehr sein soll.

2. Das Niveau der sozialen Sicherung der Beschäftigten abzuschwächen und

3. neue Frontstellungen gegen die Gewerkschaften zu schanzen, um ihren Einfluß in Wirtschaft und Gesellschaft zurückzudrängen.

Zusammengefaßt heißt das: Die technologischen und strukturellen Veränderungen der Wirtschafts- und Sozialverhältnisse sollen mit einer Restauration kapitalistischer Mittel und Methoden verbunden werden. Neben diesen allgemeinen wirtschaftlichen und politischen Krisenerscheinungen zeigt sich jedoch, daß die objektive Betroffenheit der Beschäftigten viel größer ist, als es die bloßen Zahlen über die Arbeitslosigkeit vermuten lassen.

Ein tiefverwurzelter Glaubenssatz der Gewerkschaftsbewegung bis in die 70er Jahre hinein beruhte auf der vielfachen Annahme, daß mit der Entwicklung der Produktivkräfte (oft verkürzt und mißverständlich als Technologie-Entwicklung verniedlicht), ein sozialer Fortschritt in den Arbeits- und Lebensbedingungen der Arbeitnehmer einherginge. Unter den Bedingungen weltweiter ökonomischer Stagnation und politischer Defensive der Gewerkschaften zeichnen sich dagegen heute weitreichende Bedrohungen in der Arbeits- und Lebenslage der schaffenden Menschen ab. Über die Vernichtung von Arbeitsplätzen hinaus verspürt man insbesondere seit der Anwendung der neuen Technologien in der Druckindustrie:

– eine enorme Intensivierung der Arbeit, also die Verschärfung der Arbeitshetze sowie die Vergrößerung der Arbeitsbelastung;

– den zunehmenden Wegfall von traditionellen Berufserfahrungen und die darauf folgende Dequalifizierung der Berufstätigkeiten;

– die Monotonie der Arbeitsinhalte sowie die Reduzierung der Arbeitsentgelte;

– sowie eine steigende Verunsicherung bei den Beschäftigten über die Zukunft ihrer Arbeitsplätze.

II.

Aus dieser Situationsanalyse ergibt sich die zwangsläufige Notwendigkeit, die Aufmerksamkeit der verschieden orientierten nationalen Gewerkschaftszentralen auf gemeinsames Handeln auszurichten. Wir wissen sehr wohl, daß sich unsere Ziele nicht von heute auf morgen verwirklichen lassen, doch unser fester Glaube an die Gerechtigkeit unserer Sache gibt uns auch die Gewähr, daß wir keiner Fata Morgana nachjagen und keine Luftschlösser bauen. Mit anderen Worten heißt das, daß wir unsere gemeinsamen Ziele,

– wie die Einführung der 35-Stunden-Woche bei vollem Lohnausgleich;

– die Einschränkung bzw. Abschaffung von Überstunden;

– sechs Wochen Urlaub für alle, mit zusätzlichem Urlaubsgeld;

– die Einführung eines allgemeinen Bildungsurlaubs;

– sowie die Herabsetzung des Rentenalters auf 60 Jahre;

zum Abbau der Arbeitslosigkeit, zur Sicherung und zur Schaffung neuer Arbeitsplätze international auch gemeinsam erkämpfen müssen. Wir haben diese Forderungen unter anderem in unserem neuen Aktionsprogramm der IGF aufgenommen, das dieser Kongreß zu verabschieden hat, und wir befinden uns damit z. B. in voller Übereinstimmung mit dem Strategie-Programm des Europäischen Gewerkschaftsbundes.

Mit Sicherheit wird die Verkürzung der Arbeitszeit in den nächsten Jahren Gegenstand der politischen und tariflichen Auseinandersetzungen. Alle wirtschaftlichen, technologischen und sozialen Tendenzen sprechen dafür. Die Frage ist nicht, ob die Verkürzung der Arbeitszeit kommt, sondern ob Regierungen und Tarifvertragsparteien den Willen und die Fähigkeit aufbringen, sie nach sozialen Erfordernissen und wirtschaftlichen Möglichkeiten zu organisieren. Und damit bin ich bei unseren ureigensten Aufgaben angelangt:

Unsere Arbeitsgruppe – die das neue IGF-Aktionsprogramm erarbeitete – hat sich nicht damit begnügt, nur richtige Forderungen zu formulieren, sondern sich auch darüber Gedanken gemacht, wie und mit welchen Mitteln diese Forderungen durchgesetzt werden sollen. Am Schluß meines Vorworts zum schriftlichen Tätigkeitsbericht für die Jahre 1979 bis 1981 habe ich den Satz geschrieben: „Der 12. IGF-Kongreß wird sich nicht der Aufgabe entziehen können, die dafür erforderlichen Ziele abzustecken und die Durchsetzungsmöglichkeiten zu prüfen." Das sind die uns gestellten Aufgaben!

Es sollte eigentlich relativ leicht sein, gemeinsame Vorstellungen zu entwickeln, die zu einer wirksamen Einheit des Handelns und der gemeinsamen Aktion führen. Ich bin mir aber auch bewußt, daß nationale Traditionen und grundsätzliche Anschauungen von der Gesellschaft – sowie der Notwendigkeit von Reformen – keineswegs bei den Gewerkschaften immer und überall übereinstimmen. Es ist leichter, sich auf Proklamationen zu einigen, in denen das Gute gefordert und das Böse verurteilt wird. Es ist sehr viel schwieriger, sich dann darüber zu einigen, was als gut und notwendig angesehen und wie es verwirklicht werden soll.

Auch Gewerkschaften sind Organisationen, die trotz aller Bekenntnisse zu internationaler Solidarität nicht bereit sind, das, was sie oft zu Unrecht als nationales Interesse ansehen, ihrem internationalen Bekenntnis zu opfern; selbst dann, wenn es kein wirkliches Opfer ist. Auch Gewerkschafter sind nicht selten befangen in Traditionen – die sie nahezu als unantastbares Heiligtum pflegen – obwohl sie weder durch die tatsächlichen Verhältnisse noch durch nüchterne Überlegung heute noch tatsächliche Werte darstellen. Auch Gewerkschafter lassen sich nicht selten für kurzsichtige, angebliche nationale Interessen mißbrauchen und verfallen dabei den gleichen verhängnisvollen Irrtümern und Fehlern, denen Regierungen aller politischen Schattierungen so leicht zu erliegen pflegen. Auch Gewerkschaften haben nicht nur unterschiedliche Organisationsstrukturen, sondern auch differenzierende Verhaltensweisen im Umgang mit ihren Mitgliedern und ebenso in ihren Sozialbeziehungen zu den Regierungen und besonders zu den Unternehmern. Während die einen – zumindest satzungsformal – auf dem Boden des Klassenkampfes stehen, bekennen sich andere zu mehr Partnerschaft und die nächsten suchen einen „Mittelweg" zwischen diesen beiden Extremen.

Daraus sollte man weder der einen noch der anderen Gruppierung einen Vorwurf machen, weil es die Verkennung der unterschiedlichen historischen Entwicklungen in den einzelnen Ländern sowie die Mißachtung der demokratischen Willensbildung der Mitglieder bedeuten würde. Diese verschiedenen Wesensmerkmale außer acht zu lassen, würde andererseits aber auch zu einer Fehleinschätzung gewerkschaftlicher Handlungsmöglichkeiten im internationalen Bereich führen. Die echte Solidarität der Gewerkschaften ist noch nicht so vollkommen wie sie sein könnte. Sie ist auch heute noch mehr Aufgabe als praktische Wirklichkeit, wenngleich sie im Verhältnis zu anderen Interessenverbänden sicherlich besser entwickelt ist. Trotz all dieser berechtigten Einwände dürfen wir es aber beim gegenwärtigen Ist-Zustand nicht belassen. Unsere bleibende Aufgabe muß es sein, diese Hemmnisse Stück für Stück zu überwinden, um tatsächlich zu einer wirksamen Einheit des Handelns und zu gemeinsamen Aktionen zu kommen. Die veränderlichen Verhältnisse in unserer heutigen Welt sind dafür ein triftiger Grund.

In den Vordergrund treten weltweit so entscheidende Fragen wie

– die Währungskrise und die Inflation;

– die Umweltschäden, mit denen die Industrie die Lebensbedingungen der Menschen zu zerstören droht;

– der Mangel an sozialer Sicherheit und die Verstärkung der entspannungsfeindlichen Tendenzen und

– in erster Linie die neue Eskalation des Aufrüstens sowie die Gefahr einer nuklearen Katastrophe.

Letztere erhöhte sich besonders durch den NATO-Beschluß vom Dezember 1979 über die Produktion hochaktiver Atomwaffen und ihre Lagerung in Europa. Zur Lösung all dieser gemeinsamen Probleme der Menschheit und zur Abwehr der Gefahren ist die verstärkte internationale Solidarität der Gewerkschaften mehr denn je erforderlich und unerläßlich.

Wenn ich nach diesen grundsätzlichen Anmerkungen zu Problemen internationaler Gewerkschaftsarbeit nunmehr wieder auf unser neues Aktionsprogramm zurückkomme, so lege ich vorweg Wert darauf, festzustellen,

– daß die Internationale Grafische Föderation damit einen weiteren Beitrag leisten will in unserem Bemühen zur Vereinheitlichung der Arbeitsbedingungen auf internationaler Ebene;
– aber ebenso für den internationalen, solidarischen Kampf gegen Unternehmerwillkür bei Arbeitskonflikten, insbesondere bei der Verhinderung von Auftragsverlagerungen über die nationalen Grenzen hinweg.

Die Wege, Mittel und Methoden, die zur Erfüllung dieser Aufgabenstellung erforderlich sind, wurden im letzten Abschnitt des Aktionsprogramms unter dem Titel „Strategien zur Durchsetzung des IGF-Aktionsprogramms" in folgenden vier Punkten zusammengefaßt:

1. Die Verpflichtung für alle der IGF angeschlossenen Gewerkschaften, das Aktionsprogramm zum Bestandteil ihrer nationalen gewerkschaftlichen Zielsetzungen zu machen.
   Darin kommt bereits zum Ausdruck, daß wir uns nicht in irrealen Gedankengängen über europäische oder gar internationale Tarifverträge bewegen, sondern daß die Durchsetzung unserer gemeinsamen Ziele den jeweiligen nationalen Gewerkschaften überlassen bleiben muß.
2. Wir müssen unseren Informations- und Erfahrungsaustausch noch mehr verbessern und beschleunigen, um unternehmerische Strategien und falsche Zweckinformationen konkreter abwehren zu können.
3. Die IGF soll die Koordinierungsfunktion für tarif- und sozialpolitische Maßnahmen übernehmen, um zum Beispiel
   – durch die Publikationsorgane gemeinsame Maßnahmen sowie Aktionen einzelner Gewerkschaften zu verbreiten;
   – oder um zum gleichen Zeitpunkt zu Solidaritäts-Aktionen in allen Ländern aufzurufen, wie etwa zur Durchsetzung der 35-Stunden-Woche.
   Dazu erforderlich ist auch die bessere gegenseitige Zusammenarbeit sowie die eventuell notwendig werdende Hilfeleistung durch unseren IGF-Solidaritätsfonds.
4. Die IGF bleibt unter Wahrung ihrer Eigenständigkeit weiterhin bemüht, ihre Kontakte zu anderen internationalen Gewerkschaftsorganisationen und überstaatlichen Institutionen fortzusetzen und auszubauen.

Wir werden damit nicht die Welt verändern, aber die Realisierung einer solchen Minimaleinigung könnte ein weiterer Schritt nach vorne sein und die Verwirklichung unserer gemeinsamen Zielvorstellungen unterstützen. Ich möchte deshalb jetzt schon um eine breite Zustimmung bei der Beschlußfassung unseres neuen IGF-Aktionsprogrammes bitten.

III.

Schon wenige Sätze vorher habe ich auf unsere Bereitschaft zur Fortsetzung und zum Ausbau der gegenseitigen Beziehungen mit anderen internationalen Gewerkschaftsorganisationen und überstaatlichen Institutionen hingewiesen. Ich möchte diesen Hinweis noch etwas vertiefen. Zunächst haben wir ganz nüchtern festzustellen, daß der Internationale Bund Freier Gewerkschaften (IBFG) seit der Wiederaufnahme der FFTL vor 15 Jahren (1967 in London) die offizielle Zusammenarbeit mit der IGF eingestellt hat und lediglich der IGF-Generalsekretär in den letzten Jahren zu einigen informellen Gesprächen mit den übrigen Generalsekretären der Internationalen Berufssekretariate eingeladen wurde. Es wirft ein bemerkenswertes Licht auf den inneren Zustand des IBFG, der glaubt, es sich in dieser schwierigen wirtschafts- und weltpolitischen Situation leisten zu können, auf die Zusammenarbeit mit der IGF zu verzichten.

Trotzdem hat die IGF ihre internationalen Aufgaben aktiv und solidarisch wahrgenommen und wird deshalb beim IBFG nicht zum Bettler werden. Wir sind zu sachlichen Gesprächen mit dem IBFG über die Tätigkeit der IGF stets bereit, wir lassen uns aber nicht zum Befehlsempfänger degradieren.

Richtig ist, daß unser Verhältnis zum Europäischen Gewerkschaftsbund harmonischer ist. Dennoch können ein paar kritische Anmerkungen nicht ausgespart werden. In der IGF sind heute alle grafischen Gewerkschaften vertreten, deren nationale Dachorganisationen dem EGB angeschlossen sind – mit Ausnahme der drei italienischen grafischen Gewerkschaften, aber auch die der französischen CGT angeschlossene FFTL, die wiederum der EGB nicht haben will. Das ist zugegeben alles ein wenig kurios; aber nachdem beim Europäischen Gewerkschaftsbund die Einsicht über die Notwendigkeit der Industrie-Ausschüsse gewachsen ist – und ebenso die Erfordernis zur größeren Mobilisierung aller gewerkschaftlichen Kräfte in Europa – werden wir erneut unseren Aufnahme-Antrag an das Generalsekretariat des EGB richten.

In Anbetracht dessen, daß sowohl das Internationale Arbeitsamt in Genf, wie die europäischen Institutionen in Brüssel versuchen, ihre Druckaufträge in eigener Regie herzustellen, und dadurch eine Vielzahl von grafischen Arbeitsplätzen vernichtet werden, können wir uns nicht vorstellen, daß sich der EGB weiterhin weigern könnte, uns solidarisch zu unterstützen, um uns den Umgang mit der EG-Kommission sowie dem Europäischen Parlament zu erleichtern. Wir könnten uns aber sehr wohl vorstellen, daß wir aus Protest gegen die beabsichtigten Maßnahmen, schon vor deren endgültigen Durchführung, keine Aufträge mehr für die europäischen Institutionen drucken.

Über die 2. dreiparteiige Technische Konferenz der ILO für die Druckindustrie in Genf wurde im schriftlichen Tätigkeitsbericht ausführlich berichtet und ebenso über die dadurch verbesserten Beziehungen zur ILO selbst. Zwischenzeitlich liegen dazu die durchaus positiv zu bewertenden Beschlüsse des ILO-Verwaltungsrates vor, ohne daß bisher im einzelnen ausgewertet und geprüft werden konnte, wie die Ergebnisse der Konferenz in die Praxis umgesetzt werden sollen. Generell festgehalten werden kann jedoch, daß noch nie eine solche Technische Konferenz der ILO von Gewerkschaftsseite her so gut vorbereitet war wie die für die Druckindustrie. Das wurde auch von ständigen Beobachtern der ILO-Tätigkeit voll bestätigt.

Es ist eine positive Würdigung für die zielgerichtete Vorarbeit, die von der paritätisch besetzten Arbeitsgruppe der IGF und des „Ständigen Komitees" sowie von den beiden Geschäftsführenden Vorständen dazu geleistet wurde. Zwischen den beiden Geschäftsführenden Vorständen bestand auch von vornherein die Übereinstimmung darüber, daß diese bewährte Zusammenarbeit fortgesetzt werden sollte, mit der Auswertung und Umsetzung der auf der Konferenz gefaßten Beschlüsse. Aus diesem Grund waren wir sehr überrascht, als dann im Gegensatz dazu vom „Ständigen Komitee" auch die Mitgliedsorganisationen der IGF zu einem Symposium nach Moskau eingeladen wurden, ohne daß vorher eine Konsultation mit der IGF erfolgte und ohne daß die Beschlußergebnisse des ILO-Verwaltungsrates schriftlich vorlagen.

Die Beziehungen zwischen der IGF und dem Ständigen Komitee standen von Anfang an unter der Prämisse der vollen Souveränität der beiden Organisationen. Das heißt und bedeutet,
- daß wir gegenseitig die Meinung des anderen achten;
- uns nicht in die inneren Angelegenheiten der Organisation des anderen einmischen;
- und die gemeinsamen, übereinstimmenden Züge unserer Arbeit und unseres Standpunktes suchen, die eine Grundlage für die konkrete Zusammenarbeit bilden können.

Auch sind wir bereit, bei bestimmten konkreten, von beiden Seiten als nutzbringend befundenen internationalen Angelegenheiten zusammenzuwirken; natürlich auf der Grundlage gegenseitiger Abstimmung, wie das bei der ILO-Konferenz für die Druckindustrie geschehen ist. Dies liegt in unserem gemeinsamen Interesse. Auf dieser Grundlage sind wir nach wie vor bereit, unsere gegenseitigen Beziehungen fortzusetzen. Andere Überlegungen, die es dazu gegeben haben mag, sind für mich reine Spekulationen. Es wäre schließlich auch paradox, wenn Regierungschefs und Unternehmer, die unterschiedliche Gesellschaftssysteme vertreten, eine gemeinsame Grundlage zu Verhandlungen und Verträgen finden und die Vertreter von gewerkschaftlichen Organisationen dies nicht tun könnten oder sollten.

Für die heute noch immer, zum Beispiel vom IBFG geübte starre Abgrenzung gibt es keine plausible Erklärung. Um so mehr Argumente sprechen aber für realistische gegenseitige Beziehungen sowie für die Entwicklung und Stärkung der internationalen Arbeitersolidarität. Deswegen haben wir zwar die IGF-Gewerkschaften aufgefordert, der Einladung zum Moskauer Symposium nicht zu folgen, gleichzeitig aber dem „Ständigen Komitee" den Vorschlag zu einer gemeinsamen Vorstandssitzung unterbreitet, um zu einer Abklärung über eventuell unterschiedliche Auffassungen zu kommen und über die Fortsetzung unserer Arbeit zu beraten. Diese Vorstandssitzung wurde erst kürzlich in der Bundesrepublik durchgeführt, und wir sind zu der Übereinstimmung gekommen, daß die paritätische Arbeitsgruppe in nächster Zeit folgende zwei Aufgaben zu erledigen hat:

1. Die Auswertung und Umsetzung der Beratungsergebnisse der 2. Technischen Konferenz für die Druckindustrie zu erörtern.
2. Eine Untersuchung über die wirtschaftliche und politische Tätigkeit der multinationalen Konzerne in der Druckindustrie sowie in der Papier und Pappe verarbeitenden Industrie vorzunehmen.

Gerade der letzte Punkt ergibt sich bereits aus unserer „Gemeinsamen Erklärung über die gewerkschaftlichen Grundforderungen zur Verbesserung der Situation der Beschäftigten der grafischen Industrie" und dient gleichzeitig der Fortsetzung und dem Ausbau der gegenseitigen Beziehungen.

Die von mir schon erwähnten Schwierigkeiten in der internationalen Gewerkschaftsarbeit wurden insbesondere deutlich in der Tätigkeit der gemeinsamen Arbeitsgruppe der IGF mit der Internationalen Journalisten Föderation (IJF). Zwar gelang es nach zwei Sitzungen, eine „Gemeinsame Erklärung" und „Richtlinien über die Zusammenarbeit" zu verabschieden – die nachfolgend von den beiden Exekutivkomitees bestätigt wurden –, doch konnte dann die nächste Sitzung der Arbeitsgruppe erst wieder im Mai 1982 durchgeführt werden. Das mag zum Teil am Führungswechsel bei der IJF gelegen haben, doch haben wir die Hoffnung, daß es künftig unter dem nunmehrigen englischen Präsidenten zu mehr Aktivitäten kommen wird. Geplant ist jedenfalls, einen neuen „Modellrahmenvertrag über die neuen Technologien" vorzulegen, und ebenfalls wird geprüft, ob es möglich sein wird, eine zweite gemeinsame Europäische Konferenz in der zweiten Hälfte des Jahres 1983 in den Niederlanden durchzuführen. Die erste dieser Art hatte bekanntlich 1978 in Berlin stattgefunden.

Die von den Unternehmern allgemein eingenommene Abwehrhaltung hat auch bei den internationalen und europäischen Arbeitgeberorganisationen der Druckindustrie ihren Niederschlag gefunden. Außer einem mehrmaligen Briefwechsel und einigen mehr privat geführten Gesprächen zwischen dem IGF-Generalsekretär und denen von IMPA und EUROGRAF, wurden alle unsere Vorschläge zur Zusammenarbeit rundweg abgelehnt. Eine Fortsetzung unserer diesbezüglichen Bemühungen könnte deshalb nur als Austausch von allgemeinen Floskeln angesehen werden, es sei denn, wir wären bereit, die unternehmerischen Zielsetzungen zu unterstützen. Übriggeblieben von unseren europäischen Bemühungen ist, daß wir mit Vertretern der grafischen Gewerkschaften – deren Länder Mitglied der Europäischen Gemeinschaft sind – Mitte April 1983 in Brüssel ein erneutes Gespräch mit dem zuständigen Generaldirektor der EG-Kommission führen werden.

Nicht ausgeschlossen ist, daß wir wegen der bereits erwähnten Herstellung der Drucksachen bei den europäischen Institutionen in absehbarer Zeit ein Gespräch mit gewerkschaftlich organisierten Abgeordneten des Europäischen Parlaments führen können. In dieser Angelegenheit hatten wir eine recht erfreuliche Zusammenarbeit unserer Brudergewerkschaften in Belgien, Frankreich, Luxemburg und der Bundesrepublik zu verzeichnen...

IV.

Bevor ich zum Schluß komme, habe ich noch einen wichtigen Punkt. Liebe Kolleginnen und Kollegen, für die internationale Gewerkschaftsbewegung gab es, gibt es und wird es in der Aufgabenstellung immer variable und konstante Elemente geben, die auf ihre Tätigkeit einwirken. Die variablen politischen Elemente stellen heute die Bedrohung der Freiheitsrechte in El Salvador und Chile, in den südamerikanischen und türkischen Militärdiktaturen, in Polen und im Nahen Osten usw. dar.

Wir können dazu nicht ruhig sein, denn die Herrschenden dieser Welt ergreifen jede Gelegenheit, um die weltanschaulichen und ideologischen Unterschiede zu verhärten und damit unserer gemeinsamen Sache zu schaden. Wir wissen nicht, wo gerade ein neuer Brandherd vorbereitet wird – in Lateinamerika, in Afrika oder Asien oder gar in Europa. Die variablen politischen Elemente lösen sich also ab, alte verschwinden, neue wiederum entstehen.

Zu den konstanten politischen Elementen gehören für die Gewerkschaftsbewegung,
– der gemeinsame Schutz der Interessen der abhängig Beschäftigten;
– der Schutz der Gewerkschaftsrechte;
– die Weiterentwicklung der internationalen gewerkschaftlichen Solidarität;

vor allem aber die Sicherung des Friedens. Wir wissen, daß wir die uns gestellten Aufgaben nur erfüllen können, wenn der Friede in aller Welt gesichert bleibt. Wir wissen auch, daß der Friede zwar nicht alles, aber ohne Frieden alles nichts ist.

Niemals zuvor in der Geschichte der Menschheit war zugleich mit dem Frieden die Existenz der Menschen so elementar bedroht wie heute. Frieden bedeutet heute mehr als die Vermeidung von Kriegen, im Inneren oder Äußeren. Frieden bedeutet heute, daß der Anspruch der Menschen auf individuelle Freiheit und soziale Gerechtigkeit – auf gesellschaftlichen Ausgleich und persönliches Wohlbefinden – ohne Anwendung von Gewalt verwirklicht werden kann.

Die Wirklichkeit in West und Ost, in Nord und Süd ist davon noch weit entfernt. So faul ein Frieden ist, unter dessen Dach seit 1945 mehr als einhundert Kriege geführt worden sind: Der Welt den Nicht-Krieg zu erhalten, ist die Bedingung aller Hoffnung! Der Frieden ist eine zu lebenswichtige Voraussetzung jeder Existenz, als daß sein Schutz allein Politikern, Militärs und Friedensforschern überlassen werden kann. Kein Gebiet auf der Erde darf zum nuklearen Schlachtfeld werden! Die fahrlässige Erzeugung von Bedrohungsängsten und die Diffamierung der Friedensbewegungen lassen ein Klima entstehen, das sachliche Unterrichtung und nüchterne Urteilsbildung zu verhindern droht. Es ist an der Zeit, daß die Gewerkschaften auch international nachdrücklich die friedfertige Bewältigung von Konflikten, Unterdrückung und Rechtlosigkeit fordern. Es ist an der Zeit, daß die internationale Gewerkschaftsbewegung für den Frieden plädiert. So laut und so deutlich wie nur möglich.

Der Algemene Nederlandse Grafische Bond und die deutsche IG Druck und Papier haben Resolutionen zu den Problemen Entspannung, Frieden und Abrüstung vorgelegt, auf die ich Eure Aufmerksamkeit lenken möchte. Wir möchten dazu um Eure positive und einstimmige Entscheidung bitten, weil dies wohl die wichtigsten Punkte für die Interessenvertretung unserer Mitglieder in aller Welt sind.

Liebe Kolleginnen und Kollegen, laßt uns damit auch versuchen, diesem 12. Kongreß der Internationalen Grafischen Föderation – mit der Bereitschaft zur konstruktiven Kritik und im Geiste der Geschlossenheit – zu einem vollen Erfolg zu verhelfen.

Ich bedanke mich für Eure Aufmerksamkeit und das mir erwiesene Interesse.

IGF und SKGGI:
Gemeinsame Erklärung

Beide grafischen Internationalen erarbeiteten und beschlossen 1980 nachstende „Gemeinsame Erklärung der Internationalen Grafischen Föderation und des Ständigen Komitees der Gewerkschaften der Grafischen Industrie über die gewerkschaftlichen Grundforderungen zur Verbesserung der Situation der Arbeiter und Angestellten in der grafischen Industrie":

Präambel

In den letzten Jahren ist in allen industriell hochentwickelten Ländern ein technischer Strukturwandel vor sich gegangen, der zu bedeutungsvollen technischen und strukturellen Veränderungen in der Produktion geführt hat; dadurch verändern sich die Arbeits- und Lebensbedingungen der Arbeiter und Angestellten ständig.

Diese Entwicklung erschließt große Möglichkeiten, um den Lebensstandard der Menschen in allen Ländern weiter zu verbessern und Not, Elend und Analphabetentum zu überwinden.

Die Gewerkschaften konzentrieren sich in ihrem Kampf besonders darauf, die Arbeitslosigkeit und die Vernichtung der Arbeitsplätze zu verhindern und keine negativen sozialen Folgen für die Arbeiter und Angestellten zuzulassen. Immer energischer wenden sie sich gegen Willkürmaßnahmen, wie Wegrationalisieren von Arbeitsplätzen, Jugend- und Frauenarbeitslosigkeit, Aussperrungen und den Abbau demokratischer und sozialer Rechte.

In diesem Prozeß hat sich auch in der grafischen Industrie und in der Presse die Konzentration und Spezialisierung verstärkt. In ihr findet der technische Strukturwandel besonderen Ausdruck in der verstärkten Anwendung der Mikroelektronik, der Computersysteme, neuer chemischer Werkstoffe und Substanzen, modernster optischer Geräte und vollautomatischer Maschinensysteme.

Um die berechtigten Interessen der Arbeiter und Angestellten innerhalb des sich vollziehenden Strukturwandels zu wahren, erheben die Internationale Grafische Föderation und das Ständige Komitee der Gewerkschaften der Grafischen Industrie folgende Grundforderungen:

192

I. Sicherung der Arbeitsplätze

Die Gewerkschaften der grafischen Industrie sind nicht grundsätzlich gegen die neue Technik oder gegen neue Formen und Methoden der Produktion unter Ausnutzung neuer wissenschaftlicher Erkenntnisse. Sie wenden sich aber entschieden gegen die Verschlechterung der Arbeits- und Lebensbedingungen, gegen den Abbau von Arbeitsplätzen, gegen die Dequalifizierung, gegen erhöhte Gefährdung ihrer Gesundheit als Folge des Einführens neuer Techniken. Sie sind dagegen, daß die neue Technik von den Unternehmern ausschließlich zur Profitmaximierung mißbraucht wird. Eine von verschiedenen Möglichkeiten, den negativen Auswirkungen der neuen Technologie zu begegnen, ist die Verkürzung der Wochenarbeitszeit. Andere Möglichkeiten einer gerechteren Verteilung des Arbeitsvolumens sind verlängerte Pausen, Verlängerung des Urlaubs und Herabsetzen des Rentenalters. Alle Maßnahmen müssen mit vollem Lohnausgleich durchgeführt werden.

Für besonders belastete und ältere Arbeitnehmer ist zusätzliche Freizeit zu gewähren, und Lohngarantien sind auf gesetzlicher oder tarifvertraglicher Ebene zu erwirken.

Den grafischen Facharbeitern ist die Weiterbeschäftigung in der grafischen Industrie und der bisherige Besitzstand zu sichern. Die Konsequenzen, die sich aus dem Strukturwandel ergeben, sind mit dem Einverständnis der Arbeiter und Angestellten und ihrer Gewerkschaften zu regeln. Über notwendige Veränderungen der Arbeitsplätze, die sich aus dem technischen Strukturwandel in der grafischen Industrie ergeben, sind die Arbeiter und Angestellten bereits bei der Planung zu beteiligen. Gleichzeitig sind mit ihnen alle Maßnahmen zu beraten und festzulegen, die ihre künftige Tätigkeit und Entwicklung betreffen.

Bei Einführung neuer Technologien müssen die Tätigkeiten von den Fachkräften ausgeübt werden, die auch in der konventionellen Technik beschäftigt waren. Sie sind auf Kosten der Unternehmer auf ihre neue Tätigkeit umzuschulen.

Das Recht auf Arbeit und auf eine qualifizierte Ausbildung ist allen Arbeitern und Angestellten der grafischen Industrie ohne Diskriminierung des Geschlechts, der Nationalität, der Rasse oder des Alters zu garantieren.

II. Sicherung und Verbesserung des Arbeits- und Gesundheitsschutzes sowie Humanisierung der Arbeitsumwelt

Die Fragen des Gesundheitsschutzes müssen bei der Einführung der neuen Technologien verstärkt beachtet werden.

Das rechtzeitige Prüfen der Auswirkungen der neuen Techniken und Produktionsverfahren auf die Arbeits- und Lebensbedingungen der Arbeiter und Angestellten, die Erhöhung der Arbeitssicherheit, die Sicherung des Gesundheitsschutzes, die Verbesserung der Arbeitsumwelt ist durch kontinuierliche ärztliche Untersuchungen, entsprechende tarifliche Vereinbarungen und gesetzliche Regelungen zu erreichen.

Die Intensität der psychischen und physischen Arbeit in der grafischen Industrie nimmt ständig zu und verlangt die absolute Einhaltung der tarifrechtlich festgelegten Vereinbarungen.

Unzureichende sicherheitstechnische und arbeitshygienische Bedingungen sowie die ständig steigenden Arbeitsunfälle und Berufskrankheiten sind alarmierend.

Arbeitserschwernisse und Gesundheitsgefährdungen dürfen nicht durch finanzielle Zuschläge abgegolten werden. Es sind die Ursachen der Gesundheitsgefährdung zu beseitigen.

III. Zur beruflichen Aus- und Weiterbildung sowie Umschulung in der grafischen Industrie

Der Erhöhung der beruflichen Mobilität der grafischen Arbeiter und Angestellten ist größte Beachtung zu schenken. Mit dem technischen Strukturwandel in der grafischen Industrie werden traditionelle Berufe verdrängt, Berufsinhalte verändert, und neue Berufe entstehen.

Die Bedienung neuer Techniken und die Beherrschung neuer technologischer Prozesse verlangt, daß den grafischen Arbeitern und Angestellten immer umfassendere theoretische und fachliche Kenntnisse vermittelt werden. Energisch bekämpfen die Gewerkschaften der grafischen Industrie alle Formen der Dequalifizierung. Gleichzeitig wehren sie sich dagegen, daß jungen grafischen Arbeitern noch nach alter traditioneller Art und Weise fachliches Wissen und Können vermittelt wird. Die schulische sowie die gesamte berufliche Aus- und Weiterbildung bedarf deshalb einer umfassenden Veränderung.

Das Recht auf Arbeit ist mit dem Recht auf berufliche Aus- und Weiterbildung eng zu verbinden. Das schließt ein: freie Berufswahl, kostenlose Ausbildung, gesetzliche Vereinbarungen und Kollektivverträge sowie die internationale Anerkennung des Facharbeiternachweises ohne jede politische, religiöse, rassische oder geschlechtliche Diskriminierung.

In der beruflichen Aus- und Weiterbildung sind die besonderen Bedingungen der Frauen zu berücksichtigen. Den Frauen sind die Facharbeiterberufe der grafischen Industrie zugänglich zu machen. Dabei

sind die gesetzlichen Bestimmungen des Arbeits- und Gesundheitsschutzes einzuhalten. Die volle Chancengleichheit und Gleichberechtigung der Frau in Beruf und Gesellschaft erfordert eine stärkere Unterstützung bei der Lösung ihrer spezifischen Probleme. Die staatlichen Organe und die Unternehmerorganisationen sind verantwortlich
für die berufliche Aus- und Weiterbildung; sie haben diese Fragen
unter Mitwirkung der Gewerkschaften zu lösen.

IV. Gewerkschaftliche Strategie gegen die Politik der multinationalen Konzerne

Die Gewerkschaften der grafischen Industrie fordern zur Abwehr der
ständig steigenden Aktivitäten der multinationalen Konzerne auf, die
keine Rücksicht auf politische oder gesellschaftspolitische Grenzen
und nationale Interessen nehmen. Die enge Zusammenarbeit der Gewerkschaften und die Entwicklung eines schnellen Kommunikations-
systems zwischen den nationalen Gewerkschaften der grafischen Industrie ist aufrechtzuerhalten.

Beide internationale Gremien bekräftigen ihre Entschlossenheit, bei
Arbeitskonflikten, die von nationalen Gewerkschaften beschlossen
sind, auf nationaler Ebene eine Arbeitsverlagerung in andere Länder
zu verhindern. Das gleiche gilt, wenn Arbeitsverlagerungen durchgeführt werden, um gesetzliche oder die gewerkschaftlichen Schutzvor-
schriften zu umgehen.

Die Internationale Grafische Föderation und das Ständige Komitee
der Gewerkschaften der Grafischen Industrie betrachten die vorste-
hende gemeinsame Erklärung als Grundlage der koordinierten Zusammenarbeit der nationalen Verbände und der beiden internationalen Gremien. Gleichzeitig stellt die Erklärung das Programm für das
gemeinsame Vorgehen anläßlich der Zweiten Technischen Dreigliedrigen Konferenz für das grafische Gewerbe und artverwandte Industrien der ILO dar.

Die Internationale Grafische Föderation und das Ständige Komitee
der Gewerkschaften der Grafischen Industrie bekräftigen, ihre solidarische Zusammenarbeit im Interesse der grafischen Arbeiter und Angestellten zu festigen und weiter auszubauen.

Erfahrungen, Aufgaben, Perspektiven

Sieben Fragen an bundesdeutsche und sowjetische Gewerkschaftsführer

Unter obiger Überschrift erschien in der Zeitschrift „Sowjetunion heute" (Mai 1981) folgendes Interview:

In der weitverzweigten Zusammenarbeit zwischen der UdSSR und der Bundesrepublik Deutschland spielen die Beziehungen zwischen den Massenorganisationen der Arbeiter und Angestellten eine wichtige Rolle. Besonders intensive Kontakte unterhalten seit Jahren die Gewerkschaft Öffentliche Dienste, Transport und Verkehr (ÖTV) der Bundesrepublik und die Gewerkschaft der Mitarbeiter staatlicher Einrichtungen der UdSSR sowie die Industriegewerkschaft Druck und Papier der Bundesrepublik und die Gewerkschaft der Kulturschaffenden der UdSSR.

Die Redaktion unserer Zeitschrift wandte sich an die Vorsitzenden dieser Gewerkschaften mit der Bitte, einige Fragen über Inhalt und Perspektive der Zusammenarbeit zwischen den Arbeiterorganisationen beider Länder zu beantworten. Im folgenden veröffentlichen wir die Antworten von Heinz Kluncker, Vorsitzender der Gewerkschaft Öffentliche Dienste, Transport und Verkehr (BRD); Georgi Makejew, Vorsitzender des Zentralkomitees der Gewerkschaft der Mitarbeiter staatlicher Einrichtungen (UdSSR); Leonhard Mahlein, Vorsitzender der Industriegewerkschaft Druck und Papier (BRD) und Michail Paschkow, Vorsitzender des Zentralkomitees der Gewerkschaft der Kulturschaffenden (UdSSR).

Frage: Die Beziehungen zwischen den Branchengewerkschaften der UdSSR und den Gewerkschaften der Bundesrepublik Deutschland sollten nicht nur vor dem Hintergrund der letzten zwei Jahrzehnte gesehen werden. Intensive Kontakte zwischen den sowjetischen und deutschen Gewerkschaften sind schon aus den zwanziger Jahren bekannt. Es seien zum Beispiel die Solidaritätsaktionen, die Beteiligung deutscher Arbeiter und Fachleute – einige von ihnen wurden damals sogar Mitglieder der sowjetischen Gewerkschaften – an Projekten der ersten sowjetischen Fünfjahrpläne erwähnt. Was halten Sie im Hinblick auf die historischen Erfahrungen in den Beziehungen der Werktätigen unserer beiden Länder für besonders wertvoll?

Heinz Kluncker: Die Beziehungen zwischen den Gewerkschaften der UdSSR und der Bundesrepublik beginnen mit der Aufnahme der Kontakte im Jahre 1966. Daraus folgt, daß über Kontakte vor dem

Zweiten Weltkrieg keine Aussagen von unserer Seite gemacht werden können, da die ÖTV erst 1949 gegründet wurde. Ob und in welchem Umfang Vorgängerorganisationen Beziehungen zu Gewerkschaften der UdSSR unterhielten, kann von uns wegen des fehlenden Archivmaterials nicht nachvollzogen werden.

Analoges ist leider auch zu den von Ihnen erwähnten Solidaritätsaktionen und der Teilnahme deutscher Spezialisten an den ersten sowjetischen Fünfjahresplänen festzustellen, die von uns deshalb nicht beurteilt werden können. Da Sie aber schon historische Bezüge anführen, möchte ich hier doch anmerken, daß wir die Beziehungen zu Gewerkschaften der UdSSR bereits zu einem Zeitpunkt aufgenommen und intensiviert haben, zu dem die Kontakte der Regierungen der UdSSR und der Bundesrepublik Deutschland noch nicht sonderlich entwickelt waren.

Georgi Makejew: Die Aktionen der Solidarität und gegenseitigen Hilfe sind es, die meiner Auffassung nach für diese historischen Erfahrungen charakteristisch sind. Es reicht aus, sich an die Jahre 1918 bis 1920 zu erinnern, als die deutschen Arbeiter eine Kampagne unter der Losung „Hände weg von Sowjetrußland!" führten. Sie wurde auch in anderen Ländern aufgegriffen und trug zur Beendigung der imperialistischen Aggression gegen die junge Sowjetrepublik bei.

Mitte der 20er Jahre half unser Land – selbst noch wirtschaftlich geschwächt – den streikenden deutschen Arbeitern, die um ihre Rechte und die Verbesserung ihrer wirtschaftlichen Lage kämpften, mit Geld und Nahrungsmitteln.

Oder betrachten wir schließlich die 30er Jahre, die Zeit unserer ersten Fünfjahrpläne. Die deutschen Fachleute und Arbeiter spielten damals eine bedeutende Rolle bei der Entwicklung unserer Industrie, darunter beim Bau des Moskauer Autowerkes, des Tscheljabinsker Traktorenwerkes, der Werkzeugmaschinenfabrik „Ordschonikidse" und mehrerer anderer Großobjekte.

Leonhard Mahlein: „Aus der Geschichte lernen" war der Titel einer Wissenschaftlichen Konferenz im 30. Jahr des Bestehens des Deutschen Gewerkschaftsbundes, die sich allerdings im wesentlichen auf die eigenen nationalen Erfahrungen in der Zeit vor 1933 beschränkte. Nach meiner Auffassung wäre auch die Einbeziehung der internationalen Beziehungen vor der Zeit des Hitler-Faschismus notwendig gewesen, um die unterschiedliche Entwicklung in den beiden Ländern nach 1945 besser begreifen zu können. All die negativen Begleiterscheinungen des kalten Krieges hätten durch die Gewerkschaften schneller überwunden werden können, wenn sie sich auf die positiven Erfahrungen der zwanziger Jahre besonnen hätten.

Michail Paschkow: Wenn von der Geschichte die Rede ist, möchte ich daran erinnern, daß auf dem 5. Kongreß der Gewerkschaft der Kulturschaffenden im Jahre 1925 eine Delegation des Gesamtdeutschen Künstlerverbandes und des Deutschen Schauspielerverbandes anwesend war. Damals waren die Kontakte wohl kaum regelmäßig.

Mit den Gewerkschaften der Bundesrepublik Deutschland unterhält unsere Gewerkschaft, die übrigens seit 62 Jahren besteht, im wesentlichen in den letzten 15 Jahren Beziehungen.

Frage: In Helsinki haben die Teilnehmerstaaten der gesamteuropäischen Konferenz über Sicherheit und Zusammenarbeit die Verpflichtung übernommen, die Durchführung von Begegnungen sowie Reisen von Delegationen, Gruppen und Einzelpersonen zu erleichtern, um die Kontakte zwischen nichtstaatlichen und gesellschaftlichen Organisationen auszubauen. Wie haben sich in den letzten fünf Jahren die Beziehungen Ihrer Gewerkschaft zu der entsprechenden Gewerkschaft in der Sowjetunion bzw. in der BRD entwickelt?

Heinz Kluncker: Wie ich bereits ausführte, hatten wir schon vor der KSZE in Helsinki intensive Kontakte mit Gewerkschaften der UdSSR, so daß von uns aus nicht festgestellt werden kann, inwiefern die Beziehungen seit Helsinki intensiviert wurden. Von uns aus steht dem weiteren Ausbau der Beziehungen nichts im Wege, solange diese Kontakte nicht in eine Einbahnstraße münden, sondern wechselseitig durchgeführt werden können.

Georgi Makejew: In der Zeit nach Helsinki ist für die Beziehungen zwischen der Gewerkschaft der Mitarbeiter staatlicher Einrichtungen der UdSSR und der Gewerkschaft Öffentliche Dienste, Transport und Verkehr der Bundesrepublik vor allem der Geist des gegenseitigen Vertrauens und der sachlichen gewerkschaftlichen Zusammenarbeit typisch. Unsere Organisationen waren die ersten, die vor 15 Jahren zweiseitige Beziehungen herstellten. Mir scheint, daß wir jetzt bereits einen Stand erreicht haben, bei dem die Quantität in eine neue Qualität umgeschlagen ist, das heißt, beide Seiten haben ausreichende Erfahrungen gesammelt, um in einer wohlwollenden und sachlichen Atmosphäre Fragen zu lösen, die die Mitglieder unserer Gewerkschaften interessieren.

Neben dem Austausch offizieller Delegationen auf der Ebene der Gewerkschaftsführung entwickelt sich der Austausch von Jugenddelegationen, Dozenten und Touristengruppen, zu denen einfache Gewerkschaftsmitglieder gehören, erfolgreich.

Leonhard Mahlein: Wir blicken in diesem Jahr auf 15jährige ununterbrochene gute Beziehungen mit der sowjetischen Kulturarbeitergewerkschaft zurück. Unsere Kontakte waren weder auf die Hauptvorstände beschränkt, noch waren sie einzuordnen unter dem ironischen Begriff des „Gewerkschafts-Tourismus". Unsere Begegnungen sind gekennzeichnet durch Arbeitsgespräche der beiderseitigen Vorstände, durch Gruppenbegegnungen von Ortsverwaltungen unserer Organisation mit sowjetischen Republikkomitees sowie durch vielzählige Kontakte von Einzelpersonen. Der Austausch von Jugend- und Frauendelegationen gehörte ebenso dazu wie der von Chören oder die Durchführung von Journalisten-Seminaren. Insofern meine ich, haben die beiden Gewerkschaften einen positiven Beitrag im Sinne der „Helsinkier Beschlüsse" geleistet.

Michail Paschkow: Seit einigen Jahren tauschen wir mit der Gewerkschaft Druck und Papier regelmäßig Delegationen aus, die sich über die Lösung konkreter Produktions- und Gewerkschaftsfragen in unseren Ländern informieren. Dazu gehören beispielsweise die Rolle der Gewerkschaften bei der Verbesserung der Arbeitsbedingungen und des Arbeitsschutzes im Zusammenhang mit der Einführung von neuen Technologien und Ausrüstungen in der Druckindustrie sowie die mit diesem Prozeß zusammenhängenden Probleme: die Ausbildung und Umschulung der Buchdrucker, von Frauen und Jugendlichen. Im Herbst vorigen Jahres besuchte uns eine Delegation der Gewerkschaft Druck und Papier der Bundesrepublik Deutschland mit ihrem Vorsitzenden Leonhard Mahlein an der Spitze und machte sich mit unserem System der Ausbildung von Gewerkschaftsfunktionären bekannt.

Hervorheben möchte ich die Wichtigkeit des Austausches von Dozenten und die Durchführung von Seminaren zu verschiedenen aktuellen Fragen. In diesem Zusammenhang möchte ich das Seminar von Presse-, Rundfunk- und Fernsehjournalisten erwähnen, das 1979 zum Thema „Der Einfluß der Masseninformationsmittel und deren Gewerkschaften auf die Entwicklung der Freundschaft und Zusammenarbeit zwischen den Völkern der UdSSR und der BRD" in der UdSSR stattfand. Die Bedeutung der behandelten Probleme war derart offensichtlich, daß beide Seiten beschlossen, das Seminar 1981 fortzusetzen, und zwar dieses Mal in der Bundesrepublik.

An diesem Seminar nahm auch eine Delegation der Gewerkschaft Kunst teil. Mit dieser Gewerkschaft haben wir erst vor verhältnismäßig kurzer Zeit Kontakte aufgenommen, hoffen aber, daß die gemeinsame Arbeit in den Seminaren und die Mitgliedschaft beider Gewerkschaften in der Internationalen Schauspielerföderation helfen werden, unsere Kontakte zu erweitern und zu vertiefen.

Frage: Manchmal wird gesagt, daß der Austausch von offiziellen Delegationen den einfachen Gewerkschaftsmitgliedern wenig bringt. Eine Folge ist dann die mangelnde Informiertheit der Massen der Gewerkschaftsmitglieder über die Lebens- und Arbeitsbedingungen der

Kollegen im anderen Land. Wie stellen Sie sich reale Wege zur Erweiterung der Kontakte unter den Gewerkschaftsmitgliedern vor?

Heinz Kluncker: Es mag zutreffen, daß der Austausch offizieller Delegationen von den Gewerkschaftsmitgliedern eine kritische Würdigung erfährt und auch von Zeit zu Zeit die Frage nach der prinzipiellen Bedeutung solcher Kontakte gestellt wird. Wir sind jedoch stets davon ausgegangen, daß auch sehr intensiv gepflegte Gewerkschaftsbeziehungen nicht den freien und ungehinderten Informationsaustausch ersetzen können, sondern neben den fachlichen Erfahrungsaustausch treten und die Bestrebungen der Regierung unterstützen können, der Entspannung und Erhaltung des Friedens zu dienen.

Von uns aus steht einer Erweiterung der Kontakte nichts entgegen, im Gegenteil, wir haben den Vorständen der entsprechenden Gewerkschaften wiederholt mitgeteilt, daß ein Ausbau der Beziehungen erstrebenswert sei.

Georgi Makejew: Die Kontakte auf unterer Ebene entwickeln sich ziemlich erfolgreich, was ich bereits an anderer Stelle erwähnt habe. Ich möchte noch hinzufügen, daß unsere Gewerkschaft an einer quantitativen und qualitativen Verbesserung dieses Austausches sehr interessiert ist.

Leonhard Mahlein: Das einzelne Mitglied mag das so beurteilen, die Hunderte oder Tausende von Mitgliedern aber, die an solchen Begegnungen teilgenommen haben, die miteinander gesprochen, diskutiert, gesungen und gelacht haben, bewerten die Kontakte viel, viel positiver. Wir haben den gewerkschaftlichen Auftrag, die Kontakte weiter auszubauen und denken gegenwärtig darüber nach, unter welchen Voraussetzungen Urlauber-Austauschprogramme durchgeführt werden könnten.

Michail Paschkow: Den Kontakten der unteren Gewerkschaftsorgane messen wir eine große Bedeutung bei. Wir fördern den Austausch von Arbeiterdelegationen auf valutafreier Grundlage. Es bestehen bereits Beziehungen zwischen Betrieben in Taschkent, Alma-Ata und Ulm, in Rostow am Don, Tbilissi und Düsseldorf, in Leningrad und Hamburg, in Kasan und Köln sowie in Baku und Bielefeld. Die Erweiterung dieser Beziehungen ist für die Entwicklung der Freundschaft zwischen den Völkern der UdSSR und der BRD unbedingt notwendig. Die Möglichkeit, sich gegenseitig besuchen zu können, über die verschiedensten Fragen zu diskutieren und sich mit dem Leben und der Arbeit von Kollegen vertraut zu machen – das ist der Weg zur gegenseitigen Verständigung.

Auf Bitte der bundesdeutschen Kollegen unterstützt das ZK unserer Gewerkschaft Touristengruppen aus der Bundesrepublik, die aus

Mitgliedern verwandter Gewerkschaften bestehen, beim Besuch von Betrieben und Organisationen sowie bei der Organisierung von Treffen mit sowjetischen Kollegen in verschiedenen Städten.

Frage: Jede Gewerkschaft hat bestimmte Ergebnisse auf dem Gebiet des Arbeitsschutzes, der Sozialversicherung, der Mitbestimmung usw. erreicht. Es ist natürlich, daß durch die unterschiedlichen Gesellschaftssysteme in vielem auch unterschiedlich an die Lösung dieser oder jener aktuellen Probleme herangegangen wird, so daß es manchmal schwer ist, Vergleiche anzustellen. Und trotzdem: Welche Erfahrungen Ihrer Kollegen im jeweils anderen Land wären für Ihre Gewerkschaft von Interesse? Welche Probleme, die in beiden Ländern bestehen, haben Ihre Kollegen im jeweils anderen Land bereits gelöst und umgekehrt, auf welchen Gebieten haben Sie Ihre Kollegen im jeweils anderen Land bereits überholt?

Heinz Kluncker: Diese Frage ist aufgrund der unterschiedlichen Verhältnisse und damit Ansätze und Aufgabenstellung als auch dem Rollenverständnis der Gewerkschaften nicht leicht zu beantworten. Um einen konkreten Hinweis zu geben, möchte ich feststellen, daß die Kontakte mit der sowjetischen und unserer Gewerkschaft aus dem Bereich des Gesundheitswesens gezeigt haben, daß die Bemühungen der sowjetischen Gewerkschaften auf dem Gebiet der Vorbeugung in der Arbeitsmedizin erfolgreich waren, während wir größere Erfahrungen und Erfolge auf dem Gebiet der Rehabilitation nachweisen können.

Dennoch wäre es fahrlässig, hier qualitative oder quantitative Vergleiche anstellen zu wollen. Es sollte nur ein allgemeiner Eindruck wiedergegeben werden, der sich bei den Gesprächen herausgebildet hatte.

Georgi Makejew: Uns imponieren vor allem die Erfolge, die die bundesdeutschen Kollegen auf dem Gebiet der Lehrtätigkeit innerhalb der Gewerkschaft erreicht haben. Die Gewerkschaft ÖTV verfügt über ein weitverzweigtes Netz von Gewerkschaftsschulen, in denen qualifizierte Lehrkräfte tätig sind, die viel für die Herausbildung eines gewerkschaftlichen Bewußtseins unter den Arbeitern geleistet haben.

Wenn man die Arbeit der Gewerkschaften bei uns und in der Bundesrepublik vergleicht, bemerkt man sehr schnell, daß das wichtigste Betätigungsfeld der Gewerkschaften unter kapitalistischen Bedingungen die Tarifpolitik ist. Das setzt harte Verhandlungen über Lohnerhöhungen und Verbesserungen der Arbeitsbedingungen voraus, die nicht selten unter sehr komplizierten Bedingungen stattfinden.

In der UdSSR dagegen haben die Gewerkschaften eine ganz andere, von der Verfassung abgesicherte Position, aufgrund derer sie in der Lage sind, einen bedeutend größeren Einfluß auf die Wirtschaft, die Politik und die soziale Entwicklung ihres Landes auszuüben.

Leonhard Mahlein: Sicher sind die unterschiedlichen Gesellschaftsordnungen immer wieder zu beachten; gewonnene Erfahrungen können nicht einfach übertragen werden. Unter Berücksichtigung dieses Tatbestandes kann man jedoch feststellen, daß die sowjetischen Kollegen auf dem Gebiet des Arbeits- und Gesundheitsschutzes Vorbildliches geleistet haben; dies gilt sicher auch auf dem breiten Feld der Sozialpolitik. Insgesamt sind wohl auch die Gewerkschaftsrechte im Betrieb, in Staat und Wirtschaft ausgeprägter verankert als hierzulande.

Andererseits sind die sowjetischen Kollegen bei ihren Besuchen in der Bundesrepublik immer wieder stark interessiert an modern eingerichteten Druckereien, an neuen Technologien, Maschinen, Geräten usw. Im gegenseitigen Erfahrungsaustausch bleiben dabei natürlich die negativen sozialen Auswirkungen des sogenannten „technischen Fortschritts" nicht außerhalb der Betrachtungen.

Michail Paschkow: Vor allem möchte ich die Erfolge hervorheben, die die bundesdeutschen Gewerkschaften bei ihren Verhandlungen mit den Unternehmern errungen haben. Dazu gehören Urlaubsgeld, Weihnachtsgratifikation, die Einführung der 40-Stunden-Woche usw.

Mir scheint aber, daß noch nicht alles getan wurde, um eine Anpassung der Arbeitsschutzbestimmungen an die stürmisch sich entwickelnde Technik in der Druckindustrie zu erreichen. Auch ist es noch längst nicht durchgesetzt, daß Frauen, die die gleiche Arbeit wie Männer verrichten, dafür den gleichen Lohn erhalten. Sehr viel müssen unsere Kollegen auch noch auf dem Gebiet der Sicherung der Arbeitsplätze tun. In dieser Frage sind wir weit voraus, da die Verfassung der UdSSR das Recht auf Arbeit garantiert.

Was die Erholung der Werktätigen und ihrer Kinder, die Ausstattung mit Kindergartenplätzen sowie die Schaffung von Nachtsanatorien anbelangt, sind unsere sowjetischen Gewerkschaften den bundesdeutschen ebenfalls weit voraus.

Frage: Der ständige Dialog ermöglicht es, einander besser kennenzulernen und Erfahrungen auszutauschen, wie gleichgelagerte Probleme zu lösen sind. Nennen Sie uns bitte einige Themen, die Sie als Gegenstand gemeinsamer Diskussionen mit den sowjetischen bzw. bundesdeutschen Kollegen vorschlagen würden.

Heinz Kluncker: Wir teilen Ihre Erwartung, wonach der ständige Dialog hilft, einander kennenzulernen und Erfahrungen auszutauschen. Als Gegenstand weiterer Erfahrungskontakte wäre es zum Beispiel wichtig zu erfahren, wie die sowjetische Gewerkschaft unseres Fachbereichs die Frage der Lohnfindung gelöst hat. Ich meine hier nicht die absolute Lohnhöhe, sondern das Problem der Bewertung der einzelnen Tätigkeiten zueinander. Interessant wäre es auch zu wissen, ob und wie die sowjetischen Gewerkschaften einen Ausgleich für Schichtarbeit sehen, ob und welche speziellen Regelungen für Schichtarbeiter bestehen.

Ganz allgemein wäre nach unserer Einschätzung auch von Interesse, wie man die gewerkschaftliche Betreuung der Arbeitnehmer im grenzüberschreitenden Verkehr verbessern kann.

Georgi Makejew: Weil unsere Gewerkschaften Arbeiter der gleichen Berufe organisieren, gibt es auch viele vergleichbare Probleme. Deshalb könnten die sozialen Folgen der Automatisierung und Rationalisierung, Fragen der Leitungstätigkeit sowie des Arbeitsschutzes der Angestellten, die in Industriebetrieben tätig sind, Gegenstand gemeinsamer Diskussionen sein. Es ist ganz selbstverständlich, daß ich nicht wichtige Probleme ausschließe, bei deren Lösung unsere Gewerkschaften ihren Beitrag leisten könnten. Zu diesen Problemen gehören: sozialökonomische Seiten der Abrüstung, die Entwicklung der Solidarität im Kampf gegen die Politik der multinationalen Konzerne, gemeinsame Anstrengungen im Rahmen der Internationalen Arbeitsorganisation zu Fragen, die für die staatlichen Angestellten der ganzen Welt von Interesse sind.

Leonhard Mahlein: Das Studium der Journalistenausbildung in der UdSSR habe ich schon angedeutet, ebenso haben wir im gegenseitigen Referentenaustausch bereits die Aufgabenstellung der beiden Gewerkschaften im jeweiligen Gesellschaftssystem behandelt. Fragen der Berufsausbildung, der Weiterbildung sowie der Umschulung von Erwachsenen könnten in Zusammenhang mit der technischen Entwicklung weitere Themen sein.

Michail Paschkow: Es wäre sehr wichtig, das Problem der Arbeitsbedingungen und des Arbeitsschutzes in Verbindung mit der Einführung neuer Technologien und Ausrüstungen in der Druckindustrie, die Teilnahme der Arbeiter an der Leitung der Produktions- und Sozialplanung, Probleme der gleichen Entlohnung von Frauen und Männern, die Rolle der Gewerkschaften bei der Sicherung der Arbeitsplätze usw. zu diskutieren.

Frage: Welche Rolle spielt Ihrer Auffassung nach die gemeinsame Teilnahme der entsprechenden Gewerkschaften aus der BRD und der UdSSR bei der Durchführung von gesamteuropäischen Fachbegegnungen? Welche anderen gemeinsamen Aktionen erscheinen Ihnen wünschenswert und möglich?

Heinz Kluncker: Diese sogenannten gesamteuropäischen Fachbegegnungen haben nach unserer Einschätzung keinen grundlegenden Beitrag zum Erkennen wesentlicher Probleme geleistet. Die bei solchen Veranstaltungen der Natur der Sache nach notwendige Berichterstattung hat nur geringen Raum für einen Erfahrungs- und Meinungsaustausch gegeben. Es entwickelte sich zuweilen eine Überbetonung der Darstellungen, und selbst dort, wo konkurrierende Gewerkschaften in einzelnen Ländern bestehen, gab es in der Vorbereitung und Durchführung nicht unerhebliche Reibungsverluste.

Georgi Makejew: Die Gewerkschaftsbewegung der Bundesrepublik nimmt einen führenden Platz in Westeuropa ein. Mein Kollege Heinz Kluncker beispielsweise ist Präsident der Internationale der Beschäftigten des öffentlichen Dienstes. Bis jetzt gibt es allerdings noch keine Kontakte auf gesamteuropäischer Ebene, obwohl wir uns bemühen, Fragen, die alle Beschäftigten des öffentlichen Dienstes betreffen – wie etwa die Festigung der Entspannung und die Fortsetzung der Abrüstung – gemeinsam zu diskutieren.

Leonhard Mahlein: Innerhalb der grafischen Industrie finden seit einigen Jahren regelmäßige Begegnungen zwischen zwei verschiedenen internationalen Organisationen statt, ohne daß man von institutionellen europäischen Fachbegegnungen sprechen könnte. Dennoch hat diese Form zu einer „Gemeinsamen Erklärung über die gewerkschaftlichen Grundforderungen zur Verbesserung der Situation der Arbeiter und Angestellten in der grafischen Industrie" geführt, die Grundlage für das gemeinsame gewerkschaftliche Vorgehen bei der ILO-Konferenz für die grafische Industrie im September 1981 in Genf sein wird. Ich meine: ein durchaus nachahmenswertes Beispiel.

Michail Paschkow: Die gemeinsame Teilnahme der entsprechenden Gewerkschaften der UdSSR und der Bundesrepublik an diesen Treffen dient der Festigung der Einheit der Gewerkschaftsbewegung und der Solidarität. So findet im Oktober 1981 in Genf eine dreiseitige Konferenz der ILO zu Problemen der Arbeitsbedingungen in den Druckereien und verwandten Zweigen statt. An ihr werden sich Vertreter des internationalen Ständigen Beratenden Ausschusses der Gewerkschaften der Druckereiarbeiter, zu deren Mitgliedern unsere Gewerkschaft gehört, sowie die Internationale Grafische Föderation (IGF) beteiligen, der die IG Druck und Papier angehört. So wurde also die gemeinsame Teilnahme beider Organisationen, die die Druckereiarbeiter vieler Länder der Welt vereinigen, durch die Zusammenarbeit möglich, die vor einigen Jahren zwischen ihnen begann.

Frage: In der Schlußakte der gesamteuropäischen Konferenz über Sicherheit und Zusammenarbeit wurde die Vereinbarung getroffen, den Austausch und die Kontakte unter der Jugend, die in der Arbeit, in der Ausbildung oder im Studium steht, zu vermehren, Berufsausbildungskurse zu organisieren sowie Fachleute und Praktikanten auszutauschen. Was hat Ihre Gewerkschaft getan, um ähnliche Kontakte zu entwickeln? Welche Schwierigkeiten sind entstanden und wie kann man sie überwinden?

Heinz Kluncker: Die Gewerkschaft ÖTV würde es außerordentlich begrüßen, wenn in der Zukunft mehr als bisher die Kontakte von jugendlichen Arbeitnehmern intensiviert werden könnten. Es gibt hierbei allerdings sprachliche Barrieren und wohl auch zuweilen Probleme, die im Devisenverkehr ihre Ursache haben. Dennoch wäre ein Austausch von in der Berufsausbildung stehenden jungen Gewerkschaftern besonders begrüßenswert.

Lassen Sie mich zum Schluß nochmals ausdrücklich feststellen, daß die Gewerkschaft ÖTV in unserem Lande zu den Pionieren der gewerkschaftlichen Kontakte zu sowjetischen Gewerkschaften zu zählen ist, daß wir die bisher durchgeführten Kontakte als sehr positiv bewerten und wir uns dafür einsetzen werden, den gewerkschaftlichen Erfahrungsaustausch auch weiterhin zu intensivieren. Ich glaube sagen zu können, daß die bisherigen beiderseitigen Erfahrungen Anlaß zu berechtigtem Optimismus in dieser Richtung geben.

Georgi Makejew: Wie ich schon festgestellt habe, unterstützen wir den Austausch im Rahmen der Gewerkschaftsjugend. In den letzten Jahren besuchten drei Jugenddelegationen der ÖTV die Sowjetunion und informierten sich über Fragen der Berufsausbildung der sowjetischen Jugend. Diese Kontakte wollen wir auch in Zukunft fortsetzen und erweitern.

Leonhard Mahlein: Zunächst verweise ich hier nochmals auf die zur zweiten Frage bereits gegebene Antwort. Zum Teil haben wir dazu schon Erfahrungen gesammelt, die allerdings nicht ganz ausreichend sind. Schwierigkeiten ergeben sich dabei aufgrund der unterschiedlichen Ausbildungsverhältnisse und -gegebenheiten, des jeweiligen Wissensstandes und natürlich der Sprache. Langwierige Vorbereitungsseminare zum Kennenlernen der unterschiedlichen Voraussetzungen sind dazu notwendig. Bessere Informationen über fachliche Publikationen könnten diese Aufgabe erleichtern helfen.

Michail Paschkow: Einige Schritte in dieser Richtung sind bereits unternommen worden. In letzter Zeit haben wir die unserer Meinung nach effektive Form der Durchführung von Seminaren genutzt. Beispielsweise wurden Seminare über die Arbeitsbedingungen für Frauen und Journalisten durchgeführt. Es wäre nicht schlecht, und wir sind bereit dazu, bilaterale Seminare zu Problemen der arbeitenden und lernenden Jugend sowie über die Ausbildung, Umschulung und Fortbildung von Mitarbeitern der Druckindustrie durchzuführen.

nachrichten-reihe 27

Leonhard Mahlein

Gewerkschaften heute

Erfahrungen – Anregungen

Seit Leonhard Mahlein Mitherausgeber der Zeitschrift NACHRICHTEN zur Wirtschafts- und Sozialpolitik wurde, geriet er noch stärker ins Schußfeld rechter Saubermänner von der „FAZ" bis zur „Zeit". Sie können sich gewerkschaftliche Handlungsmöglichkeiten nur als sozialpartnerschaftlichen Nachvollzug unternehmerischen Strebens vorstellen und wittern andernfalls gleich Kommunisten am Werk. Wer die gewerkschaftlichen Vorstellungen des ehemaligen IG-Druck-und-Papier-Vorsitzenden unverfälscht kennenlernen will, sollte daher diese Schrift lesen.

96 Seiten, Preis 6 DM (Abo: 5 DM)
ISBN 3-88367-053-7, Bestell-Nr. 053

 **Nachrichten-Verlags-GmbH**
Kurfürstenstraße 18 – Tel. (0611) 778079
Postfach 900749
6000 Frankfurt am Main 90